「ドキュメンタリー演劇」の挑戦

多文化・多言語社会を生きる人たちのライフヒストリー

松井かおり ——〔編著〕
田室寿見子 ——〔著〕

成文堂

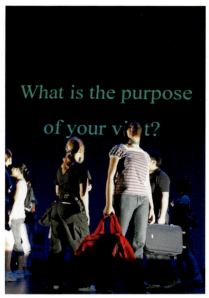

空港で入国審査を受ける外国人労働者たち
『East Gate』(2008)

英語圏チームによる「幸せなら手をたたこう」『危機一髪』(2009)

言い争うオーベロンとタイターニア。右奥はパック・ファミリー『夏の夜の夢』(2010)

公演終了直後のステージ上。キャスト・スタッフ全員の集合写真『夏の夜の夢』(2010)

母の葬列を回想するルセリア『最後の写真』(2011)

にんじんケーキの訪問販売を再現する島田『顔／ペルソナ』(2012)

オープニング:顔写真を選ぶ参加者たち『顔/ペルソナ』(2012)

「顔」の使い分けについて話す人々と、それを眺めるグスタボ『顔/ペルソナ』(2012)

はしがき

ドキュメンタリー演劇との出会い

　私と「ドキュメンタリー演劇」の出会いは、「多文化共生プロジェクト」と書かれた公演の記録ビデオでした。その舞台は、確たるストーリーがなく、場面転換も多く、最初はどのように観たらよいのか戸惑いました。しかし気がつくと、すっぽり穴に落ちるようにその世界に吸い込まれてしまったのです。劇中で演者たちが代わる代わる行う独白は、自身の体験であることがわかりました。それは鮮烈で、ビデオを観終わってからもセリフがぐるぐる頭の中を廻り、彼らの声音と表情までもが蘇ってくるほどでした。親の転職の度に引っ越しを重ねてきたという外国人中学生は舞台の上で叫んでいました。「もう転校したくない！　友達作ってはゼロ、作ってはゼロになる。早く仕事を見つけて自分のやりたいことだけをやりたい。親の仕事に振り回されない人生をつかみたい」と。別の中学生は、「素の自分でいられるほど世の中甘くない」と呟いていました。学校では、仮面をかぶって別人格を演じていると自嘲しながら。

　当時私は、半年間の在外研究を終え帰国した直後でした。在外研究では、移民大国であるオーストラリアとカナダで、海外にルーツがある子ども達の補習校などを巡り、彼らの学びを観察調査していました。そこで出会った子ども達は、「ドキュメンタリー演劇」の中の演者と同様に海外にルーツがある子どもであり、日々、複数の言語・文化環境をまたいで生きている点では大変似ています。しかし補習校の子ども達は、自分たちが海外にルーツを持つことを肯定的に捉えていて、親が育った国で働いてみたい、複数の国を結びつける仕事がしたいと自分の将来に希望を抱いている様子が見られました。ですから、私の目には、ビデオでみた外国人の子ども達は、現在に満足できず、将来にも希望が持てていないように映り暗い気持ちに襲われたのです。日本で暮らす海外にルーツがある子ども達がどのような生活を送っているのか自分が何も知らないことに気がつきました。そこで、勤務校近隣の外

国人集住地域のひとつ，岐阜県可児市へ通い始め，「ドキュメンタリー演劇」の演出家である田室寿見子氏と，彼女の指導を受けた参加者たちが活動する多文化演劇ユニット「MICHI（みち）」に出会うことになりました。それ以降，可児市国際交流協会で学ぶ外国人の子ども達に向けて，演劇的な手法でのワークショップを，時に大学生や留学生を交えて行っていく機会を得ました。「ドキュメンタリー演劇」が観る者の心をいかに揺さぶるのかに感化されて足を踏み入れたドラマ活動ですが，最近では参加者をいかに変容させるのかを実感しながら，楽しみつつ実践に参加しています。

可児市の多文化共生の状況

本稿に寄稿している「ドキュメンタリー演劇の挑戦」に関わった人々の取り組みを見ていくにあたり，その背景となる岐阜県可児市の多文化共生の状況と，「多文化共生プロジェクト」を中心とした演劇の試みについて，ここで簡単に触れておきたいと思います。

可児市の外国人住民の経緯

1990 年の出入国管理及び難民認定法（入管法）の改正により，「定住者」の在留資格が創設され，日系人は 3 世まで就労可能な地位が与えられることになりました。バブル景気を背景に，日系南米人が「デカセギ」を目的として大挙して押し寄せ，岐阜県下最大の工業団地や，市内及び周辺地域に大手の自動車・家電関連の製造企業が多く存在する可児市にも，日系ブラジル人を中心とした外国人が急増します。人口 10 万人の地方小都市である可児市の外国人登録者数は，1991 年当時はわずか 0.7％だったのですが，それ以降増加の一途を辿り，2008 年には全人口の 7.0％に達しました。（その内訳はブラジル人が全体の 67％，次いでフィリピンが 22％となっています。）

しかし 2008 年の秋以降，急激な景気後退による雇用情勢の悪化により，外国人は減少に転じました。帰国する者も少なくなく，2012 年には人口の 5.6％まで減少しましたが，その後，ゆるやかな景気の回復とともにフィリピン人が増加し，今では外国人人口比の約 45％と，ブラジル人住民の 39％を上回っています[1]。

可児市における多文化共生を巡る課題

　外国人が急増し，地方都市に住み始めた時，日本人住民との間に言語，習慣を巡る摩擦が起きました。しかし製造業で働く外国人労働者は，派遣会社により住居や送迎バスが手配され，職場では通訳が配置されており，日本人との交流も日本語を学ぶ必要性も低く，コミュニティごとの棲み分けが進みます。その後，外国人労働者の滞在が長引くと家族を呼び寄せる人が増え，2001年頃から外国人の子どもが急増することによって問題は複雑化していきました。日本語の出来ない子どもを受け入れる教育現場は混乱を極める一方で，不就学やドロップアウトする子どもたちも後を絶ちませんでした。

　そこで，こうした様々な課題に対応するため，市民による任意団体の可児市国際交流協会が設立されます（2008年にNPO法人化）。外国人労働者の日本語学習支援や生活支援に取り組むと同時に，子どもたちの年齢や日本語レベルに合わせた学習・進学支援を行っていますが，イスラム圏からの移住者も増えつつあり，多様化する国籍・言語・宗教への対応や，母語も日本語も出来ない「ダブル・リミテッド」と呼ばれる子どもの増加など，日々，新たな課題が生まれているのが実情です。

演劇を用いた多文化共生の取り組み：「多文化共生プロジェクト」

　「多文化共生プロジェクト」とは，可児市の公立劇場である可児市創造文化センター（以下，ala）が主催する演劇事業です。外国人人口が増加し続けていた2007年，多くの外国人が劇場の施設を利用していたにも関わらず，日本人と一緒に活動する機会がなく，また少数ながら外国人を差別し締め出しを希望する内容の投書がalaに寄せられていました。当時，館長兼劇場総監督に就任したばかりの衛紀生氏が，日本人住民と同じ納税者である外国人にも劇場を提供し，日本人との出会いと交流の場を作ることを目的として，「多文化共生プロジェクト」を発案します。そこで演劇ユニットSin Tituloの主宰者にその事業が委託されました。2008年から2012年までの5年間，「ドキュメンタリー演劇」という出演者の実体験を本人の語りを中心にして構成した演出方法で公演が行われました。2013年からは新しい演出家を迎え，主に子ども達を中心に演劇公演を現在も継続しています。

急いで付け加えるならば，次々と起こる多文化共生での課題に対応するために設立された可児市国際交流協会（以下，KIEA）は，「多文化共生プロジェクト」の「陰の立役者」と言えます。Ala では 2007 年に企画は立ち上がったものの，棲み分けが進む外国人コミュニティの状況を把握することは難しく，参加者集めから通訳，翻訳など，KIEA に頼りながらプロジェクトを進めることになりました。また KIEA が，2011 年から多文化共生に向けた演劇ワークショップ・プログラムの開発や，多国籍の演劇ワークショップ・ファシリテーターの養成に取り組んでいることは注目に値します。ワークショップを外国人が日本に住むために必要な知識の啓蒙に用いつつ，製造業以外に文化的な職業を生み出そうとするその試みは，「多文化演劇ユニット MICHI」の設立へとつながっていきました。「多文化共生プロジェクト」で活躍した参加者たちに，彼らの母語とその豊かな表現力を武器に，「素人の出演者」から「プロのファシリテーター」へと彼らの自立を促すと同時に，日本人の多文化共生への理解を深めているのです。

本書の構成

本書は，2008 年から 2012 年の 5 年間に多文化共生プロジェクトで上演された台本を中心に，作品制作に携わったアーティスト，スタッフと参加者や視聴者からの寄稿を集めて以下の 3 章で構成されています。

第 1 章では，ドキュメンタリー演劇が誕生した背景を説明します。可児市文化創造センターが立ち上げ外国人との共生をめざした多文化共生プロジェクトは，ワークショップ活動や参加者へのインタビューなどを通してなんとか参加者の持ち味を引き出そうとした結果，ドキュメンタリー演劇へ収斂していったという経緯は興味深いです。制作担当者の松木氏は，演出家と主催者，参加者を仲介する役割を果たそうと奮闘したエピソードを詳細に振り返っています。演出補として 4 年間現場を目撃した前嶋氏は，演出家と参加者ひとりひとりとの間に行われる丁寧な「インタビュー」が，参加者を投影した骨太の作品を生んだと分析します。

第 2 章は，ドキュメンタリー演劇 5 作品の上演台本と演出家による作品解説です。台本は一瞥しただけで，通常のそれとは随分異なっていることがお

分かりいただけるでしょう。日本語のほか，英語，ポルトガル語の台詞とト書きが併記され，さらに上演時に映し出された台詞の翻訳（通訳）字幕もそのまま載せてあります。サウンド・エフェクト，写真，映像も加わって，他に類をみないハイパーテキストなシナリオです。多文化・多言語状況下で演劇を成立させ，作品としての豊かさも追求した演出家の知恵と工夫を感じます。また作品解説では，台本が書き下ろされた当時の社会情勢が台本に反映されていることによって，作品それぞれがテーマ性と緊迫感を帯びていることが理解できます。この台本を目にした読者は，頭の中に舞台を思い浮かべ，その次には実際の舞台を見てみたくなることでしょう。

　第3章は，製作者と参加者・視聴者，各々の立場からみたドキュメンタリー演劇の面白さが綴られています。劇中に映像を融合させた岩井氏は，参加者それぞれの日常やその曖昧性まで柔軟に表現したドキュメンタリー演劇のスタイルを高く評価しています。じゅんじゅん氏は，思春期の子ども達をありのまま受け入れる演出過程を経て，子ども達が自分らしく振舞うことに自信を持つようになっていったという変化を見逃さずに報告しています。ボスニア人のボリス氏は，舞台で戦争体験を語ることによって封印していた苦しい想いが溢れ出したことや，その苦しみを一生抱えて生き続けていかねばならない孤独を切々と書いていて胸を打ちます。山田氏は，参加した舞台経験を生かし，現在は多文化演劇ユニットのリーダーとして踏み出した覚悟を表明しています。またKIEA事務局長を務める各務氏は，長年外国人の子ども達の支援活動を続けてきた経験を紹介し，支援活動とドキュメンタリー演劇の共通点として，お互いの違いを楽しみながら受け入れる姿勢を見出しています。松井は，多文化共生プロジェクトの調査から，学校での異文化教育の方法を見直す必要があると述べています。

本書の意義：対話の場としてのドキュメンタリー演劇

　アメリカ大統領選で不法移民排斥を訴えたトランプ氏の勝利，多民族共存の理念を掲げたEUからの英国の完全脱退宣言，難民流入に制限をかけ始めたヨーロッパ各国など，最近の世界情勢をみると，他民族やその宗教・文化に対する不寛容の波が拡がっているかのようです。これを予見するように，

石川（2010）は「異なる諸民族が同じ場所に『共存』はしていても，必ずしも十分な『相互理解』はしておらず，そのために互いの主張・立場・視点が噛みあわず，折り合わず，したがって十分な『相互理解』に基づいた平和的な『共生』のための条件が整っていない」状況では，「ひとたびテロや経済危機などが起こると，昨日までの隣人が途端に不気味で異質な『異邦人』と化してしまい，そこに思いもかけない民族的軋轢や衝突が発生する」[2]と警告しました。この指摘は，国家間の摩擦を指しているだけではなく，現在多くの外国人が身近に暮らすようになった日本社会における私たちと外国人との関係にもあてはまります。

　生活習慣や言語，宗教思想が異なる人同士が摩擦を感じながら社会の中で共存するのはたやすいことではありません。しかしその共存方法として，フランスの精神科医であるシリュルニクは，人々の知的団結を訴えました[3]。異教徒であっても自分達の敵ではなく自分たちよりも劣った人物ではないと認め，相手に敬意を表して「実際に対話をする」ことこそ私たちができる唯一の解決策であるというのです。しかし，異なる言語・文化背景を持つ人たちとどのようにしたら対話を続けることが可能になるのでしょうか。そういうときにこそ，芸術の力が有効であることを，人口10万人の地方都市が始めた市民共同劇「多文化共生プロジェクト」が教えてくれています。

　「多文化共生プロジェクト」のドキュメンタリー演劇では，舞台上で参加者が自らを語り，自分の経験を演じる場面が頻繁にあります。シリュルニクがいう「人々が互いに尊重し合うこと」がなければ自分を人前で晒すことはできませんし，共通のことばを持たない参加者同士が互いを理解し尊重するためには，身体や五感，ときには想像力も駆使する努力を要します。だからこそ，その困難なコミュニケーション過程で幾重にも対話が重ねられ，参加者の間に強い信頼と団結が生まれるのではないかと思うのです。

　また視聴者は，実際に舞台に立たずとも，ドキュメンタリー演劇を通して参加者にとっての対話者となります。ドキュメンタリー演劇の舞台に登場する人たちは，困難を乗り越えた強い人たちばかりではありません。就職の難しさや家族と離れて暮らす孤独，学校でのいじめなど日本社会に適応できずに悩む外国人をはじめ，知的障害，トランスジェンダー，家族の死の悲しみ

を抱えて葛藤する人たちです。視聴者は，国籍や文化・言語・宗教の違いを越えて，自分たちも遭遇した／これから遭遇するかもしれない彼らのライフヒストリーを追体験し，彼らの心情を想像しながら，やがて自分自身の体験をも振り返ることになるのです。そこに見えるのは，文化や生活習慣の違いではなく，彼らが自分たちと同じ悩み，夢，希望を持つ隣人であり共感の対象であるということ，つまり「外国人」としてしか見ていなかった彼らのひとりひとりに様々なライフヒストリーがありそれは「日本人」の我々と何も変わらないという事実です。

　この本は，応用演劇に興味をもつ芸術家，外国人集住地区で働く自治体職員や教育関係者はもちろん，様々な職業を持つ幅広い世代の方々に読んでいただきたいと思います。職場や学校，地域，家庭における日々の暮らしの中で，他者を攻撃するのではなく，また自分を押し殺すのでもなく，どうしたら自分らしく生きることができるのかを探求する人にとって，その手がかりとなることを祈っています。

2016 年 12 月　編集者記

注

1　「可児市多文化共生推進計画　平成 28 年度〜平成 31 年度」http://www.city.kani.lg.jp/secure/4901/34102045_0414.pdf 2016 年 2016 年 12 月 28 日アクセス
2　石川達夫（編）(2010)「ヨーロッパにおける多民族共存と EU 多民族共存への多視点的・メタ視点的アプローチ研究」研究報告書，神戸大学大学院国際文化学研究科付属異文化研究交流センター.
3　ボリス・シュリニク (2012)『憎むのでもなく，許すのでもなく』林昌宏訳，吉田書店.

目　次

はしがき　*i*

第1章　ドキュメンタリー演劇の誕生 …………………… *1*
1. ドキュメンタリー演劇誕生の背景 ……………………… *1*
2. 多文化共生のために劇場が出来ること
   ──「人」と「人」としての関わり合いを中心に ……… *7*
3. 多文化共生プロジェクトにおけるインタビューの醍醐味 …… *16*

第2章　「多文化共生プロジェクト」上演台本
　　　　（2008年〜2012年） ……………………………… *23*
1. 多文化共生プロジェクト2008『East Gate』…………… *23*
   - 1-1　作品解説：『East Gate』について ………………… *25*
   - 1-2　『East Gate』上演台本 ……………………………… *29*
2. 多文化共生プロジェクト2009『危機一髪』…………… *47*
   - 2-1　作品解説：『危機一髪』について ………………… *50*
   - 2-2　『危機一髪』上演台本 ……………………………… *54*
3. 多文化共生プロジェクト2010『夏の夜の夢』………… *91*
   - 3-1　作品解説：『夏の夜の夢』について ……………… *93*
   - 3-2　『夏の夜の夢』上演台本 …………………………… *97*
4. 多文化共生プロジェクト2011『最後の写真』………… *139*
   - 4-1　作品解説：『最後の写真』について ……………… *141*
   - 4-2　『最後の写真』上演台本 …………………………… *144*
5. 多文化共生プロジェクト2012『顔／ペルソナ』……… *189*
   - 5-1　作品解説：『顔／ペルソナ』について …………… *191*
   - 5-2　『顔／ペルソナ』上演台本 ………………………… *195*

第 3 章　「芸術」を通した外国人との共生 ……………… 243

1. アーティストから見た多文化共生プロジェクト ………………… 243
- 1-1　『顔／ペルソナ』というテーマをめぐって
　　　── 2012 年多文化共生演劇制作ノートより── ……………… 243
- 1-2　多文化共生プロジェクトに関わって …………………………… 254
- 1-3　多様な人々の生き様に魅せられた「目撃者」として ………… 258

2. 多文化共生プロジェクト　参加者の声・視聴者の声 ………… 267
- 2-1　過去と向き合い自分を再発見する体験
　　　── 2009 年多文化共生プロジェクト参加の思い出── ……… 267
- 2-2　『最後の写真』と出会って ……………………………………… 273
- 2-3　外国人の子どもの教育支援と演劇 ……………………………… 276
- 2-4　異文化理解教育におけるドキュメンタリー演劇の可能性
　　　──小学校英語授業との比較から── …………………………… 282

資料 …………………………………………………………………………… 291
謝辞 …………………………………………………………………………… 292
寄稿者一覧 …………………………………………………………………… 294

第1章　ドキュメンタリー演劇の誕生

1. ドキュメンタリー演劇誕生の背景

田室寿見子

　2008年に開始した多文化共生プロジェクトにおいて，「ドキュメンタリー演劇」ということばが意識的に使われだしたのは，おそらくプロジェクトを開始して3年目，2010年の『夏の夜の夢』公演が終わった頃だったように記憶しています。私の作る作品が演劇学上，その定義に当てはまるのかどうかは専門家に任せるとして，参加者にインタビューし，参加者の身の上に起こった出来事や，彼らの語った思いを台本に書き起こし，それを本人が舞台上で語るという作業をプロジェクトの立ち上げ時から行い，いつしか劇中に必ず「セルフ・ストーリー」が入るというスタイルが定着していきました。

　岐阜県可児市には，製造業で働く外国人労働者とその家族が大勢住んでいます。私が多文化共生プロジェクトの製作を依頼された2008年前半はまさに外国人増加のピーク時で，全人口の7.2％を占めるに至っていました。その内訳は32ヵ国の出身地からなっていて，ブラジル人が66％と群を抜いており，次いでフィリピン人が22.8％，中国人が4％となっていました[1]。その年の秋に起こったリーマンショックは日本の製造業界をも直撃し，外国人労働者の多くは職を失ったため，外国人はその後減少の一途をたどっていくのですが，それでも2015年7月現在も，外国人は人口の5.4％を占めています[2]。

　そんな可児市にある公共劇場，可児市創造文化センター（以下，ala）から「多文化共生プロジェクト」の製作をもちかけられた2007年当時，私は可児市というまちがどこにあるのかすら知らず，ブラジル人も"デカセギ"も多

文化共生も，すべてが未知なるものとして存在していました。

　それまで私は，東京を拠点に在留外国人アーティストと英語と日本語で演劇作品を作っていました。もともとは小劇場の舞台役者だったのですが，友人の外国人アーティストから「私たちのような日本語の不自由な外国人アーティストは日本で活動する場もなければ，見て楽しめるものもない。だから，あなたがそういう場を作ってほしい」と頼まれたことから，2004年にSin Titulo というパフォーマンス・ユニットを立ち上げ，活動を開始しました。メンバーはそろったものの演出を引き受けてくれる人が見つからず，一度限りと思って役者としての出演をあきらめ，演出を担当したのですが，その後も引き受け手が見つからないまま演出と製作全般を担当し，今日に至っています。

　ala はそうした経験がこの未知なるプロジェクトにも通用すると判断したようでしたが，私にとっては全く異なる作業にほかなりませんでした。なぜなら，Sin Titulo のアーティストはカタコトであっても英語でコミュニケーションをはかり，また，演劇や音楽，映像などそれぞれの専門分野で教育を受けていたので，創作上のコミュニケーションがまったく取れないということはありませんでした。一方，可児の外国人参加者はアーティストではない上に，日本語も英語もほぼ通じないと聞いていたので，一体どうやってコミュニケーションを取るのか，そして共通言語が存在しない中で本当に作品が作れるのだろうかと，恐怖に近いプレッシャーを感じました。さらに，頼みとする劇場職員が実は他府県から来ている人が多く，地域の外国人との関わりもなければ，外国人に関する情報も知識も持っていないということが明らかになり，不安を一層掻き立てられました。

　まずは下見をすべく東京から新幹線に乗って約3時間，おそるおそる可児の地に到着すると，駅改札は無人，道を歩く人もまばらな田舎の街でした。その稀少な通行人の中に，少なからず南米人とおぼしき顔が混ざっていました。その人たちが，見も知らぬ私にちょっとなまった日本語で「こんにちは！」と声をかけてくれた時は安堵すると同時に何とも心地よいものを感じました。

　プロジェクトで初めてのワークショップを開催した時も同様で，外国人参

加者たちはことばが通じないにもかかわらず，何か楽しいことがありそうと期待しているらしく，終始笑顔で積極的に臨んでくれました。中国語以外は通訳がいませんでしたが，通訳代わりに家族を連れて来ている人が何人かいました。初回はブラジル人8名，フィリピン人2名，中国人4名，日本人2名の合計16名で，簡単な日本語で進行しながら，とにかくコミュニケーションを取るために参加者同士で助け合ってもらいました。

　公演に向けてワークショップを重ねる中，豊かなアイデアを出して生き生きと表現している外国人たちは，私にとってはとても魅力的なパフォーマーとなっていきました。かつて私が役者だった頃，台本の字面ばかりを追い，日本人だけで閉塞的な世界観を作り上げていたことを思うと，彼らとの創作は演劇として大きな広がりと可能性を感じさせました。

　しかしその一方，作品作りをする上で何か大事なものが抜けているような気がしました。そもそもこのプロジェクトは，可児のまちに外国人が住み始めて20年近く経とうとしているのに日本人と外国人との交流がほとんど進んでおらず，差別や軋轢が存在することから，alaが出会いの場を提供するために開始したものです。それなのにワークショップに日本人が参加してくることはほとんどなく，まちの人へのインタビューでも「外国人には出来るだけ関わりたくない」という声が少なくありませんでした。差別やいじめの問題も散見されるのに，公演では何事もなく共生しているかのように，楽しくダンスやお芝居をするだけでいいとは思えませんでした。

　そこで少しずつ参加者にインタビューを始め，いつ，どのような理由で日本に来たのか，日本での生活をどう感じているのか，日本人との交流はあるのか，将来の夢は何か，などを聞き取っていきました。彼らの発想によるパフォーマンスと，インタビューに基づいて作ったドキュメンタリーの両側面を作品に混成させることで，少しずつ「ドキュメンタリー演劇」と呼ばれるスタイルの原型となっていきました。どの年も創作には大体4ヵ月かけましたが，様々なやり方を模索する中で以下のようなプロセスが定着していきました。

●公演までのプロセス
　① シアターゲーム（言語・非言語）
　② 音楽・ダンスのワークショップ（非言語）
　③ インタビュー（言語）
　④ グループで作品づくり（言語・非言語）
　⑤ 演劇公演（①＋②＋③＋④）

　1年目の『East Gate』と2年目の『危機一髪』は，ドキュメンタリーとそれ以外の部分を半々くらいに構成していましたが，3年目の『夏の夜の夢』では既成の戯曲を大幅に引用したため，お芝居の部分が多くなりました。この時，ドキュメンタリーの部分は好評を得たものの，残念ながらシェイクスピアの原作に沿った部分については不評に終わりました。公演後，劇場側から「ドキュメンタリーだけでよかったのではないか」という指摘を受けましたが，ドキュメンタリーの部分だけでは観客の目には参加者が「可哀想なマイノリティ」として映ってしまうかもしれません。いろんな資質を持った人々がのびやかに表現する部分と，一人の生活者として葛藤を抱えながら生きている部分の両面を見てもらうことで，観客は初めて「異なる隣人」に敬意を抱くと同時に，その人生に対しても関心を持つようになると思ったのです。既成の戯曲に対して，参加者が共感を持てるように導けなかったことに反省するばかりですが，この失敗こそがその後，演出家として参加者とどう向き合うべきかを考える私の原点になったと感じています。

　2011年以降はドキュメンタリーの部分を増やしていきましたが，参加者に身近なその時々の社会問題を扱うため気軽に話しにくい題材が多く，ドキュメンタリーを拒否してフィクションの部分だけに出演したがる人や，稽古の途中でやめていく人もいました。結果的には全体の参加者数がやや減少することになってしまったのですが，それでもインタビューで一人ひとりとじっくり向き合うことは，プロジェクトの根幹をなす重要なプロセスとして意味がありました。稽古を進める上では，言語の違いのためにやむをえず参加者を国籍別に分けて作業することが多いのですが，「ブラジル人」とか「中国人」とか何かのグループにひと括りにしても，私にとっての創作の源泉は

浮かび上がってきません。親子であっても夫婦であっても一人ずつ時間をかけて話しを聞き，個との信頼関係が培われる過程でこぼれ出る言葉や思いを受け止め，切り取り，題材としていくことが，私にとっての作品作りの最良の道となっていったのです。

　ドキュメンタリーを「映像」ではなく「演劇」にこだわる理由は，それが対話から逃れられない芸術だからです。創作過程では言葉が通じても通じなくても，とにかく参加者たちはコミュニケーションの糸口を探し，共に表現していかなければなりません。言葉以外の部分で想像したり，共感することを楽しみながら，さらに対話を進めるためには相手に伝えたい内容を考え，相手に伝わる言葉を探し，ポイントを整理し，表現の術を模索する，そうした過程の一つひとつが相互理解をもたらしていくのだと思うのです。

　さらに，セルフ・ストーリーを担う人々は自分自身との深い対話が求められます。インタビューで発した言葉が台本になった時，多くの人にとっておそらく人生で初めて自分のことばを客観的に見る機会となり，とまどいを覚えることになります。何気なく語った言葉に満足せず，「もっと自分をよく見せたい」という欲求が湧き起こり，台本に落とした言葉を"脚色"したがる人もいます。しかし，彼らの語るありのままの言葉が時に社会の実相を映し出し，既存の世界観に異議申し立てをする力を持つのだということを説明し，理解を求めます。本人の意思を確認しながらさらに推敲を重ねる中で，参加者は過去と現在の自分に対峙し，それを受容した時に観客を含めた他者との対話が開かれていきます。

　映像と違って，演劇では度重なる稽古と演出が入るため，ドキュメンタリーに求められる「客観的事実」が損なわれているのかもしれません。けれど同じ空間で同じ時間を共有している人々の人生だからこそ，よりリアリティを持って自分の人生に反映出来るのではないかと思います。多様な人々が共に生きていくためには自分の置かれている世界から視点をずらし，異なる他者の人生に想像をめぐらしながらコミュニケーションの端緒を開いていくことが不可欠であり，ドキュメンタリー演劇はその良き「仕掛け」となるのだと思います。

注
1 　可児市ホームページ　http://www.city.kani.gifu.jp/shisei/kokusai/touroku.htm（2009 年 1 月アクセス）
2 　可児市資料　http://www.city.kani.lg.jp/secure/7321/H27-07.pdf

2. 多文化共生のために劇場ができること――「人」と「人」としての関わり合いを中心に

元 公益財団法人可児市文化芸術振興財団・
多文化共生プロジェクト制作担当
松木紗都子

(1) 外国人と日本人参加者の絆を育むために

　多文化共生プロジェクトは，ワークショップや稽古を通して外国人・日本人の参加者同士がそれぞれの「違い」を認識し理解し合うことで，絆を育み，参加者の日本人と外国人，あるいは国籍や文化の異なる外国人と外国人（ブラジル人とフィリピン人など）のコミュニティをつなげるような媒介となることを期待して始められました。

　私はプロジェクトが発足した 2008 年度～2011 年度まで制作担当を務めました。プロジェクト初年度は可児市文化創造センター（アーラ）にとっても初めての事業であり，私自身も「多文化共生」という言葉自体に耳馴染みがないうえ，外国語も話せないため試行錯誤の連続でした。まず考えたことは，どうすれば初めて出会った言葉も通じない参加者同士がコミュニケーションをとり共に作品を創作することができるか，でした。そのためには制作担当者がまずそのパイプ役にならなければいけないと考えました。

　当時，私が制作担当を務める上でいつも心掛けていたことは，「劇場スタッフと参加者」という関係ではなく，「人と人」として接するという点でした。一人の人間として参加者達と「知り合う」「関わり合う」ことが大切であると。特にこのプロジェクトでは，外国人参加者と意思疎通がしづらい中では，まず信頼関係を築いていかなければ，参加者が継続して参加することも，舞台が成功することも難しいと思われたのです。しかし彼らとワークショップ・稽古という限られた時間の中では，部分的にしか「知り合う」ことはできません。そこで，参加者同士の親睦を深めるためにも，稽古場以外で

の交流が不可欠であると考え，バーベキューや参加者宅でのホームパーティーなどの開催を促したり，私も参加者と共に積極的に顔を出すことにしました。特にブラジル人の好きなバーベキューでは日本人参加者も大いに楽しみ，自然とお互いの文化を知り，参加者の親睦を深めることができていました。私自身は，参加者達と車で遠出をしたり，家庭の相談を持ちかけられたり，中学生の参加者に勉強を教えたりと，いつの間にか家族のような仲になっていきました。その関係は公演後，プロジェクトが終了した後も続き，私が退職した今も続いています。

　劇場スタッフとして見ればそれは「やりすぎ」と言われる行為だったのかもしれません。しかし，在住外国人という，これまで劇場がほとんど関わりを持ってこなかった人々（貸し館事業では，ブラジル人の方が館内の部屋を借りてパーティを行うことや，パソコン利用も多かったですが，日本人利用者からの排除を望む声もあり，創作活動を共にするには至っていませんでした）と，舞台作品をつくるという未知のプロジェクトにおいては，必要なことと考えていました。（何よりも，私自身が彼らと一緒にいることが楽しく，いつもポジティブでとびきりの笑顔を向けてくれる彼らのことを，一人の人間として大好きになっていたのです。）

　3年目を迎える頃には，それが功を奏したのか「ササ（私のニックネーム）のために協力したい」と言ってくれる参加者が出てきました。ちょうどその年，構成・演出の田室寿見子氏と「参加者に，プロジェクト運営にも積極的に関わってもらおう」との方針で，出演者として以外の役割を担ってもらうことになりました。これは，制作担当者が長期間一人で多岐に渡る業務をこなさなければいけない本プロジェクトの負担を軽減するための，演出家の配慮でもありました。制作部（参加者募集や広報活動など制作業務の手伝い），演出部・舞台部（脚本に関わったり小道具や衣装などの製作など演出家の指示で動く）と参加者を3つに分け，それぞれできる範囲で活動してもらいました。制作部以外の参加者も，公演を多くの人に観てもらいたいと，私と一緒に，時には自主的に，可児や美濃加茂にある外国人向けの飲食店や食料品店にチラシの設置をお願いしてくれたり，外国人コミュニティのイベントに同行して告知やチラシ配布をしたりと，大いに活躍してくれました。さらに同年，

2. 多文化共生のために劇場ができること——「人」と「人」としての関わり合いを中心に

ボランティアでプロジェクト運営を支えてくれるサポートスタッフも募集しました。彼らはワークショップへの参加並びに出演はしないのですが，広報活動（チラシ配布やブログ記事など）や様々な製作物などに力を発揮してくれました。

　印象的な人物として，1年目（2008年度）からプロジェクトに参加していた中国人の張という研修生がいました。彼は1年目は途中で参加を辞退しましたが，2年目は出演し，初めはたどたどしかった日本語も，2年目のプロジェクトが終わった頃には日本語検定1級合格する程に上達していました。そんな彼が3年目は仕事で参加できないと言うので，「仕事が休みの時に稽古中の通訳をしてほしい，謝礼は支払う」と依頼した時のことです。彼は「お金はいらない，自分の勉強にもなるから。プロジェクトのみんなの役に立ちたい」と言ってくれました。通訳の謝礼は支払いましたが，参加者への連絡のための簡単な翻訳など，急なお願いを気軽に無償で引き受けてくれました。明るいキャラクターだったこともあり他の参加者からも人気で，プロジェクトには欠かせない人物となっていました。

　また，サポートスタッフの何人かは稽古のない日も劇場に足を運び，夜遅くまで広報のためのパネルや衣装・小道具の製作をしてくれました。毎回欠かさず稽古に来ては記録写真を撮影してくれていた「パパさん」という愛称で呼ばれていた日本人の男性は，「皆の笑顔を撮るのが楽しい」と参加者の誰よりも稽古場に足を運んでいました。外国人参加者達のもつ魅力の虜になっていた一人かもしれません。

　2年目のプロジェクトを終えたころには，参加者達のプロジェクト外でのプライベートの親交も深まっていったようでした。地域の外国人達も巻き込み，得意のバーベキューのみならずイベントや食事会を頻繁に行っていたようです。国籍の異なる外国人同士でもそういった交流が盛んになっていくことは，プロジェクトの目的でもあり，大変喜ばしく思いました。もちろん，このような成果を生んだ背景には，創作過程でのワークショップがありました。毎年のプロジェクト開始直後はアイスブレイク的な楽しい内容で参加者達を引きつけ，後に参加者たちの過去や背景，彼らの抱える夢や希望そして不安，といった内面を炙り出していきました。外国人達がそれを言葉や身体

表現を通して表に出すことは，自分自身を見つめる，向き合うことにもつながったことでしょうが，参加していた日本人は驚きの連続であったのではないでしょうか。外国人のそのような内面的なことは，それまで想像すらしてこなかったことかもしれません。また，逆に日本人としての自分（文化，環境，国民性など…）を再発見した人もいたかもしれません。

　こういったことを通して様々な「違い」を認識し，互いへの理解を深め合うこと，そして公演の成功に向けて力を合わせていく中で，絆が生まれていったのだと思います。初めて参加した時は「ブラジル人達が時間を守らないことが我慢ならない」と不満を言っていた日本人参加者が，翌年の参加の際には「彼らは時間にルーズだからのんびりやりましょう」と肯定的な意見に変わっていたのを覚えています。彼女は劇場内での移動などの場面で，不慣れな外国人達が困っていると積極的にフォローしてくれるようになっていました。些細な出来事でしたが，一歩理解が深まったと感じた瞬間でした。

(2) 参加者とアーティストのパイプ役として

　制作担当者のもう一つの役割は，参加者とアーティストのパイプ役になることでした。こんなエピソードがありました。参加者の自宅で開催されたホームパーティーに私が参加した時のことです。参加者の1人から「ボリスはオーストラリア国籍であるが，ボスニア出身である」という話をたまたま耳にしました。最初に参加者全員に記入してもらうアンケート（参加票）にはもちろんオーストラリア国籍と書かれていましたし，演出家との個別インタビューでは彼はそのことを話題にしなかったようでした。それを演出家に伝えると，興味を抱いた田室氏が再度インタビューを実施することになりました。そうして作品に，誰もが涙したボリスの紛争時代の体験を語る独白のシーンが誕生することになりました。

　制作の業務は予算やスケジュールの管理，広報，稽古場の確保，参加者への連絡・調整，各関係者（アーティスト・舞台スタッフなど）との調整など多岐に渡るので説明を割愛しますが，本プロジェクトにおいては作品創作の手法上，ワークショップや稽古，そして脚本執筆が円滑に進行するよう務めること，参加者とアーティストが信頼関係を築きやすくなるようフォローする

2. 多文化共生のために劇場ができること――「人」と「人」としての関わり合いを中心に

ことが重要な役割でした。特に，連絡が取りづらい環境にある外国人参加者にいかに遅刻欠席せず参加してもらうか，また，途中辞退をせずいかにモチベーションを保ったまま本番まで参加してもらうかが課題でした。しかしながら，参加者に稽古日時を連絡するだけで，日本語・ポルトガル語・英語・中国語などの言語に対応しなければならず，当時は携帯電話を持っていない，メールができない，夜勤で連絡が取りづらい，といった外国人参加者もいて，稽古日程の急な変更があった場合は全員にそれを周知するだけでも非常に困難を極めました。演劇はもとより劇場での参加型プロジェクトに初めて参加する人も多く，スケジュール変更や急な稽古時間の延長，なかなか完成しない台本などに対し不満を抱く場合もあり，時に私がその捌け口になることもありました。それも，参加者とアーティストが一緒になってゼロから作品を創作しているためであり，そこに意義があること，その過程を楽しめるよう気持ちをポジティブに向けてもらえるように働きかけることも役割の一つでした。

参加者同士や参加者とアーティストが信頼関係を構築し，絆を深めていくこと，また，出演以外の役割を持たせることは，プロジェクトへの参加意識を高めることにもつながっていたと思います。参加者同士の団結心を強め「一緒に舞台を成功させよう」という気持ちが芽生えていったと感じました。それは本番直前の楽屋を覗くと明らかでした。狭い楽屋で和気あいあいとスタンバイする彼らは，外国人・日本人関係なく励ましあい，その時間と空間を共有し楽しんでいました。まるで全体が一つの大家族のようにも思えました。

(3) 地域における多文化共生プロジェクト

忘れてならないのが可児市国際交流協会の方々の存在です。「多文化共生」のスペシャリストであり，長きに渡り可児やその周辺に住む外国人達の様々な問題に真っ向から取り組んできた協会の方々にしてみれば，設立して間もないアーラがいきなり始めたこのプロジェクトに対し，開始当初はかなりの疑念を抱いていたに違いないと思います。「劇場に何ができるのか？　演劇で何の効果があるのか？」と。

しかし毎年，参加者募集の段階から，フレビアに訪れる利用者の中で興味を持ちそうな外国人に声をかけてくださったり，情報提供や告知方法など様々な相談に乗っていただいたりと，多大なるご協力をいただきました。4年目には可児市国際交流協会とのシンポジウムの共同開催も実現しました。また，美濃加茂市も含め周辺地域のブラジル人・フィリピン人・中国人等のコミュニティの代表者の方々，関連した活動をする日本人の方々も紹介していただき，地域の多文化共生に関わる多くのキーパーソンにこのプロジェクトを周知することができました。その中には，実際に出演してくださった方もいれば，通訳・翻訳の協力，公演告知をしてくださった方もいました。（特に毎年4〜5か国語のチラシを製作していたため，翻訳者を探したり，稽古に来ていただける通訳者を探すのは，可児ではとても大変だったので非常に助かりました。）

参加者やサポートスタッフの中には，チラシ配布などの広報活動を精力的に行ってくれた人達もいました。彼らは自分達の手でチラシを配布するだけでなく，日本語の通じない外国人向けスーパーマーケットや飲食店へ私を連れて行ってくれたので，店主にプロジェクトの意義を伝えてもらうことで，毎年のチラシ設置（参加者募集・公演告知）が実現しました。

アーラでは市民参加型事業を数多く実施していましたが，多文化共生プロジェクトはどの事業よりも地域のネットワークを広く張り巡らせる必要があったように思います。演劇に興味関心がなくアーラの存在すら知らない外国人達をいかに引きつけるか，演劇や劇場とはほとんど接点を持ってこなかった多文化共生の関係者にいかにプロジェクトの趣旨や意義をどう理解してもらうか。そのためには，一人ひとりへの地道なアプローチがなくてはならなかったのです。私が担当した4年ではまだまだ開拓しきれませんでしたが，回を重ねるごとに少しずつ増えていった理解者・協力者の存在は，今もアーラで継続して実施されているこのプロジェクトの土台を作ることにつながったのではないでしょうか。

(4) プロジェクトの課題：プロセス重視か，成果発表重視かの議論を超えて

2年目以降，プロジェクトを実施するに当たり「プロセス重視か，成果発

2. 多文化共生のために劇場ができること――「人」と「人」としての関わり合いを中心に

表重視か」という議論が毎年交わされました。参加者同士の絆を深める，地域の外国人コミュニティのパイプ役に…というプロセス重視の目的からすれば，創作過程でのワークショップや交流の機会を増やしたり，内容もそれに則したものにする必要があります。しかし後者の場合は脚本が早く仕上がっている必要があり，公演に向けた稽古期間を長くとることになります。ドキュメンタリー演劇では参加者全員への個別インタビューを元に書かれるため，限られたプロジェクト期間では，ワークショップの回数を少なくせざるを得ません。また演技指導も必要に応じて行わなければなりません。このように，プロセスを重視するのか，成果発表に重きを置くのかという考え方は，作品づくりの手法や実施内容，スケジューリングなどプロジェクト全般に関わってくる基本方針になります。この基本方針が劇場側でコロコロと変わってしまい，演出家を振り回してしまったことは，大いに反省すべき点だと思っています。トップダウンでその方針が決まることもそうですが，制作担当者である私も含め，劇場が長期的な戦略を立てず，内部での話し合いが十分になされないまま，劇場の考えを押し付け，プロジェクトの内容をほぼ演出家に頼る形で継続してしまったのが問題だったように感じます。多文化社会において劇場が地域のどんな課題を解決しようとしているのか，そのためにプロジェクトをどう位置づけ，ゴールをどう設定するのか，現状の把握と共に綿密に計画する必要があったのだと反省しています。

あくまでも私個人の意見ですが，そもそもプロセスと成果発表のどちらかに比重を置くべきではなく，両方がこのプロジェクトには大切なのだと考えていました。参加者同士の相互理解や団結力がないと公演は成り立たない，そのためにはワークショップや交流の時間は必要，しかし可児市民はじめ観客に訴えるものがないとプロジェクト自体の存在意義がない，そう考えます。それらを鑑みても，ワークショップとインタビューを通して創作していくドキュメンタリーの手法がこのプロジェクトに非常にマッチしていたと，4年間関わったことで実感しています。

しかし，最初から相互交流が円滑だったというわけではなりません。実際には参加者の中には初めて直接関わる外国人に戸惑う方も少なからずいました。実は私自身もそうでした。特にブラジル人達は時間にルーズで，遅刻や

無断欠席を悪いことと思っていないようでした。稽古場に現れない参加者に必死で電話連絡を取ったり，稽古が進まなかったりと困ることも多かったのですが，当の本人はけろっとして次の稽古に笑顔でやってくるのです。しかしこのようなことに目くじらを立てても意味がない，それが彼らの国民性や文化と呼ばれるものなのだと，彼らの屈託のない笑顔を見て気が付きました。そもそもこちらの（日本の）やり方に無理に従ってもらうこと自体，このプロジェクトでは間違っているのではないだろうかと。参加者も同じだったと思います。前述の日本人女性のように，多くの日本人参加者が外国人達と時間を共有していくうちに彼らの文化などを理解し，そういった問題にも寛容になり，彼らをサポートするようになっていきました。（同時に外国人達も徐々に変化がみられ，遅刻欠席の連絡はもちろん，遅刻も減ってきたのも事実です）。皆，ワークショップや劇場外での交流を通して，外国人達のうちに秘めた苦労を感じさせない前向きな明るさ，隠れた努力，日本人にはない考え方に，魅力を感じていった方も多かったのだと思います。サポートスタッフとして参加してくださった方々も心を惹かれて，ファンになっていたからこそ，あそこまでの協力をしてくれたのではないかと思います。

　もちろん，成果発表の重要性も認識していました。実際，私自身が劇場利用者の方に「外国人なんて可児からいなくなればいい」と言われたことがありました。そのような人々に，在住外国人がどんな想いを抱え，どんな過去を背負って，祖国から遠く離れた可児で暮らしているのか，さらに時には親と離れ離れになり，また時には親の都合で日本に連れて来られる子ども達の状況を知ってもらうことは，当時人口の7%まで在住外国人が増えていた可児では，必要なことに思えました。実際，作品を鑑賞した観客の中に，在住外国人の持つパワーや表現の豊かさに感動した方は多くいました。特にドキュメンタリーでつくられる作品は参加者が自身の言葉で語るため，その人の人生が垣間見え，説得力が増し，観る者の心に強く響くのだと思います。市内の報道関係の方が観劇後に涙を流しながら「この公演を可児市民みんなに観てもらいたい。可児にとってとても重要なプロジェクトだ。プロジェクトを知ってもらうために協力したい。」と言ってくださったことがありました。観客に対する成果発表の重要性を痛切に感じました。

(5) 「人間の家」としての劇場ができること

　私は在職中,「劇場は芸術の殿堂ではなく『人間の家』であり『社会的機関』である」とするアーラの考え方に深く共感していました。老若男女,障がいのある方,外国人など全ての市民にとって安らげる場所でありたい,劇場が積極的に地域の課題を解決していきたいと,実際に劇場の外へ出てのアウトリーチ活動がアーラの自主事業のおける大きな柱となっていました。可児市のような外国人が多く在住する地域において,市民が協働して演劇などの芸術作品の創作する本プロジェクトの役割は,まさにそこにあったと思います。特にその際にドキュメンタリーという手法を用いることによって,在住外国人と日本人の表面的な相互理解ではなく,それぞれの「違い」を認識することで生まれた尊重しあう気持ちが,参加した人々の中に絆や信頼関係が生んだのだと思います。

　また,観客には外国人の人生・想いなどを知ってもらうことよって単に感動を与えるだけでなく,「外国人」と一括りにしていた人々を,一人の人間として,隣人や友人としての視線に変えることができるのだと考えています。これは劇場にしかできないことなのではないでしょうか。

　もう少し言えば,このプロジェクトの「多文化」が意味するところは"国籍の違い"だけではありませんでした。小学生の子どもから70代までの参加者,障がいを持った方,セクシャルマイノリティーの方もいました。言葉や文化だけでなく,様々な「違い」を「多様性＝個性・豊かさ」として受け入れ,そこから新しい価値が生まれていったのです。館長のいう「違いを豊かさに変える装置」としての劇場,それにこのプロジェクトをアーラが続ける意味があるのだと思います。

注

1　多文化共生プロジェクトの参加者の中から,有志が集まって,2011年末に多国籍演劇ユニットを結成。可児市だけでなく全国各地で外国人向けに,防災,ビジネスマナー,ご近所付き合いマナーなど様々なワークショップを行っている。

3. 多文化共生プロジェクトにおけるインタビューの醍醐味

舞台演出家　前嶋のの

　可児市文化創造センター ala（アーラ）における，『多文化共生プロジェクト』。私はこれまで4度に渡り，演出助手としてこのプロジェクトに関わらせて頂いた。思い返してみると，他に類を見ない舞台だったと実感している。脚本・演出のスーさんこと田室寿見子氏が参加者に寄り添いながら作り上げる世界に，私はいつも魅了されていた。

　スーさんは必ず，参加者一人一人に「インタビュー」する時間をとった。参加者は国籍も年齢も実に様々だ。日本に来た経緯や，母国の記憶，今どんな毎日を送っているか，何を考えているか，そして将来に対して思うことは…。外国人も日本人も，大人には大人の，子どもには子どもの毎日があり，過去があり未来があり，考えている事がある。なかには驚くほど衝撃的な過去を経験している参加者もいた。スーさんは彼らの言葉にじっくりと耳を傾け，彼らの身に起こっている出来事を丁寧に汲み取っていく。その人の核心に深く踏み込んでいく「インタビュー」を，私は内心ドキドキしながら見守っていた。スーさんという人はあたたかい部分とドライな部分を併せ持っていて，目の前で彼らがどんなエピソードを語りだしても，それを受け止めるだけの包容力があった。

　作品の核になる素材は，いつもこの「インタビュー」から生まれた。だから例えば戯曲ありき，演出家ありきで成り立っていく舞台とは根本的に異なる。時間をかけて参加者に向かいあいながら台本を作り上げていく。私が関わった中では，スーさんがこのスタイルを捨てる事はなかった。

　実際の作品創作においては実に様々な事があった。私が現場に加わるのはいつも本番に向けて仕上げの段階だったが，稽古場はいつも賑やかで，様々な言語や文化が飛び交うまさに国際交流の場だった。ここでは，私の記憶に残っているエピソードをいくつか紹介したいと思う。

(1) 初年度の事

　私が初めてアーラを訪れたのは 2008 年の夏，プロジェクト一年目の本番直前の事だった。スーさんから公演手伝いのお誘いを頂き，自分に何が出来るのかという不安を抱えつつも，すぐに可児へと向かった。

　たどり着いた稽古場は，「オオラカ」の一言だった。まず，時間になっても人は集まらない。やがて悪びれるふうもなくわらわらとブラジル人や中国人たちがやってくる。子どもから大人まで，年齢はバラバラだ。一気に国際色豊かになったところで稽古が始まるが，ひたすらのんびりと進んでいく。舞台の本番直前にしてあの緊迫感のなさは衝撃的だったが，参加者たちに焦りの色はなく，みな明るくおおらかで，場を楽しんでいるように見えた。考えたら国籍も世代も暮らしてきた環境もまるで違う，しかも一般の市民たちなのだ。ひとつの事を進めるのにどうしても時間がかかってしまう。稽古場には常に様々な言語が飛び交っていた。小さな子どもたちもいるので気を抜くとすぐに集中力がそがれてしまう。台本も，日本語，英語，ポルトガル語，中国語に翻訳しなければならない。これは大変なところに来てしまったと思ったが，そんな心配事よりも圧倒的に好奇心が勝っていた。

　それでも予定通りに本番はやってくるのである。稽古のあと，毎晩夜中までスーさんと振り付けの山田珠実さんと三人，ファミレスでノートを広げて打ち合わせをしたのを覚えている。とにかく形にするために，出演者一人一人が何をやるのか，どこから出てどこに行って，台詞はこうで，ここでムーブメントがあり，照明は，音楽は，小道具は…。そういえば舞台って決まり事ばかりなのだ。やることを明確にし，それを参加者やスタッフに把握してもらう。その手伝いをするのが私の役目であった。

　初年度から参加している，あるブラジル人の家族がいる。日系ブラジル人のＫさん一家だ。その後も毎年参加した彼らは，プロジェクトになくてはならない存在になっていくのだが，初年度からその存在感は大きかった。

　初年度の作品『East Gate』では，仕事を求めて日本にやってきた外国人たちのエピソードが描かれており，その中でＫさんが普段働く工場の風景を芝居にした場面があった。日本人の上司と，流れ作業をする外国人労働者たち。日本語が話せるＫさんは仲間に頼られる存在で…。台詞を順番に言

えただけでもホッとするような出来映えだったが，覚えた日本語の台詞を一所懸命に表現しようとするブラジル人たちの熱意は客席に伝わった事と思う。

　また強く印象に残っているのは，終盤に全員で踊る「川の流れのように」だ。この歌はKさんの奥さんが大好きな曲。日本語が苦手なブラジル人の奥さんに，Kさんがローマ字で歌詞を書いてくれたのだそうだ。舞台ではそのエピソードを奥さんが語るシーン，そして曲が流れて全員が踊るシーンがあった。

　　　知らず　知らず　歩いてきた　　細く長い　この道

　はじめにブラジル人の少女が立ち上がり，ひとりでこの歌詞を表現する。やがて徐々に，参加者全員がこのムーブメントに加わっていく。

　　　ああ～　川の流れのように

　サビの部分で，空を飛ぶように，川を泳ぐように，舞台上をかけめぐる参加者たち。それだけで彼らは美しかった。なるほど，これはこういうプロジェクトなのだ！と理屈でなく理解した瞬間だった。ちなみになぜだかわからないが，音源は美空ひばりではなく五木ひろしが歌うものだった。

(2)『顔／ペルソナ』の創作において

　最も新しい記憶として，2012年創作の『顔／ペルソナ』がある。作品のテーマは「顔」。人はいくつの顔を持っているのか。普段自分はどの顔を選んで暮らしているのか。私はこの作品で三人のアーティストのアシスタントをさせて頂いた。一人は脚本・演出のスーさん。一人は振付・演出のじゅんじゅんさん。そしてもう一人は映像制作担当のシゲさんこと岩井成昭氏である。分野も性格も全く違う三人の仕事は，それぞれがとても魅力的なものだった。

　じゅんじゅんさんはスーさんの意図や作品の方向性を汲み取った上で，視覚的，身体的な表現を作り出していった。とにかく参加者を動かす。集中力がない時は彼らを鼓舞し，必要があれば叱責する。稽古場にはそれまでにな

かった緊張感が走り，創作の時間にエンジンがかかった。次々と提示されるじゅんじゅんさんのアイディアに日本人も外国人もぐんと前のめりになり，それを自分のものにしようと必死になる者が出てきた。彼らは「身体で表現する」ということに貪欲になっていったのだと思う。

シゲさんは「顔」をテーマにいくつかの映像作品を制作した。中でも印象的なのは，日本人の少女とブラジル人の少女が踏切ですれ違う場面だ。「自分は学校では仮面を被って何もしゃべらない」という日本人の少女。一方ブラジル人の少女は，他人に何を言われても自分は気にしないという。二人は踏切のこちら側とあちら側に立っている。電車が通り過ぎるのを待ち，踏切を渡ってすれ違う。出来事としてはただそれだけのシンプルなものだが，少女の表情の切り取り方や挟み込まれるモノローグによって，たちまち現実と心象風景が入り交じったような，こちらの想像をかきたてられる作品になった。

シゲさんはこの場面のロケーションにこだわった。劇場のスタッフに案内してもらいながら，事前に近くの踏切をいくつか見に行ったのを覚えている。しかしそうして選ばれた踏切だったが，いざ撮影の日に行ってみると，以前生えていた草がすっかり刈られてしまっていた。シゲさんにとってはその草がとても重要だったらしく，しばらくの間ひどく落ち込み，どうしたものかと考え込んでいた。一方そんなシゲさんの気持ちとは全く関係なく，二人の少女は楽しくおしゃべりをして待っているようだった。二人が話しているところを見るのは，それが初めてだった。もしこの撮影がなければ，会話を交わす事はなかったのかもしれない。

シゲさんの撮影現場はいつも和やかだった。みなリラックスしてカメラの前に立ち，こちらの想像以上の表現を見せてくれた。撮影という経験もまた，参加者にとって特別な時間になったに違いない。

スーさんはこの年もやはり，参加者が舞台で何を語るかを大切にしていた。『顔／ペルソナ』では自分が持っている「顔」についてインタビューしており，参加者の様々な思いやエピソードが台本に盛り込まれていた。大人たちが語る内容も興味深いものだったが，より深く印象に残っているのはやはり少女たちの姿だ。

ブラジルと日本を行ったり来たりする中で，幾度となく転校を繰り返す日系ブラジル人の少女。彼女は早く働いて親から独り立ちしたいと語る。もう転校したくない。親の仕事に振り回されたくないと。また，あるフィリピン人の少女は踊る事が大好きで，いつか母国にスタジオを作るのが夢だと語る。自分は手と足に障害を持っているけど気にしない。そう思えるきっかけをくれたのはおばあちゃん。祖母の事を語った後少女が無音の中で踊る場面は，ほんの一瞬だったがよく覚えている。踏切の映像に登場した日本人の少女も同じ場面で語った。彼女は舞台に出る前，とても緊張していた。袖から自分が向かうべき場所の印を確認し，私が持っている台本で自分の台詞を何度も確認していた。

　私は舞台袖で彼らを送り出す。決められた明かりの中に入ったのを見て安心し，それぞれが語る姿を眩しく見ている。彼らには強さや逞しさを感じる反面，いつでも壊れてしまいそうな不安定さがあった。だからこそ，舞台に立ち，客席に向かって自分の言葉を話すという事が，彼らにとって強い意味を持つのだと思う。

　スーさん，シゲさん，じゅんじゅんさん。三人のアーティストはそれぞれのやり方で参加者に大きな刺激を与えていた。表現方法が多彩になったことで，この年の参加者はより充実した達成感を得られたのではないかと思う。

(3) おまけに，N君のこと

　我家の冷蔵庫に貼ってある磁石がある。人の顔の形をしたもので，『ペルソナ』の参加者N君からもらったものだ。この磁石をみるたびに，私は彼のチャーミングな笑顔を思い出す。N君と何か特別なエピソードがあったという訳ではない。日本語も英語も話さない彼はいつもブラジル人の友達と一緒で，遊びにくるように稽古場にきていた。もしかしたら元々おしゃべりな子ではないのかなとも思う。ただある日，稽古が始まる前だったか後だったか，私が一人でパネルや小道具を作っていると，黙って手伝ってくれた事があった。言葉を交わしはしないが，私の作業を真似て，紙を切ったり，のりをはったり。まるで自分の仕事のようにずっと一緒にやってくれたのだ。彼にとっては友達を待っている間の時間つぶしだったと思うが，私はとても

嬉しかった。

　彼は今どんな生活をしているだろう。これから何年後，何十年後，どんな大人になっていくのだろう。…日本で？…ブラジルで？　N君を皮切りに，これまでにプロジェクトを通して出会った子どもたちの顔が浮かんでくる。あの子は，あの子は，あの子は…。外国人も日本人も，子どもたちは与えられた環境の中で必死に生きている。社会に溶け込みながら自分を見失わないでいるのは，決して簡単な事ではない。それは大人だって同じだ。

(4) 最後に

　参加者が舞台で自分の事を語る「多文化共生プロジェクト」。この作品創作の過程において参加者はまず，今自分がどういう生き方をしているのか，自分自身について知る事になる。そして同時に，他の参加者の生き方を知る事にもなる。同じ町に住む人間たちが，国籍や年齢，障害を越えて，互いの生き方や考えている事を知りあう。そして作品を一緒に作る中で，互いの存在を無意識に許容していく。このプロジェクトには，恐らくそういう影響力があったのだと思う。

　舞台には特別な力がある。同じ時，同じ興奮を味わった者同士は，記憶の中で永遠に仲間でいられるのだと思う。その面々が実にバラエティにとんでいる，それが多文化共生プロジェクトの醍醐味だったのではないだろうか。

第2章 「多文化共生プロジェクト」上演台本
（2008年～2012年）

1. 多文化共生プロジェクト2008『East Gate』

　『East Gate』は，可児市やその周辺に住む外国人が初めて日本に足を踏み入れた国際空港の入国審査から始まります。審査場で「外国人」と「日本人」に分かれたまま，その後も地域コミュニティにおいて決して交流することのない人々。デカセギの日系ブラジル人とその家族や，外国人研修制度でやってきた中国の若者たちの来日に至るまでの心の葛藤，それぞれが抱く日本の生活での思い，そして今後の夢や目標をインタビューから構成し，参加者の特技やワークショップで作り上げた表現へとつないでいます。

入国審査：パスポートが映し出され，一人ひとり踊る『East Gate』(2008)

工場でラジオ体操する労働者たち『East Gate』(2008)

1．多文化共生プロジェクト 2008『East Gate』

1-1　作品解説：『East Gate』について

　『East Gate』は，日本のとある国際空港に降り立った人々が，入国審査で「日本人」と「外国人」に分けられ，ゲートを出て地域住民となったあとも交流することなく，コミュニティごとに留まっている地域の「国際化」の一面を描いています。

　多文化共生プロジェクトの第一作目となる本作品を作り始めた時，日本人の参加がほとんどありませんでした。なぜ関心が持たれないのか，稽古を進めながら地域の人々にリサーチしたところ，日本人と外国人は交流を持たないことで，穏やかに"共存"しているというまちの側面が浮き彫りになってきました。国際空港からこの作品を始めることにしたのは，そこが両者の最初の分岐点であると思ったからです。

　オープニングは様々な国から到着した乗客が降り立ち，入国審査のために並ぶ人々の「パスポートのダンス」から始まります。彼らに求められるのはパスポートと適正な在留資格だけであり，個々の人間性や豊かな表情は不要です。顔はパスポートの下に隠され，日本人から分けられた外国人は，ゲートをくぐり抜けるために一様に指紋採取に応じます。しかし彼らのアイデンティティは，無表情を装ってもダンスの端々にこぼれ出てきます。

　ダンス以外のほとんどのシーンは，インタビューで聞き取った参加者の言葉と，ワークショップで参加者自身が作った作品によって構成しました。創作の場に共通言語が存在せず，通訳もつかない中で，参加している外国人がどのような人たちなのか，このプロジェクトに何を期待し，何が出来て何が出来ないのか想像もつかなかったので，ワークショップ初日に特技の発表をお願いするところから始めました。

　発表者の一人で，日本語が全く話せないブラジル人のルセリアが，演歌「川の流れのように」をなめらかな日本語で朗々と歌い上げるのを聞き，度胆を抜かれたのを思い出します。ルセリアは，日系ブラジル人の夫ケンと子どものマルセラ，チヨシにも参加を呼びかけ，孫のお守りをする人がいない時は孫を連れて参加するようになりました。若々しくて美しいルセリアが，

この時すでに3人も孫がいる「おばあちゃん」だということにもまた驚かされました。

　ケンは通訳のつもりで付き添って来ていたので，最初は出演など考えもしなかったようですが，やってみると何とも味わいのある素晴らしい存在感を持った表現者だということがわかりました。結局家族4人で出演し，公演では「川の流れのように」を作品のモチーフとして随所に使うことになりました。ケン・ルセリア夫妻は，その後，2012年の私の最後の作品まで5年連続出演してくれたのですが，彼らのファンが誕生するほどの人気者となりました。

　同じく日系ブラジル人のレカとダニエルは，本国でも演劇をやっていたというだけあってワークショップでは次から次へと素晴らしい発想を生み出し，巧みな演技で表現して作品の要となってくれました。レカの娘のアナコはまだ小学校6年生で，大人の中で好き勝手に振る舞っていましたが，そんなやんちゃぶりは稽古場だけで，学校では極力自分を抑えていることを後になって知りました。

　そのようなメンバーと始まった『East Gate』はブラジル人8人，中国人6人と日本人1人の合計15人，下は11歳から上は61歳まで，様々な年代の人が参加してくれました。ルセリアやレカのような成人のブラジル人は水を得た魚のようにのびやかで，表現することを生き生きと楽しみ，インタビューでも気さくに本音を語ってくれましたが，成長途中で日本に呼び寄せられた子どもたちは日本の学校でつらい思いをしていたこともあり，インタビューではあまり話したがりませんでした。将来の夢を尋ねた時，当時14才だったチヨシが「気象予報士になること」と言ったのをほほえましく聞いていましたが，その理由は「試験資格が国籍不問だから」とわかった時，夢の出発点がまずそこにあることにとまどいを覚えました。

　一方，チヨシの姉のマルセラは当時25歳，すでに二児の母でしたが，彼女の夢にリミットはなく，映画監督になってアカデミー賞を取るのだと語りました。シーン5で繰り広げられるSFドタバタ劇はマルセラ自身が台本を書き，監督役も本人に演じてもらいました。それまで恥ずかしがっていた子どもたちは，その虚構の世界のキャストとして大いに楽しみ，次第に生き生

きと表現するようになりました。

　中国人の参加者は全員外国人研修生として来日しており，受け入れ組織の管理もあって，発言が自由ではないようでした。稽古にも自分の意思で参加しているのか，指示されて来ているのかすら明確ではなく，最後までメンバーが入れ替わり立ち替わりして現場を混乱させました。研修生たちは携帯電話やインターネットの使用が認められておらず，連絡を取ることも困難で，私の中では「外国人研修制度」に対する抑圧的なイメージが増長していきました。

　彼女たちの好きな歌と踊りを盛り込み，メンバーの一人，シンが来日するいきさつを寸劇にすることが出来たのは，結局，本番の2日前でした。失恋をきっかけに日本に行くことを決め，家族の反対を押し切って来日した彼女が「日本で働くことが夢でした」とはにかみながら語るのを見た時，彼女たちにとっての研修生活は私が想像するほど悪いものではないのかもしれないと思いました。

　日本人でただ一人出演してくれたのは，馬頭琴プロデューサーの山元さんです。サポーターとして参加していたのですが，日本人の出演者が一人もいなかったことから，お願いして無理に出演してもらいました。インタビューの時に彼女が馬頭琴について語った「違った素材が寄り集まることで，複雑でより深い響きが出るので人の心に伝わりやすくなる」という言葉が多文化共生の本質を言い表しているように感じ，心に残りました。

　シーン9では，レカが作った詩を各国の言語に分かれて朗読します。ブラジルチームは詩に一人ひとり異なるムーブメントをつけ，アラタはその詩の最後に「ライフ」という自作の歌を披露してくれました。中国チームは軍隊の掛け声の練習のように，全員統一した手振り身振りで読み上げました。そして最後に山元さんは一人，ゆっくり滑らかに朗読するのでした。文化の違いをステレオタイプで一括りにしたくないと考えていたのに，それぞれのチームが選んだ表現はそれぞれの国のステレオタイプを思わせるもので，笑いを禁じ得ませんでした。

　こうして『East Gate』では，空港から日本に入国した人々の来日したいきさつや，仕事を中心とした日本での生活，これからの夢と，家族内でもく

い違っていく将来への展望などについて，彼らの母語，および一番馴染んでいる言語を通して語られます。そこに参加者が特技として見せてくれたダンスや歌，ワークショップで作ったストーリーや詩などを盛り込むことで，一つの作品に仕上がりました。

　エンディングはオープニングと同じ「パスポートのダンス」が繰り返されますが，最後は顔を覆っていたパスポートを高々と放り投げ，それぞれの国籍や在留資格から自由になって，すべての人々がつながりながら幕を閉じます。

1-2 上演台本

『East Gate』

[出演]

[ブラジルチーム]
アラタ：ハイザ チズッキ サントス アラタ　Haiza Tizuki Santos Arata
レカ：小林 レチシア　Kobayashi Leticia
アナコ：小林 アナリエラ　Kobayashi Anariera
ダニエル：ダニエル・タケダ・ディオン　Daniel Takeda Dion
ケン：渡部 ケン　Watanabe Ken
ルセリア：渡部 ルセリア　Watanabe Lucelia
マルセラ／ラファエラ：渡部 マルセラ　Watanabe Marcela
チヨシ：渡部 チヨシ　Watanabe Tiyoshi

[中国チーム]
シンイ：シン イ　Qin Wei
シン：シン ギョウギョウ　Qin Xiao Xiao
オウ：オウ セイ　Wang Sei
チョウナ：チョウ ナ　Zhang Li
チョウレイ：チョウ レイ　Zhang Na
シュウ：シュウ レイピ　Zhou Li Met

[日本チーム]
山元：山元 哉司子　Yamamoto Yasuko

[スタッフ]
構成・演出：田室 寿見子
演出補：前嶋 のの，花崎 攝
ワークショップ進行・映像：すずき こーた
振付：山田 珠実
音楽：浅野 五朗

第 2 章 「多文化共生プロジェクト」上演台本（2008 年〜2012 年）

舞台監督：加藤　啓文
照明：小平　定幸
音響：庄　健治
制作：松木　紗都子／田北　篤史

主催：財団法人可児市文化芸術振興財団
企画・製作：Sin Titulo

2008 年 7 月 27 日（日）　第 1 回 12：30 開演，第 2 回 15：30 開演
可児市創造文化センター　小劇場にて上演

1. 多文化共生プロジェクト 2008『East Gate』 *31*

| シーン1 | オープニング

舞台奥に 15 人分の椅子が置かれている。
登場人物：全員

舞台は日本のとある空港。
国際線で到着したばかりの乗客が並んでいる。

暗転。出演者全員，客席に向かって横一列に並んでスタンバイ。
MI：East Gate（EG）のテーマ曲（リズム部分）カットイン。
スクリーンに East Gate の文字が浮かび上がる。
薄暗い照明，フェードイン。

【パスポートのダンス】
全員，ポケットからパスポートをゆっくりと取り出し，顔を隠す。写真のページを開いて両手で持ち，顔のまわりをパスポートで円を描く。

上手・下手に分かれ，一人ずつステップを踏んでセンターでストップ。入国審査官への挨拶代わりの決めポーズ。その時，スクリーンにパスポート写真が浮かび上がる。上手側と下手側から，交互に行う。

全員が終わると，バラバラに歩き出す。

スクリーン，上手側に 日本旅券　JAPANESE PASSPORT ，
下手側に 外国旅券　FOREIGN PASSPORT と浮かび上がる。
外国人は 外国旅券 の前に集まり，後ろ向きに立つ。
ただ一人の日本人の山元は， 日本旅券 の前に正面を向いて立つ。

MI：カットアウト。
照明が外国人側を照らし出す。

レカが人差し指を高く掲げると，スクリーンに一つ指紋が浮かび上がる。レカが指を降ろすと，外国人全員が両手の人差し指を前に差し出し，スローモーションで正面を向く。スクリーンには次々と指紋が現れる。正面でしばし停止した後，人差し

指を差し出したままゆっくりと後ろを向き，背中を向けて止まる。

M2：EG（短調部分）フェードイン。

音楽の始まりとともに，全員動き出す。山元は一旦退場。外国人はそれぞれスーツケースやバッグを舞台両袖から取ってきて，空港内を歩き出す。

スクリーン　Where are you from?
音声「Where are you from?」（どこから来ましたか？）

人々は一瞬歩みを止めるが，また歩き始める。

スクリーン　How long are you going to stay in Japan?
音声「How long are you going to stay in Japan?」（日本にどれくらい滞在しますか？）

人々は再び一瞬歩みを止めるが，また歩き始める。

スクリーン　What is the purpose of your visit?
音声「What is the purpose of your visit?」（来日の目的は何ですか？）
M2：カットアウト。

　　　レカ　　　　Trabalho！（仕事）
　　　ダニエル　　Dinheiro！（お金）
　　　オウ　　　　イエンシュウ！（研修）
　　　シンイ　　　コンゾ！（仕事）
　　　ケン　　　　Trabalho！（仕事）
　　　外国人全員　シ・ゴ・ト！

上手から，台車に馬頭琴を乗せた山元がゆっくり出てくる。
M2：フェードイン。
照明が山元にうつる。
外国人は舞台奥の椅子へ向かう。

スクリーン　Is there anything to declare?

音声「何か申告するものはありますか？」

  山元   特にありません。これは楽器です。

馬頭琴をケースから取り出して見せる。

  山元   これは馬頭琴というモンゴルの楽器です。弦も弓も馬のしっぽの毛で作ってあります。

外国人が馬頭琴に好奇心を持って近づいてくる。

  山元   （外国人を見て）さわってもいいですよ。

外国人はためらうが，バラバラに立ち去る。
暗転。
山元，退場。
レカ，ダニエル，アラタ，ケン，ルセリア，マルセラ，チヨシは舞台奥の椅子に座る。
M2：フェードアウト。

シーン2　来日まで（中国チーム）
登場人物：シン，シンイ，オウ，シュウ，チョウナ，チョウレイ

スクリーン　Gate 1：From China

照明，カットイン。
シュウの唄，中国チームのダンス
照明，カットアウト
暗転中にブラジルチームが，椅子を5席，学校のように並べる。

スクリーン　学生時代（がくせいじだい）

照明，カットイン。

シンの中国での学生時代。ある授業の風景。居眠りをしているシンが先生（オウ）に怒られ，立たされる。授業が終わり，シンを残したまま他の生徒は椅子を舞台奥に戻し，上手に退場。
一人教室に残ったシンは，デートに備えてメイクに余念がない。恋人（チョウレイ）がやってくるが，なんだかつれない様子。やがて別の女性（シンイ）が現れ，肩を抱き合って二人で立ち去る。一人，取り残されるシン。

スクリーン 失恋（しつれん）

シンは，以前恋人にもらったラブレターをカバンから取り出して読む。

【シンの心象風景】シュウの歌。チョウナとオウによる，男女の愛を表わすようなダンス。

手紙を破り捨てるシン，失意のまままちを歩く。
スクリーンに中国語の求人広告が映し出される。
日本での研修生募集の広告を見ている人たち（シンイ，シュウ）。
シンもやってきて，広告を見る。

  シン   すみません，これは何ですか？
  まちの人 日本，行く。
  シン   日本に行く？
  まちの人 行きたい？
  シン   ……行きたい！

照明，フェードアウト。
シンイとシュウは上手に，シンは下手に退場。

照明，フェードイン。
シンの家。
上手から母（チョウレイ），下手から父（オウ），姉（チョウナ）が出てくる。
下手からシンが帰宅する。

スクリーン 家族の反対（かぞくのはんたい）

シンは，家族に「日本に行きたい」と相談する。母は猛反対するが，父，姉は賛成する。母の反対を抑える父。シンは姉に連れていかれるように下手に退場。
暗転。

照明，カットイン。
ホリゾントに空の雲が流れる様子。
SE：飛行機の飛ぶ音。
下手からシンは飛行機の翼のように手を広げながら，走って舞台をまわる。

スクリーン 来日（らいにち）
日本の国際空港。上手側に出迎えの人々（シンイ，シュウ，山元）がウェルカムボードを掲げて待っている。シンは出迎えの人の中に企業の担当者（山元）を見つけ，近づく。

シン	すいません，私はシン・ギョウギョウです。
担当者	シンさんですか？
シン	はい，会社の方ですか？
担当者	そうです，よろしくお願いします。
シン	よろしくお願いします。日本に来るのは夢だったんです！

中国メンバー・山元，上手に退場。
暗転。

シーン3　工場での仕事（ブラジル人チーム）
登場人物：レカ，アナコ，ダニエル，アラタ，ケン，ルセリア，マルセラ（ラファエラ），チヨシ

スクリーン Gate 2：From Brazil

全員，一斉に素早く作業着を着る。
M3：ラジオ体操の音楽　カットイン。
照明，フェードイン。
M3が始まると，レカ，アラタ，ケン，ルセリア，マルセラ，チヨシが椅子を持っ

て舞台前方に登場，ラジオ体操を始める。ダニエルは人形（アナコ）の入った箱を載せた台車を上手の舞台袖から運んで来て，体操に加わる。

スクリーン　日本での仕事

M3：ラジオ体操の音楽　フェードアウト。
ラジオ体操が終わり，日本人マネージャー役のダニエルが朝礼を開始。

ダニエル	では，朝礼を始めます。 （チヨシとマルセラがしゃべっているのを見て）こら，そこの二人！　何してるの？　ダメよ！ （マルセラに近づき）ラファエラちゃんはいいのよ。 （アラタが立ちながら居眠りしているのを見て）あんた，ダメよ。何寝てるの！ （全員に）昨日も不良品が出ました。何で不良が出るの？
ルセリア	（ポルトガル語で，何か言い訳する）★＄＃○★Ψ★ж％△
ダニエル	そうじゃなくって，しゃべり過ぎ！　しゃべり過ぎるから不良が出ます。
ルセリア	おしゃべりしてませーん。
レカ	仕事の話でーす！
ダニエル	おしゃべりしないで！　今日の当番は？
ルセリア	私です。（前に出る）今日も１日がんばろう！
全員	がんばろう！

SE：工場の作業音
一同，椅子を作業台に見立てて作業を開始する。

チヨシ	（ダニエルが座って仕事をしているのを見て）日本人は座って仕事をしてて，いいなぁ。
マルセラ	（ダニエルに）カイシャ，貸してください。
ダニエル	会社？　社長と話したいの？
マルセラ	（台車を指さして）カイシャ，これ
ダニエル	あーこれ？　これは台車。どうぞ。

マルセラ，人形（アナコ）の箱の載った台車を借りる。

SE：工場の作業音，フェードアウト

  ダニエル ラファエラちゃんって本当に可愛いなぁ。

マルセラ，台車をダニエルの足にぶつけてしまう。

  ダニエル あっ痛い！
  マルセラ すみません。
  ダニエル 大丈夫，大丈夫。おー痛い，でも可愛い。

マルセラは箱から人形（アナコ）を取り出し，加工しながら次々と隣へ流していく。ダニエルは全員を監視しながら，ケンの方へ歩いていく。

  ダニエル 大丈夫ですか？　これは何を作っていますか？
  ケン   これは人形の耳です。
  ダニエル （チヨシがダラダラ仕事をしているのを見て）もっと早く，もっともっと！

アラタ，人形（アナコ）を作成中に壊してしまう。

  ダニエル あなた，何やってるの。それ，ちょっと貸して。（と自分で直す）

人形がしゃべり始める。

  アナコ   ワタシ，キューピット。ワタシ，キューピット。
  ダニエル わが社のキューピット人形は本当によく出来てるなぁ。

アナコが歩き出し，恋の矢をマルセラに放つ。マルセラの胸に刺さり，マルセラはダニエルをすがるように見つめる。

  ダニエル （マルセラに）も，もしかして，僕のこと好きになりましたか？
  マルセラ ……んなわけないだろ！

一同，大笑いする。

　　　　ダニエル　　何笑ってるの？　笑ってる人はクビよ！！　クビ！　あんたもクビ！　あんたも，あんたも！

ダニエルは怒りながら，台車を持って上手に退場。一同，口々に「え～，クビ？！」「ケン，何とかして！」などと言いながらケンのもとに集まり，ケンの作業上着を脱がせ，椅子を舞台奥に戻して座る。ケンは舞台センターに立つ。

シーン4　ケンの家族
登場人物：ケン，ルセリア，マルセラ，チヨシ，アラタ

スクリーン　Gate 3 : A Japanese Brazilian

ケンにスポットライトがあたる。

　　　　ケン　　ワタナベケンです。今のが私の職場です。10年前に日本に来ました。最初はお金を稼いだらブラジルに帰ろうと思っていました。1回帰ったけど，やっぱり仕事がなくて，また日本に来ました。次の年に奥さんが来ました。娘2人と息子2人も来ました。私の家族を紹介します。チヨシさん。

チヨシが前に出てくる。

　　　　チヨシ　　チヨシです。4歳で日本に来たので，今ではポルトガル語よりも日本語が得意です。お父さんとは日本語，ほかの家族とはポルトガル語で話しています。将来は一生懸命勉強して，日本で気象予報士になりたいです。ちょっとやってみます。

スクリーン　息子の夢＝気象予報士

アラタがTVの天気予報のお姉さんになって出てくる。

1. 多文化共生プロジェクト 2008『East Gate』

アラタ　　　台風が接近していますが，明日の天気はいかがでしょう，ワタナベさん！

スクリーンに天気図が映る。

チヨシ　　　（天気図を指しながら）幸い台風は本州からそれて，直撃にはなりません。しかし，東北地方は低気圧が南下してきていて，ところどころ夕立がありそうです。沖縄では青空が広がります。最高気温は昨日と同じくらいで，夏日が続くでしょう。

アラタ　　　明日も暑くなりそうですね。ありがとうございます，ワタナベさん。

チヨシとアラタは椅子にもどる。

ケン　　　　チヨシさんは一生懸命勉強して，気象予報士になってほしいよね。次は娘のマルセラです。彼女は日本で結婚して，子供も二人います。

マルセラが前に出てくる。

マルセラ　　Meu sonho é ser diretor de cinema e ganhar um Oscar.（私の夢は，映画監督になってオスカーを取ることです。）

ケン　　　　彼女の夢は，映画監督になってオスカーを取ることです。それでは，そのシーンをちょっと見てみましょう。

シーン5　マルセラの夢

登場人物：マルセラ，レカ，ダニエル，アラタ，チヨシ，ケン，アナコ

スクリーン　娘の夢＝映画監督

マルセラが監督になって，SF映画を撮影する。
マルセラ，拡声器を持って「アクション！」
M4：「ザ・ワンのテーマ」

SFタッチの照明，カットイン。

悪者の宇宙人役のレカと，その手下のダニエル，ルセリア，アナコ登場。

  レカ   ワハハハ，O planeta terra é meu!　地球はわたしのものだ！

レカとその手下，上手に退場。
チヨシとアラタが登場。

  チヨシ 今日お祭り行く？
  アラタ うん，行く行く。
  チヨシ アイス食べる？
  アラタ 食べる。
  チヨシ 何味がいい？
  アラタ いちご。
  チヨシ じゃ，ちょっと待ってて。

チヨシ，上手に退場。

レカの手下が出てきて，アラタを誘拐する。手下は置手紙を残していく。

チヨシ，戻ってきて置手紙に気づき，読み始める。
レカの声「Sequestrei sua namorada. Se quiser a sua namorada de volta, me encontre a meia-noite no parque!」（お前の彼女を誘拐した。彼女を取り返したければ，今日の夜12時に公園に来い！）

M4：フェードアウト。

  チヨシ 彼女を誘拐した？　助けに行かなきゃ！
  マルセラ 台車！

ケンが台車とマントを持ってくる。チヨシは台車に乗り，マントをかぶってスーパーマンのようなポーズを取る。ケンが台車を押して，アラタの救出に向かう。

M5：「サンダーストーム」カットイン。

チヨシとレカ一味の格闘シーン。
チヨシ，レカと手下をやっつけて無事アラタを救い出す。

   マルセラ カット！

M5：「サンダーストーム」カットアウト。
暗転。
ケン以外は全員退場。
ケンにスポットライト。

   ケン   はい，みなさん，いかがでしたでしょうか。娘のマルセラは，面白い映画を作って世界で見せてほしいね。息子のチヨシは日本語の方が得意で，将来は日本で気象予報士になりたいと言います。でも娘のマルセラは，家族でブラジルに帰って，ブラジルで映画監督になりたいといいます。そして，僕もブラジルに帰ってビジネスを成功させたかった。でも，今は日本で家を買いました。

シーン6　ルセリアの唄
登場人物：ルセリア，ケン，マルセラ

スクリーン　妻の唄

ルセリア，舞台下手袖からほうきを持って現れる。掃除をしながら「川の流れのように」を口ずさんでいる。

   ケン   あれが奥さんのルセリアです。彼女は日本の演歌が好きです。
   ルセリア Gosto muito da música japonesa. Mesmo que a gente não saiba o significado, ela nos transmite o sentimento. Eu aprendi a música "Como a correnteza do rio" pois meu pai escreveu a letra da música em letras romanas."（日本の唄がとても好き。意味がわからなくても，想いが伝わってきます。「川の流れのように」はお父さん

（ケン）がローマ字で書いてくれて，覚えました。）

ケン　　　　意味がわからなくても，想いが伝わってくる。歌詞は，お父さん（自分を指して）がローマ字で書いてあげたのを覚えた，と言ってます。

ルセリアは「川の流れのように」（サビの部分）を唄う。

ケン　　　　ブラジルに帰りたかったけど，子どもも孫も日本で成長してきて，家族と日本にいることが幸せかもしれないと思っています。家族と，家族のために買った家が，今の僕の宝物です。

ケンとルセリアが退場。
暗転。

シーン7　山元さんと馬頭琴

登場人物：山元，全員

スクリーン　Gate 4：A Japanese

山元，上手舞台前に馬頭琴を持って座っている。
山元にスポットライト。
山元，馬頭琴で「川の流れのように」を演奏する。

山元　　　　私の宝物は，これ（馬頭琴）です。私は馬頭琴を通して外国に行ったり，色んな国の人と知り合ったりします。異なる文化を持つ人との出会いは自分を豊かにしてくれるので，私は大好きです。馬頭琴は，馬の毛で作った弦を馬の毛で作った弓で弾くんです。120本と160本の寄り合わせていないバラバラの弦を弾くと，大体の音になります。でも，違った素材が寄り集まることで，複雑でより深い響きが出るので，人の心に伝わりやすくなるんですね。

スクリーン　馬頭琴（ばとうきん）

1. 多文化共生プロジェクト 2008『East Gate』

いろいろな弦

全員，両そでから出て来て，山元を見つめながらゆっくりいすに座る。

スクリーン いろいろな人
交じわると豊か
多文化と共に生きる

山元　　　（座っているメンバーを見ながら）このまちにはいろんな国の人が住んでいます。馬頭琴の音色と同じで，色んな文化が寄り集まっているのは豊かさが増して，とてもいいと思います。でも，日本人はシャイなので，同じ地域に住んでいても自分から積極的に交流するのは難しいかもしれません。私のように好んで外国人と交流していこうとする日本人は，この演劇の出演者と同じように，まだ「少数派」なのかもしれません。色んな人々が自然に寄り集まれる多文化共生が，こんなふうに少しずつ実現していくといいですね。

照明がフェードアウト。山元，椅子を持って舞台奥へ行き，座る。

シーン 8 「川の流れのように」
登場人物：全員

M6：「川の流れのように」フェードイン。
アナコが椅子から立ち上がり，踊り始める。アナコにスポットライト。
やがて全員が立ち上がり，踊る。
照明，全体に明るくなる。
ダンス終わりで，暗転。
M6：「川の流れのように」フェードアウト。

| シーン9 | レカの詩

登場人物：レカ，全員

スクリーン | Gate 5：Life |

レカが舞台センターに立ち，スポットライトがあたる。

レカ，自作の詩を朗読（ポルトガル語）

  レカ Trabalho（仕事）
      Dinheiro（お金）
      Sucesso（成功）
      O que possue（何を持っているか）
      O que está fazendo（何をしているのか）
      Isso não tem relação（それは関係ない）
      O importante é como será feito（大切なのは，どのようにやるのか，ということ）
      Como viver（どのように生きるのか，ということ）
      Não é o que possue（なにを持っているか，ではない）
      A vida é muito curta（人生はあまりに短かい）
      A vida é uma loucura（人生は狂気）
      A vida é uma só（いのちはたったひとつ）

ブラジル人全員が，パートごとに動きをつけて詩を読む。
アラタ，自作の唄「ライフ」を歌う。

中国人メンバー全員がブラジル人の間から出て来て，同じ内容の詩を中国語で朗読。

全員，横一列に並び，山元が前に出る。
山元，詩を日本語で朗読。

  「仕事
   お金
   成功

何を持っているか
　　　何をしているのか
　　　それは関係ない
　　　大切なのは，どのようにやるのか，ということ
　　　どのように生きるのか，ということ
　　　なにを持っているか，ではない
　　　人生はあまりに短かい
　　　人生は狂気
　　　いのちはたったひとつ」
　　　この詩はレカが書きました

暗転。
M7：EG（リズム）カットイン。

シーン 10　エンディング
登場人物：全員

スクリーン East Gate

照明，フェードイン。
シーン1と同様に，パスポートを持って並ぶ。

【パスポートのダンス】
全員，パスポートをゆっくりと取り出し，顔を隠す。

M8：EG（長調）カットイン。
M7：EG（リズム）フェードアウト。

音楽が短調から長調に移行すると，全員，パスポートを高く投げ捨てる。
手をつなぎ，輪になりながら退場。

M8：EG（長調）フェードアウト。
照明，フェードアウト。

　　　　　　　　　　　　　　　　　　　　　　　　　　　終

2. 多文化共生プロジェクト 2009『危機一髪』

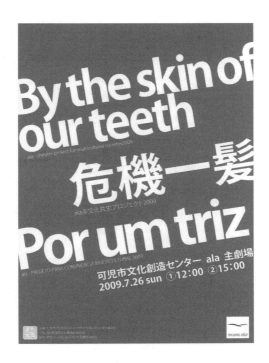

　「NHKのど自慢」のパロディで幕が開く『危機一髪』は，多国籍の参加者が個性豊かに歌を披露する中で，それぞれがインタビューで語った人生最大の「危機」が浮彫りになっていきます。リーマンショックによる経済危機で職を失ったデカセギの日系ブラジル人，紛争を逃れて難民となったボスニア人，そして鬱病で自殺願望を抱く日本人 etc…。TVのチャンネルをまわすように次々とシーンが展開し，参加者が「危機」から得た気づきや，自らの心が作り出す「危機」について見つめます。

『危機一髪』公演プログラムより（2009）

2. 多文化共生プロジェクト 2009『危機一髪』

がんばってれんしゅうしてきたからみてネ！
宮川万有香 / 日本

UNIDOS VENCEREMOS ♡~GAMBARIMASHOU♡
渡部 ルセリア / ブラジル

VIVA A VIDA!
VIVA A ARTE!
ARTE é VIDA!
DANIEL DION / ブラジル

日本人じゃない人びとかかわりたかったりしたかったりしてみてください
井戸 陸 / 日本

昨年よりすごく😊
渡部 チヨシ / ブラジル

人との出会いは楽しいね
人生バンザイ！！♡
神谷 明子 / 日本

NO MAN IS AN ISLAND, UNTO HIMSELF.
VICTORIA LLOYD / イギリス

来てくれてありがとう♡
佐藤 美佳 / 日本

YABA DABA DUUU✨
xD
WATANABE MARCELA / ブラジル

SENTIMENTOS BONS
ZIBILIS POPS!!!
LECA KOBAYASHI / ブラジル

この舞台を通して、ポジティブな色々な思いを受け取って下さい♥
舟橋 靖 / 日本

日々良好。今日も楽しみましょう!!
鈴村 由紀 / 日本

WE ARE THE WORLD
WE ARE THE CHILDREN 😊
梶田 せり菜 / 日本

WELCOME TO THE FAMILY AND SHARE YOUR LIFE WITH US. ♡
KAJITA REBECCA / フィリピン

日本だけど日本じゃない貴重な体験できます!!
川合 浩司 / 日本

練習より川にとこをいっぱいみせるのでみてください。
纐纈 萌々華 / 日本

たのしいぞ――!!
小林 アナリエラ / ブラジル

とっても楽しかったです♡
いろいろな歌などが見れるので見てください!!
堀 三咲 / 日本

昨年の多文化共生プロジェクトの公演を客席で見ていました。今年は、舞台に上がって演じています。
見田村 剛 / 日本

たぶんかきょうせいプロジェクトは外国の人とふれあってやるので友だちができていいと思います。
渡辺 麗奈 / 日本

たのしかったです。
みてください
宮川 千利奈 / 日本

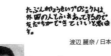
NADA PODE SER MAIS FORTE QUE A VONTADE DE VENCER
NATANAEL JOAO DOS SANTOS FILHO / ブラジル

PHILIP RODRIGUEZ / アメリカ
（映像のみ出演）

2-1 作品解説：『危機一髪』について

『危機一髪』は，ソートン・ワイルダーの『危機一髪』に着想を得て，人生における危機と希望を織り交ぜながら描いています。舞台はTV番組「NHKのど自慢」のパロディから始まり，その後，高校生の青春ドラマや報道番組，トークショーなど，TVのチャンネルをまわしていくようにシーンが変わる中で，参加者が直面した人生の危機が少しずつ浮かび上がってきます。

多文化共生プロジェクト第一作目を2008年7月に上演してからほんの数か月後，リーマンショックに端を発する経済危機が起こり，『East Gate』の出演者を含む多くの外国人労働者が雇用の危機にさらされました。中には職を失うことで帰国を余儀なくされた人や，地域NPOから食料支援を受ける人もいましたが，近隣の日本人住民はその窮状に気づくことなく，平穏な住み分けが続いていました。

まちの外国人人口が激減し，2009年のプロジェクト参加者も減少するのではないかと心配しましたが幸い杞憂に終わり，参加者は前年の2.5倍，9か国から38人が集まりました。さらに驚くことに，前年度はほとんど申し込みがなかった日本人がその半数を占めるまでに増加しました。参加理由はそれぞれですが，『East Gate』を観て参加を決めたという嬉しい動機も聞かれました。また，2008年に参加したブラジル人は8人のうち7人が継続参加してくれました。

公演の出演者は38名でしたが，ワークショップの段階での参加者は，最も多い時には60名を超え，言語も6言語にわたりました。しかし通訳がつかないことがほとんどなので，二言語以上話せる人なら大人も子どもも構わずに通訳として手伝ってもらい，インタビューとワークショップの中で一人ひとりの適性を見極めながら，作品を構成していきました。

『危機一髪』の全体を通して司会を務める三人のうちの一人，日本人のゆみは地元で外国人児童のための支援教室の教師をしており，ポルトガル語と英語と日本語を駆使し，稽古中も本番も言葉に不安を抱えている参加者をし

っかり支えてくれました。フィリピン人のアイスは本国でDJとしてのキャリアを持つだけあって，英語とタガログ語での流暢な司会ぶりで作品をテンポよく盛り上げてくれました。また，ブラジル人のサントスはポルトガル語での司会を務めながら，のど自慢のための複雑なマイクのスタンバイや参加者の誘導を受け持ち，その実直な人柄で二人の司会者の進行を支えてくれました。多言語による司会は決して容易な作業ではありませんでしたが，三人の努力によって字幕を使わなくても多国籍の観客に十分楽しんでもらえたことと思います。

　この年の出演者の国籍は日本，フィリピン，ブラジルのほかにアメリカ，イギリス，ボスニア，オーストラリア（ボリスの二重国籍），ニュージーランド，ジャマイカ，中国の10か国にわたりました。中国については前年と同様，世話役の人に連れられて大勢の外国人研修生が来たのですが，仕方なく参加しているようだったので，休んでも特にとがめずにいたところ，次第に誰も来なくなりました。ただ一人，最後まで参加してくれたチョウは，それらの研修生とは別の小規模の企業に配属されていて休日の行動にもあまり規制がないらしく，自分の意思で熱心に通って来ました。彼は2008年も途中まで参加していたのですが，インタビューを続けるうちに「話したことが〇〇（世話役の名前）に知られると怖い」と言って来なくなっていました。来日2年目は一人で行動する機会が増えていたせいか，自由にのびのび参加し，言葉が通じなくても彼の愛すべきキャラクターで他の参加者と意気投合していました。チョウはこの時はまだ日本語が流暢ではありませんでしたが，その後日本語能力試験一級を取得するまでに上達し，2010年のプロジェクトでは通訳となって他の中国人参加者の手助けをしてくれました。

　作品のオープニングは出演者が選んだお気に入りの歌で賑やかに始まり，歌合戦が繰り広げられますが，やがて少しずつ参加者の「危機」が明らかになっていきます。外国人労働者を直撃した製造業の雇用状況について，ダニエルは「こんな話しは誰でも知っているから，舞台であえて話すほどのことではない」と渋っていましたが，上演後，何人もの観客から「知らなかった」「話してくれて良かった」と言われ，自分と周囲の人々の認識の差に驚いていました。

ケンとルセリアも，やはり工場での仕事を大幅に減らされていました。末の息子のチヨシを大学に入れることが彼らの夢だったので，大好きな晩酌を我慢して倹約に努めます。日本に呼び寄せられる外国人労働者の子どもは，文化や言語の違いが障壁となって大学まで進学する子はまだまだ珍しいのですが，本人と家族の地道な努力が実り，3年後の2012年にチヨシは無事，大学進学を果たしました。

　ボリスの身に起こった危機は，他の誰とも違う衝撃的なものでした。物腰が柔らかく，いつも微笑みを絶やさないこのボスニアとオーストラリアの国籍を持つ青年は，これまで誰にも話してこなかったというボスニア紛争の記憶を「そろそろ話しておくべきかもしれない」と，インタビューで静かに語ってくれました。彼の言葉を台本にまとめ，自分の過去をセリフとして繰り返し練習するボリスは，本番が近づくにつれて動揺し始め，1回目の公演が終わった直後に「もう二度とやりたくない」と舞台袖で号泣していたそうです。紛争時に使用したのと同じ手作りのろうそくを彼が用意し，本番で使ったのですが，その匂いがPTSDを悪化させたようでした。

　高校生の頃はダンサーになるのが夢だったというボリスは，ダンスのシーンではとてもしなやかに生き生きと踊っていました。もし紛争がなければボスニアでダンスの仕事をしていたかもしれませんが，難民としてオーストラリアに渡り，日本語教師になり，そこで家庭を持った彼は一度もボスニアに帰ろうとしません。父親や友人のいる故郷にいつか帰りたいと思うかと問うと，「今後も帰るつもりはない」ときっぱり言い放ち，その顔にいつもの微笑みはありませんでした。

　ボリスのシーンで大活躍したのが，小学生の子どもたちでした。9人の子どもたちは小道具の新聞紙を用いて，時に名もなき市民となり，時に顔のない兵士となり，ボリスの生きた紛争中のまちを印象的なムーブメントで表現してくれました。彼女たちは英語で語られるボリスのセリフはほとんど理解出来ないものの，紛争が人の心にもたらす痛みについて，子どもなりに深く感じていたようでした。

　このシーンに立ち会った人で，今もボリスのことを忘れられない人は少なくありません。出演した子どものお母さんが「あの公演を見て以来，ユーゴ

スラビアについて考え続けている」と言ったのは、公演からすでに6年の月日が経っていました。一人のボスニア人青年の話しは今も私たちの心に大きな「引っかかり」を残し、訪れたこともないバルカンの地に思いを馳せ、紛争を経験した市民の悲劇に想像をめぐらせています。

　トークショーのシーンでは、日本人の自殺をテーマとして取り上げました。稽古の過程で参加者一人ひとりにインタビューした時、複数の日本人が「鬱を患っている」と言ったのがきっかけでした。仕事にも、日々の暮らしにも困っていないこの人たちを追い詰める要因は何なのか、仕事が激減したブラジル人や、紛争下にいたボリスが危機の中にもポジティブな面を見出していたのとは対照的に、外的に満たされた環境にいる人たちは、却って内面の空虚さがあぶり出されやすいのかもしれません。文化や価値観の異なる人々と意見交換し、固着した視点をずらすという作業は、マイノリティのみならず、むしろ社会的に「マジョリティ」といわれる人たちにこそ重要なのかもしれないと思いました。

　エンディングはのど自慢に戻り、「幸せなら手を叩こう」で締めくくります。この曲は日本語のほか、ポルトガル語、英語、タガログ語の歌詞があり、出演者がそれぞれの母語で歌いながら、最後はダンスと共に多言語での大合唱で幕を閉じます。

2-2 上演台本

『危機一髪』

> [出演]

[ブラジルチーム]
サントス：Natanael Joáo Dos Santos Filho
レカ：小林 レチシア
アナコ：小林 アナリエラ
ダニエル：Daniel Takeda Dion
ケン：渡部 ケン
ルセリア：渡部 ルセリア
マルセラ：渡部 マルセラ
チヨシ：渡部 チヨシ

[フィリピンチーム]
アイス：Lucero Alritz Faciolan
イナ：肥後 グリセルダ ダヤガンノ
ベッキー：梶田 Rebecca
セン：梶田 せり菜 （日本／フィリピン）

[中国チーム]
チョウ：張 云曙

[英語圏チーム]
サラ：Sarah Armstrong（ニュージーランド）
ボリス：Boris Grizelj（ボスニア／オーストラリア）
ブラッド：Brad Falconer（ジャマイカ）
デニス：Deneice S. M. Falconer（ジャマイカ）
ヴィッキー：Victoria Lloyd（イギリス）
ウェンディ：Wendy Garcia（アメリカ）
フィル：Philip Rodoriguez（アメリカ）　※映像のみ出演

［日本チーム（成人）］
めぐ：荒屋　愛
ゆみ：小川　裕美
カゴ：篭橋　俊裕
パープル：神谷　明子
こうじ：川合　浩司
みか：佐藤　美佳
ゆきお：鈴村　由紀
しのぶ：舟橋　靖
たけし：三田村　剛
かおりん：渡辺　かおり

［日本チーム（小学生）］
あやな：小池　彩菜
まゆか：宮川　万有香
せりな：宮川　千利奈
ももか：纐纈　萌々華
みさ：堀　三咲
みく：井戸　美空
りく：井戸　陸
ゆい：宮嶋　優衣
れいな：渡辺　麗奈

スタッフ
構成・演出：田室　寿見子
振付・演出補：山田　珠実
映像：伏木　啓
音楽：山田　亮
パーカッション演奏：長谷川　康
演出助手：前嶋　のの
ワークショップ進行：すずき　こーた

舞台監督：加藤　啓文
照明：岩井　砂渡子

音響：吉田 敦
制作：松木 紗都子／田北 篤史

主催：可児市「文化芸術によりまちを元気にする」実行委員会
共催：財団法人可児市文化芸術振興財団
協力：可児市／NPO法人可児市国際交流協会

企画・製作：Sin Titulo

2009年7月26日（日） 第1回12：00開演，第2回15：00開演
可児市創造文化センター　小劇場にて上演

2. 多文化共生プロジェクト 2009『危機一髪』

舞台奥にスクリーン，舞台下手と舞台センターからやや下手に椅子代わりの平台が置かれている。
上手の張り出し舞台には「のど自慢」用の鐘，下手の張り出し舞台にはピアノ，パーカッションがセッティングされている。

シーン1 「のど自慢」A
登場人物：全員

ミュージシャンと鐘の奏者（サントス）は，それぞれの張り出し舞台でスタンバイ。
サントスとミュージシャンにスポットライトがあたる。
サントス，鐘を鳴らす。

ML（ライブ演奏）1：「のど自慢」オープニング音楽
スクリーン 多文化「のど自慢」（鐘の音が鳴ったらカットイン）
照明，舞台にカットイン。

客席から参加者入場。
舞台上手から司会者（ゆみ，アイス，サントス）登場。舞台センターで話す。

ゆみ	みなさん，こんにちは。「多文化のど自慢」，司会のゆみです。
アイス	アイス！
サントス	サントス！
ゆみ	今日は，岐阜県可児市からの生放送。会場のアーラには150人（その場の客数を見て適宜）のお客様がお越しです。ようこそいらっしゃいました。
そして，ステージにはご出場の38人のみなさんが勢ぞろいです。はりきってまいりましょう！（「オー」の手振りをする）」
全員	オー！
ゆみ	では，お席でお待ち下さい。

全員，席に着く。

ゆみ		可児市は今日も朝から30度を超えていて，とても暑いですね。
アイス		Oh, it's very hot today!（暑いね）
サントス		Sim, muito quente!（暑いよ）
ゆみ		それでは，その可児市をご紹介しましょう。

スクリーンに可児のまちの光景が映し出される。
司会者3人は，スクリーンを観客に見せるために少し上手寄りに移動する。

ゆみ		可児市は岐阜県南部，名古屋市のベッドタウンとして人口が急増し，現在は10万人を超えています。戦国武将，明智光秀，森蘭丸の生誕地という歴史ロマンあふれる土地であり，また，何と言っても外国人の多いまちとして有名です。人口の約7％を外国人の方が占めているんですね。（スクリーンの花フェスタの映像を見ながら）世界一のバラ園である花フェスタ記念公園にも，たくさんの外国人の方がお見えになっていますね。一番多いのがサントスと同じブラジル人で約64％，次にアイスと同じフィリピンで約23％，そして中国，韓国・朝鮮，ペルーなど，様々な国の方が住んでいます。残念なことに，昨年からの不況でこの可児市からたくさんの外国人の方が帰国されました。しかし，そんな厳しい状況でも，今日は9ヵ国からこの番組に参加してくださっています。どんな国から来ておられるのでしょうか，楽しみに参りましょう！　それでは，今日最初の方は，フィリピンから昨年引っ越して来られた親子です。
アイス		Ladies and gentlemen, the first group comes from the Philippines!（最初のグループはフィリピンからです！）

参加者席からベッキーとセンが出てくる。

　　　ベッキー・セン　1番，「The Greatest Love of All」

ML2：「The Greatest Love of All」
歌い始める。鐘（合格）がなり，歌が終わる。

アイス		★＄＃○★Ψ★（タガログ語でコメント）Very nice song! Now,

2. 多文化共生プロジェクト 2009『危機一髪』　　59

　　　　　　　question for you. Do you often sing a song together? You always do duet?（素晴らしい歌ですね！　一緒によく歌うんですか？　いつもデュエットするんですか？）
　ベッキー　　Yes, since she was a baby, we have been singing together.」（ええ,この子が赤ちゃんの時から一緒に歌ってたのよ）
　ゆみ　　　　いいですね！　この親子,娘さんがまだ赤ちゃんの時から一緒に歌っていたそうです。だからこんなに素敵なハーモニーが作れるわけなんですね。ありがとうございました。
　アイス　　　★＄＃○★Ψ（タガログ語でコメント）Thank you very much!（ありがとうございました！）

ベッキーとセンは参加者席に戻り,チョウが出てくる。

　ゆみ　　　　続いての方,参りましょう。中国からの研修生で,日本語を猛勉強しています。
　アイス　　　He is from China!（彼は中国からです！）
　チョウ　　　2番,「大地」

ML3:「大地」
鐘がなり,歌が終わる。

　ゆみ　　　　ありがとうございました。今のはどういう内容の歌だったんですか？
　チョウ　　　親孝行の歌です。
　ゆみ　　　　親孝行の歌ですか,中国のご両親に贈る歌だったんですね。ありがとうございました。

チョウが参加者席に戻り,チヨシとマルセラが出てくる。
チヨシは多文化共生プロジェクト 2008『East Gate』の映画撮影のシーンで使ったマントをはおっている。

　ゆみ　　　　続いての方,参りましょう。ブラジルから来た姉弟です。
　サントス　　Praticaram bastante? Boa sorte!!（いっぱい練習してきたかい？　がんばれよ！！）

チヨシ	はい。	
アイス	OK, Ladies and gentlemen, This is Super Kyodai!（スーパー姉弟です！）	
マルセラ	3番，「Viva La Vida」	

ML4：「Viva La Vida」
鐘がなり，歌が終わる。

ゆみ	ありがとうございました。お二人は10歳も年が離れているのに仲がいいですね。二人で一緒にはまっているものとかあるんですか？
マルセラ	Fazer videos engraçados.（馬鹿ビデオを作ること。）
ゆみ	馬鹿ビデオってどんなビデオなんでしょうか。確か夢は映画監督でしたね？
マルセラ	Sim, queremos ganhar o Oscar（そう，オスカーを狙ってます。）
サントス	（チヨシに）Por quê você usou essa capa?（なんでそんなマントを使ったの？）
チヨシ	空を飛べるようになりたいからです。
ゆみ	空を飛ぶのが夢ですか，姉弟とも非常に大きな夢を持っていて素敵ですね。ありがとうございました。
アイス	Super Kyodai! Thank you!!（スーパー姉弟，ありがとう！）

チヨシとマルセラが参加者席に戻り，サラとウェンディが出てくる。ボリスは少し離れて応援者として出て来る。

ゆみ	次は，英語の先生のお二人です。アメリカとニュージーランドから来られました。今日は応援の方もご一緒です。
アイス	Next group is English teachers from U.S.A. and New Zealand.（次のグループはアメリカとニュージーランドから来た英語の先生です。）
サラ・ウェンディ	4番，「I can't help myself」

ML5：「I can't help myself」
サラとウェンディが歌い，ボリスは歌に合わせて踊る。鐘（合格）がなり，歌が終

わる。

  アイス Fantastic! Thank you. Do you have any problems with Japanese children in your class?（ありがとうございました。日本の子どもを教えていて、何か問題はありますか？）
  サラ Not at all, they are angels!（まったくありません。彼らは天使です！）
  ゆみ 日本の子どもは天使だそうです。
  アイス What surprised you the most about Japan?（日本について驚いたことはありますか？）
  ウェンディ Everything is so small!（すべてが小さい！）
  アイス For example?（たとえば？）
  ウェンディ Everything!!（何もかも！！）
  ゆみ 日本は何もかもが小さくて驚いたそうです。ま、私たちにとってはこれが普通なんですけどね。（ボリスを指して）こちらのお友だちはボスニア出身だそうです。

サントス、上手から3本のスタンドマイクの準備。
子どもたち（あやな、せりな、まゆか、みく、みさ、ももか、ゆい、りく、れいな）が静かに出てきて、サラとウェンディの後ろでスタンバイ。

  ゆみ 現在は、オーストラリアで日本語教師をされているそうですね？
  ボリス はい、一年間休暇を取って、妻の実家の可児市に住んでいます。
  ゆみ ボスニアからオーストラリア、そして日本、まさにコスモポリタン、世界人ですね。ありがとうございました。
  アイス Thank you very much. Next is the angels from elementary school!（ありがとうございました。次は小学生の天使たちです！）

サラ、ウェンディ、ボリスは席に戻る。
サントス、アイスはスタンドマイクを舞台前に3本均等にセッティングし、子どもたちは3人ずつその前に並ぶ。

  ゆみ さて、前半最後の一組は小学生のみなさんが集まってくれました。3年生から5年生までの9人のお友達です。

みさ	せーの！
子ども全員	５番，「ともだち」

ML6：「ともだち」
子どもたちは歌に合わせて手話を行う。鐘（合格）がなり，歌が終わる。

ゆみ	合格です！おめでとうございます。こちらへどうぞ（舞台前へ並ばせる）。

サントスは３本のスタンドマイクを片付ける。

ゆみ	今，歌いながらやっていただいていたのは手話なんですね。どうやって覚えたんですか？
ゆい	学校の授業で習いました。
ゆみ	いちばん好きな手話はなんですか？
みさ	笑うという手話です（手話をやって見せる）
ゆみ	（手話を真似ながら）「笑う」ですね。これからも手話をがんばって続けて下さい。ありがとうございました。

子どもたちは舞台から退場。子ども以外の参加者全員が舞台全体にひろがっていく。

アイス	OK, now, it's a special program in multicultural singing contest. Let's have a look 24 hours for everybody in Japan!（さて，多文化のど自慢のスペシャルプログラム，日本で過ごすみんなの24時間です）
ゆみ	いろんな国の人たちが日本で過ごす24時間を見てみましょう。多文化のど自慢スペシャル「みんなの24時間」
サントス	São as nossas 24 horas!（みんなの24時間！）

[シーン２] 「のど自慢」B　24時間
登場人物：子ども以外全員

アイス，上手の張り出し舞台へ移動し，MC

照明，やや暗くなる。深夜のイメージ

  アイス Are you ready?（準備はいい？）OK

SE：時計の針の音

  アイス 12 o'clock, midnight!（深夜12時！）

M1：時報のようなBGM

アイスの時間を告げる声に合わせて，各自の日常生活を再現する。
照明，時間の経過に沿って明るくなり，また暗くなる。

  アイス 1 am, 3 am, 5 am, 7 am, 8 am, 10 am, 12 noon, 3 pm, 5 pm, 7 pm, 9 pm, 10 pm, 12 pm, midnight. Good night, everyone.（おやすみ，みなさん）

照明・M1，フェードアウト。
全員退場。

シーン3　高校生活
登場人物：こうじ，カゴ，チヨシ，チョウ，タケシ，アナコ，セン，ゆきお

スクリーンは可児市の朝，通学・通勤に向かう人々の姿が映し出される。

映像が流れている間に，教室用の椅子を生徒役の人が各自でセッティングする。
たけしは舞台上でスタンバイ，勉強している。

映像，フェードアウト。照明，フェードイン。
SE：チャイム

高校の一学期初日の教室。下手よりチョウがキョロキョロしながら入ってくる。
チョウ，タケシの様子を伺いつつ話しかける。

| チョウ | おはようございます。チョウ・ウンショウと申します。中国人です。私日本語あまり分からない。分からないところ教えて下さい。（握手を求める） |
| タケシ | 中国人ですか，僕は日本人，可児市出身です。よろしく。（握手する） |

ユキオが入ってくる。足を伸ばして座り，ちょっとふてぶてしそう。
チヨシは不安そうにあたりを見回しながら入ってくる。
チョウは席に戻り，落ち着き無くキョロキョロしている。ユキオに話しかけようかと思うが，恐そうなので飛び越して，チヨシのところに行く。

チョウ	私はチョウ・ウンショウです。中国人です。あなたは日本人？
チヨシ	ブラジル人です。
チョウ	ブラジル人！？　日本語しゃべれる？
チヨシ	しゃべれる。
チョウ	そう私はあまりしゃべれない。分からないところ教えて下さい。
チヨシ	うん。

アナコが入ってくる。

| アナコ | （チヨシを見つけて）あ，また同じクラスかぁ。 |

チヨシは嫌そうに背中を向ける。アナコは席につく。
カゴは，廊下でたまたま一緒になったセンと入ってくる。

| カゴ | へぇ，フィリピンから来たんだ！　日本語うまいんじゃん。 |
| セン | お父さん，日本人だから。 |

カゴ，チヨシを見つけて

カゴ	お，君はどこの人？
チヨシ	ブラジルです。
カゴ	ブラジル人？　へぇ，そっかー，この学校，いろんな人がいるんだなぁ。

2. 多文化共生プロジェクト 2009『危機一髪』

  アナコ ブラジルが一番多いんだよ。
  カゴ え，なに？　君もブラジル人？　みんな日本語うまいなぁ。ま，よろしくね。

チョウ，立ち上がり，カゴのところに行こうとしながら，

  チョウ 私はチョウ・ウンショウです。中国人です。日本語あまり分からない。分からないところ教えて……

先生（こうじ）が入ってくるので，全員，急いで席に着く。
なぜかタケシが号令をかける。

  タケシ 起立！

全員（先生も），一瞬タケシに違和感（「なんで，こいつ？」という感じ）を持って見る。

  タケシ 礼！　着席！

  先生 今日は高校生活の初日ですね。このクラスはいろんな国の人がいるので，誰かが困っていたらみんなで助けてあげて下さいね。日本語は大丈夫ですか？　先生のいったこと，わからなかった人はいますか？（生徒，口々に返事）はい，大丈夫ですね。

では，早速ですが，今日はこれから体育の授業です。みんな，支度をして体育館へ集合してください。

  チョウ 先生！　体育は軍隊の練習するか？
  先生 軍隊？　中国の体育の授業は軍隊の練習をするんですか？
  チョウ そうそう，新入生はみんな軍隊の練習ある。
  ユキオ へぇ，じゃあ，やったことあるんだ。ちょっとやって見せてよ。
  カゴ 俺も見たい。（チヨシに）ブラジルはどう？　あるの？　そんなの。
  チヨシ え？……

全員	（口々に）「やって，やって」，「私も見たい」，「僕も見たい」
先生	静かに！　今は速やかに体育館に移動しなさい！

先生は退場。生徒はそれぞれに椅子を持って移動する。

タケシ	（センに）あの，日本人ですか？
セン	そう，でもお母さんフィリピン人で，ずっとフィリピンで育ったの。
タケシ	そうですか，……あ，あの，僕と友だちになってもらえますか？
アナコ	（二人の間に突然割り込んで）「へぇ，フィリピンなんだ。私ブラジル。仲良くしようね。
セン	うん！
タケシ	…………。
ユキオ	（チョウに）ねぇ，軍隊やってよ，軍隊！
チョウ	え，やりますか？　こ，こんな感じ。

チョウ，軍隊の歩行をやってみせる。カゴは真似てみる。

チョウ	（カゴを見て）あ，それは違います。それは北朝鮮とロシア。中国はこれが正しい。
カゴ	え，これ北朝鮮なんだ！
ユキオ	おっもしれー！
チョウ	もういいです，いいです。あなたは？　何か出来ますか？
ユキオ	私，これ出来るよ！

ユキオ，ブレイクダンスを踊ってみせる。みんなが集まってくる。

アナコ	（センに）かっこいいね！
タケシ・チヨシ	すっげぇ！（タケシとチヨシ，顔を見合す）
タケシ	僕，たけし。よろしく。
チヨシ	うん。
タケシ	（センを指して）君，あの子可愛いと思わない？
チヨシ	……別に。
タケシ	…………。

チョウ		すごいですね，ダンスうまいですね！（かなり興奮）
ユキオ		まあね，将来はダンサーになるのが夢なんだ。
チョウ		私，お金持ちになることが夢。でも，ちょ，ちょっとダンス教えて下さい。

タケシは踊ってみようとするが，うまくいかない。みんなそれぞれにやってみる。先生が来るが，一堂盛り上がっているので気づかない。

先生		静かに，静かに！ 全員集合！！ みなさん，初日から仲良くなるのはいいけれど，どうも集中力が欠けていますね。それでは，最初はたまごを使って集中のトレーニングをします。

全員，たまごを静かにリレーしていく

先生		では，次にたまごでキャッチボールをします。集中して！
全員		え～！？（以下，口々に）
タケシ		危ないじゃないですか。
チヨシ		割っちゃうよ。
チョウ		先生！ それは日本のスポーツか？
カゴ		喰っちゃえ！
アナコ		食べ物を粗末にして，いけないんだぁ。
先生		落とさなければ，無駄になることはありません！ たまごに心をこめて，相手にパスしなさい。

「んなこと言ったってさ」「やっぱ喰うしかねえな」「ひよこにならんのかな」などなど口々に言いながら，それぞれ二人組になって卵を使ってゆっくりとキャッチボールを始める。投げながら，少しずつ舞台奥に移動。
照明，高校生が移動し始めたらゆっくり薄暗くなる。
高校生はキャッチボールを続けながら，上手・下手袖に退場。

シーン4 「のど自慢」C
登場人物：ブラッド，デニス，ケン，ルセリア，ダニエル，レカ，司会者3人（ゆみ，アイス，サントス）

上手の張り出し舞台にサントスがスタンバイ。
ブラッド，デニス，ケンが下手の平台に座り，ルセリアは客席に座ってスタンバイ。
アイスとゆみは上手から出てきたら，サントスは鐘を叩く。
照明はのど自慢の明かり。

  アイス Welcome back to Tabunka Nodojiman!（再び「多文化のど自慢」にようこそ！）
  ゆみ 「多文化のど自慢」，後半戦に参りましょう！ 後半のトップバッターは，ジャマイカからお越しのラブラブのご夫婦です。」
  アイス Next is from the land of reggae, Brad and Deneice from Jamaica!（次はレゲーの国，ジャマイカから来たブラッドとデニスです！）
  ブラッド・デニス 6番「デオ」

ML7:「デオ」
鐘（合格）がなり，歌が終わる。

  ゆみ 合格が出ました，おめでとうございます！
  アイス Fantastic! Thank you! OK, tell me your story. Why did you choose "Day-o"?（ありがとうございました。どうして「デオ」を選んだのか聞かせてください。）
  ブラッド My forefathers used to sing it while they were working.（先祖が働きながらこの歌を歌っていたから）
  ゆみ このデオという歌はジャマイカのフォークソングで，ご先祖さまが仕事の時に歌っていたそうです。
  アイス Ok, Deneice. You are an English teacher. Do you occasionally have songs in your class?（デニス，あなたは英語の先生だそうですが，授業で歌を使うことはありますか？）
  デニス Of course! Singing is necessary to teach English and for our lives.（もちろん！ 歌は英語を教えるのに，そして私たちの人生に不可欠よ。）
  ゆみ 英語を教えるのに，そして人生に歌はなくてはならないそうです。ありがとうございました。

2. 多文化共生プロジェクト 2009『危機一髪』　　69

ケンが舞台センターに出てくる。ブラッドとデニスは退場。

ゆみ	さて，次は前半に歌ったブラジル人姉弟のお父さんです！　日本に住んで12年，こつこつ働いて4人のお子さんを育てあげました。昨年からの経済危機は日系人の方々を直撃しましたが，大丈夫でしたか？
ケン	仕事はだいぶ少なくなったけど，まぁ，なんとかがんばっとるわね。
サントス	A família está ajudando ne（家族の協力があるからね）
ゆみ	そうでしたか，それでは不況を吹き飛ばす勢いで歌っていただきましょう。
ケン	7番，「酒よ」

ML8：「酒よ」
鐘がなり，歌が終わる。

ゆみ	ありがとうございました。今日は会場に奥様がお見えになっているそうですね，奥様いらっしゃいますか？
サントス	Onde está a sua esposa?（奥さんはどこにいますか？）

カメラが会場をリアルタイムで映す。
アイス，マイクを持って上手客席のルセリアのところへ走る。
スクリーンには，会場のルセリアのリアルタイム映像

ゆみ	奥様，いかがでしたか？　今日のご主人の出来は。
ルセリア	すごくよかった。格好良かった！
ゆみ	ご主人はお酒をよく召し上がるんですか？
ルセリア	そうそう，ビール大好き。仕事の後，いつも飲むね。
サントス	Eu também gosto muito（ぼくも大好きね）
ゆみ	アハハ，仕事の後の一杯は嬉しいですよね。ありがとうございました。

ケンが退場。
たけし・こうじは，レカ・ダニエルのパフォーマンス用のテーブル・椅子をセッテ

ィング。

ゆみ	さて，次も日系ブラジル人の方が登場です。こちらはちょっと変わっていて，歌ではなく，演劇で勝負するんですよね。
サントス	Agora com vocês, Dani e Leca. "Você não sabe de nada"（次は，レカとダニエルの「あなたは何にもわかってない」です）
アイス	The title is 'You know nothing'（タイトルは「あなたは何にもわかってない」）
ゆみ	タイトルは「あなたは何にもわかってない」です。それではお願いします。

女装をしたダニエルが下手から入ってくる。
司会者3人は上手に退場。

M2: ダニエルがラジオを押すしぐさと同時に「あなたは何もわかってない」カットイン。
夫役のレカが男装で登場。
歌に合わせた，二人のコミカルだがドメスティック・バイオレンスと思わせるようなパフォーマンス。

スクリーンには，歌の日本語訳の字幕が出る

Quando eu chego em casa nada me consola	家に帰ったらちっとも落ち着かない
Você está sempre aflita	君はいつでもあわてている
Lagrimas nos olhos, de cortar cebola	たまねぎを切る時、涙をためている
Você e tao bonita	君は何て美しいんだ
Você traz a coca-cola eu tomo	君はコーラを運び、僕が飲む
Você bota a mesa, eu como, eu como	君が食事を作り、僕が食べる
Eu como, eu como, eu como	食べる、食べる、食べる
Você não está entendendo	君は何もわかってない
Quase nada do que eu digo	僕の言うことは、なんにも
Eu quero ir-me embora	どこかに行きたい
Eu quero dar o fora	逃げたい
E quero que você venha comigo	君に一緒に来て欲しい

E quero que você venha comigo	君に一緒に来て欲しい
Eu me sento, eu fumo, eu como,	僕は座り、たばこを吸い、食べ……
eu não aguento	耐えられない
Você está tao curtida	君はこれっぽっちも変わらない
Eu quero tocar fogo neste apartamento	アパートに火をつけたい
Você não acredita	君は僕を信じていない
Traz meu café com suita eu tomo	君はコーヒーを運び、僕が飲む
Bota a sobremesa eu como, eu como	デザートを運び、僕が食べる、食べる
Eu como, eu como, eu como	食べる、食べる、食べる
Você tem que saber que eu quero correr mundo	どこかに逃げたい、わかって
Correr perigo	危機一髪だ
Eu quero ir-me embora	どこかに行きたい
Eu quero dar o fora	逃げたい
E quero que você venha comigo	君に一緒に来て欲しい
E quero que você venha comigo	君に一緒に来て欲しい
E quero que você venha comigo	君に一緒に来て欲しい

(Caetano Veloso「Você Não Entende Nada」より)

照明,フェードアウト。

シーン5 　危機一髪A

登場人物：ダニエル，レカ，ケン，ルセリア

暗転

スクリーンには，経済危機で外国人労働者が解雇された実際のニュース映像（音声あり）。

ダニエルとレカはパフォーマンスを終えて，テーブルと椅子を上手の舞台前に移動させる。
ニュースが終わると照明が薄暗く入り，楽屋の雰囲気。
ケン，ルセリアは，やはり出番を終えて楽屋に帰って来たイメージ。下手平台に座る。

こうじ・たけしが，下手寄りセンターの平台をセンターに移動してから前に出す。

上手前のダニエルとレカにスポットライト。
ダニエルとレカは，鏡の前でメイクと衣装を取っている。
スクリーンには字幕（字幕部分は▢）

ダニエル	Desde que cheguei ao Japão há dez anos, tenho trabalhado em fábrica mas porvolta de outubro do ano passado, o serviço caiu para metade e devido a crise, dispensaram 250 brasileiros e 90 japoneses. Mas eles trouxeram e contrataram 100 chineses que trabalham recebendo a metade do nosso salário.

> 「日本に来て10年，ずっと工場で働いているけど，去年の10月頃から仕事が半分に減った。250人の外国人労働者と90人の日本人がクビになった。でも，中国から新たに100人採用され，連れてこられた。彼らはぼくたちの半額で雇えるから。」

レカ	Nada pode ser feito com relação a empresa ter que mandar embora "pessoas consideradas desnecessárias", mas desconheço meus direitos e nem recebo informações. Por isso, nem sequer sei se isso é uma coisa justa.

> 会社は「必要でないとみなした人」をクビにするのはしょうがないけど，私は自分の持ってる権利も知らないし，情報も入ってこない。だから，これが正当なことなのかどうかもわからない。

ダニエル	Meu sonho é fazer uma faculdade de artes cênicas no Brasil. Pensava em juntar dinheiro e em menos de 5 anos ir embora. Mas, mando dinheiro para a minha mãe e como não posso dar prioridade só para mim, adiei meu plano para 10 anos.

> 将来の夢はブラジルの大学で演劇の勉強をすること。5年以内にお金を貯めて帰ろうと思っていたけど，ブラジルのお母さんに送金しているし，自分のことだけを優先させることはできないので，10年計画に延期した。

照明，カットアウト。
下手のルセリア，ケンにスポットがあたる。

  ルセリア Meu marido adorava tomar uma cervejinha depois do trabalho mas depois da crise, teve que diminuir um pouco. É poque queremos que o nosso filho faça uma faculdade. No início, ficamos muito preocupados de que como iríamos superar a crise.

> お父さんはいつも仕事の後に缶ビール１本飲むのが好きだったけど，不況になってからは飲むのを減らしたの。息子を大学に行かせたいから。最初はこの不況をどうやってのりこえて行くのか，とても恐かった。

  ケン Mas a crise não é só no Japão e nos Estados Unidos. Há no mundo pessoas que estão em situação pior do que a nossa. Mas a crise teve seu lado bom. Me fez olhar para o próximo, olhar para o meu interior, me fez refletir e reparar os erros.

> でも，日本やアメリカだけが大変なんじゃなくて，世界に私たちよりもっと大変な人もいる。この危機にはいい面もあった。隣の人をかえり見るとか，自分のことをじっくり見つめ直すことが出来たから。

  ルセリア Se pensarmos positivamente, vai para o lado positivo. Se pensarmos diferente, vai para o lado negativo por isso, vou pensar positivamente. O meu sonho agora, é viver o momento da melhor forma possível. Tão forte quanto a correnteza do rio, seguindo sempre em frente. A tempestade também, um dia passa e tudo ficará bem.

> プラスに考えればプラスの方向に，マイナスに考えればマイナスになるから，私はプラスに考える。今の夢は，今日を精一杯生きること。川の流れのように強く，前だけを見て。嵐もいつかは止み，全てはよくなるから。

照明，カットアウト。

第2章 「多文化共生プロジェクト」上演台本（2008年〜2012年）

| シーン6 | 危機一髪B |

登場人物：ボリス，子ども全員

スクリーンには，ユーゴスラヴィアの実際の観光宣伝の映像
音声「クリスタルの海に囲まれた，古代の都市が今なお見られる国。波乱の歴史を経てきたユーゴスラヴィアは第二次大戦後，6つの共和国と2つの自治州からなる社会主義連邦共和国となりました。公用語は5つ，宗教は東方正教，カトリック，そしてイスラム教の3つ。本当に，こんな国が存在するのです。」

この間にボリス，センターの平台にスタンバイ。
映像の終わりでボリスにスポットライトがあたる。
ML9：ピアノ

  ボリス Dobar Dan，これは，ボスニア語で「こんにちは」という意味です。

以下，シーン6では最後までスクリーンに字幕が入る。
また，時々ボリスの顔がリアルタイム映像で映し出される。

  ボリス My name is Boris. I was born in Bosnia. Many people don't really know where Bosnia is. In 1984, my hometown and the capital of Bosnia, Sarajevo, was the host city of the 14th Winter Olympic games.

> 私の名前はボリス。ボスニアで生まれです。ボスニアがどこにある国か，ご存知ないかもしれません。1984年にサラエボオリンピックが開かれたそのサラエボが，ボスニアの首都になります。

スクリーン ボスニア地図

    Bosnia is located fairly close to Italy and it one of the 6 former republics of Yugoslavia. Apart from Bosnia, other former parts of Yugoslavia were Slovenia, Croatia, Serbia, Macedonia and Montenegro with 4 different languages and three major religious

2. 多文化共生プロジェクト2009『危機一髪』   *75*

denominations.

> イタリアの近くで，以前はユーゴスラヴィアの6つの共和国の一つでした。ボスニアのほかにスロベニア，クロアチア，セルビア，マケドニア，モンテネグロという国があって，6つの民族，4つの言語，3つの宗教が共存していました。

子どもAチーム，下手より平台を登って登場し始める。新聞紙を様々な形状で頭からかぶり，ボリスの背後に得体のしれないものがうごめいている感じ。

I was born in 1975 which makes me 34 years of age at present. Around the time when I was ten years old, the political tensions in Yugoslavia have started to pervade the reality of our lives. Large percentage of Bosnian population has expressed a desire to move toward the Western democratic style of governance. However, the Serbs, which make about the third of the total population fought to stay united with Yugoslavia. Other two ethnic groups, Muslim Bosniaks and Croats sided together against the Serbs to prevent them from doing so. This was the cause for the Bosnian war to start.

> 私は1975年生まれ，今，34才です。私が10才になった1985年頃から，ユーゴスラヴィア情勢はおかしくなりました。ボスニアは民主化を目指してユーゴスラヴィアから独立したけれど，人口の3分の1を占めるセルビア人は反対しました。残りの人口のイスラム人・クロアチア人との対立が深まり，戦争が開始されたわけです。

It was March 1992. I just turned 17. I was a high school student. I lived at the time together with my mother and sister.

> 戦争がひどくなり始めたのは1992年で私は17歳，高校生だった。私は母と姉と一緒にアパートに住んでいた。

One morning, while we were having breakfast, suddenly a big bullet came through the window and after breaking the glass it landed on the table. And it was a bullet from a sniper.

> ある朝，家族で朝ごはんを食べていると，突然銃弾が窓ガラスを破って飛び込んできて，テーブルの上に落ちた。狙撃兵の仕業だった。

One other time when I went out on the balcony, I heard a whistling noise next to my ear. It was another sniper bullet.

> またある時バルコニーに出ていたら，耳元のすぐ横を銃弾がかすめた。それもまた別の狙撃兵だった。

The sniper seemed harmless compared to the far more dangerous missile fired from a tank. Serbs took the hills and they were able to use snipers and missiles all the time, because city is in a valley. It was the longest siege in the history of modern warfare. It lasted from April 1992 till February 1996.

> 狙撃兵よりもはるかに危険だったのは，戦車から発射されるミサイルだった。セルビア人はまちを囲む丘を占拠したので，ミサイルでまちの中を狙うことは簡単だった。それは，現代の戦争の歴史で最も長い包囲で，1992年4月から1996年2月まで続いた。

Many homes were destroyed. We didn't have any glass on the windows, because all the glass shattered as a result of many explosions. It was very cold in winter and it usually snowed with subzero temperatures, up to minus 20. The supply of gas, electricity, telephone, water, was cut to the city almost immediately. Consequently, we didn't have any contact with the outside world. My mother's work was no longer available. So we just lived from day to day.

> 多くの人は住む家を破壊された。爆撃で窓ガラスが吹き飛ばされ，冬は氷点下20度にもなるのですごく寒かった。ほどなくガス・電気・電話・水道は止まった。外と連絡を取る方法はなくなり，母の仕事もなくなった。私たちは，ただその日その日をしのいでいた。

子どもAチームが退場しかける頃に，子どもBチーム登場。
新聞紙で顔を隠したまま街をさまよい，名もなき市民や兵士を演じる。

We couldn't eat any fresh food, such as meet, vegetables, eggs. The bread was flat because we had no yeast to make it with. And rice, there were lots of little insects in it. World Humanitarian aid brought us the worst food which nobody needed anymore in the world. America sent us biscuits, made in 1965, or lunch packets which were used during the Vietnam War. In the absence of anything better and to keep ourselves alive, we ate them.

> 肉とか野菜，卵などの新鮮なものは何も食べられなかった。パンはイーストがなかったので，ぺちゃんこ。お米の中には虫がいっぱい。人道支援は世界のいらなくなったものを送ってきているかのように，ひどいものばかりだった。アメリカはベトナム戦争で使っていた1965年のビスケットやランチパケットを送ってきた。どんなにひどい食べ物でも，命をつなぐためにそれを食べた。

All public transport was out of service, so I couldn't go to high school. I tried to study hard at home and went to high school once a month on foot to take an exam, I usually selected days when I couldn't hear so much of the shooting noise.

> 全ての交通機関がストップしたので，高校にも行けなくなった。家で一生懸命勉強して，月に1度くらい歩いて高校に行ってテストを受けた。

SE：銃声の音
まゆが倒れる。ほかの子どもはストップモーション。
大量の新聞紙が天井からひらひらと舞い落ち，全舞台上をゆっくり埋め尽くす。

> On the way to go to school, on a few occasions I heard nearby gunshots, and after walking a few paces ahead I saw blood on the road, blood that belonged to some nameless unfortunate person.

> 高校に行く途中で銃声が聞こえて，ふと見ると名も無き不運な人の血が道に流れていた。

死者の埋葬。子どもたちは，死んでいるまゆに新聞紙をかけに行く。

> People just died everyday, and nobody cared. I mean we cared that so many lives were lost but we just cared more about ourselves. "Oh, thank God. It wasn't me this time." From my balcony, I could hear shouts, bombing, explosions, and when I went out I could see dead people on the street. Nobody dared to help because everyone was scared for their own life. We all thought: "It was not me, I was lucky this time."

> 大勢の人が毎日死んでいったけど，誰も気にしなかった。自分以外のことに構っている余裕がなく，「私でなくてよかった」と思うだけだった。バルコニーから爆撃や爆発音が聞こえていて，通りに出ると死体が転がっている。けれど誰も自分を守るのに精一杯で他人のことは気にかけない。あたりには血が流れていても「私じゃなくてラッキーだった」と思うだけだった。

ML9：ピアノ止まる
子どもたち，ピアノと同時に止まる

> We were like sheep. Sheep waiting to be slaughtered.

> 私たちは羊のようだった。ただ撃たれるのを待つばかりの……。

まゆが新聞紙の中からゆっくり起き上がる。子どもは全員退場し，最後にまゆが退場する。

スクリーンには，サラエボのまちの惨劇の映像

> In such horrible times, what kept us staying sane was a sense of humor. I think I've never been in my life so sad and so happy at the same time. Because the happy moments made us live through the hard ones. So sad, so difficult, so dangerous, but we had humor, which we used to overcome it all.

> つらかった時期，私たちを支えたのはユーモアだった。あの時ほど悲しくて同時に幸せだった時は無い。なぜなら，幸せな瞬間が悲しみを打ち消してくれたから。そんなにも危険で困難で哀しい状況だったのに，ユーモアがそれを克服してくれた。

> We didn't even have candles, so we made them.

> 私たちはろうそくすら持っていなかったので，自分で作った。

あやかがキャンドルを持って出てくる。ボリスの近くに置いて，平台の下の段に座る。ボリスは，あやかを見つめながら話す。

> So with this one candle, we'd invite all the neighbors to come and 5, 6 of us would sit around the candle, play cards and tell jokes. Outside, maybe we could hear relentless bang, bang, bang. It was very dangerous but we were so happy to sit together like that as people. We felt safer being around each other.

> アパートの隣人達を招待して，みんなでろうそくを囲んでトランプで遊び，ジョークを言った。外では銃撃の音が聞こえていたけれど，私たちは一緒にいて幸せで，一緒にいることで安全だと思えた。

We were so close with each other. When you think life is taken so easily, then you appreciate it more and then you are so bonded with those neighbors. This bonding was so special. I've never experienced such emotions before the war or after the war.

> 私たちは，互いをとても近く感じた。人生がそんなにも簡単に奪い去られる時，誰もが命あることに感謝し，人々と深い絆が出来る。この結びつきは本当に特別なものだった。紛争の前も紛争の後も，そこまで深い絆を感じたことはない。

War is bloody and unfair, and it only brings about destruction. After the war, with so many thousands of lost lives, again, Serbs, Croats and Muslims live together side by side.

> 戦争は血なまぐさく，不正に満ちて破壊をもたらすだけだ。紛争が終わった後，戦争で何万という命が失われた後でも，セルビア人・クロアチア人・イスラム人は再び隣り合って住んでいる。

ろうそくを持ちあげ，じっと眺めるボリス。
照明，フェードアウト。
スクリーンには以下のテロップが流れる

> In the Bosnian War, it became the worst conflict in Europe after World War II.
> ボスニア紛争は，第二次世界大戦後，ヨーロッパで最悪の紛争となった。
>
> The number of casualties is as follows.
> 犠牲になった人数は次の通り

2. 多文化共生プロジェクト2009『危機一髪』

> About 200,000 people killed
> 約20万人の人が殺害され,

> More than 2 million refugees, Boris is one of them
> 200万人を越す難民が発生,ボリスもその一人

ボリスはあやかと退場。

シーン7 TV
登場人物：なし
暗転

スクリーンに日本の自殺者数増加や経済危機のニュース映像,およびボスニア紛争の様子が交互に映し出される。

暗転中,こうじ・たけしは,センターの平台を下手寄りの元の位置に戻し,新聞を片付ける。
デニス,ヴィッキー,こうじ,かおりんは上手寄りに,しのぶは下手寄りに,それぞれ椅子を並べて座る。
ブラッドはセンターに演台をセッティングしてスタンバイ。

シーン8 トークショー
登場人物：ブラッド,デニス,ヴィッキー,こうじ,かおりん,しのぶ,カゴ（映像のみ）

ML10：トークショーのオープニング曲
スクリーン ザ・トークショー「危機一髪」
照明,カットイン。

　　ブラッド　　Hello, everyone. Welcome to the talk show "By the skin of our teeth"!

I'm your presenter, Brad. Today's issue is the 'Jump of suicide rates in Japan'. As for the suicide rate ranking, Japan is ranked No. 8 in the world, and is ranked No.1 amongst developed countries. What happened in Japan, such peaceful and strong economic country? We will discuss this and find the best answer for you. Now, today, we have Shinobu who needs help for her brother who wants to commit suicide. Here, we have great commentators, Kaori, Vicky, Koji and Deneice who might have the perfect advice for you. Ok, let's have a look at her brother's VTR first.

> みなさん，こんにちは！ 今週も「ザ・トークショー　危機一髪」の時間が参りました。私は司会のブラッドです。今日のテーマは，「日本において年々増加する自殺率」，日本は世界の中で第8位，先進国の中ではなんと，第1位です！ 平和で経済大国である日本において何が起こっているのか，いつものようにブラッドがあなたと一緒に考えます。今日は，スタジオに自殺志願の兄を持つしのぶを相談者として迎えています。また，偉大なコメンテーター，かおり，デニス，こうじ，ヴィッキーがあなたに理想のアドバイスをくれるかもしれません。それでは，まずは彼女のお兄さんのVTRを見てみましょう。

スクリーンには，しのぶの兄（カゴ）が失業をきっかけに自殺を考えているとつぶやく様子が流れる。

  ブラッド So, let us now know what the family is feeling. Shinobu, please come and tell us your story.

> では，家族の心境について聞いてみましょう。それではしのぶ，こちらへどうぞ。

しのぶが中央の縁台に立つ。

  しのぶ 皆さん，こんにちは。今日は私の兄についてのアドバイスをいた

だきたくて，この場に来る決意をしました。先ほど見ていただいた映像のように，最近「死にたい」と兄が突然言い出したんです。「仕事だけがそんなに大きな存在になってしまったのは何で？」というのが率直な気持ちです。確かにうちは昔から両親が共働き，家に帰ればたいてい私と兄の二人きりでした。決して愛情に恵まれた家庭ではなかったかもしれません。でもそれって今の世の中，普通にあることだし，どうして「死のう」と思うのか，全くわからないんです。世の中で近頃ではよく耳にする話しだと思っていたけど，まさか自分の兄が当事者になるなんて・・・。皆さんだったらどう思いますか？

ブラッド　Thank you, Shinobu! I guess that some Japanese people would lose their purpose to live when they lost their job. Ok, now the first commentator is Kaori!

> サンキュー，しのぶ！　日本では仕事を失うことで生きる意味を失う人が多いみたいだね。それでは最初のコメンテーター，かおり！

かおりん　こんにちは，美濃加茂市に住む一男一女の母です。日本の自殺率が高いのは，長い歴史の中で，責任を取るために切腹するという文化を持っていた時代があったからではないでしょうか。今でも死をいさぎよしとする風潮が私たち日本人の心の奥底に残っているのかもしれません。でも責任を取るといいながら，あとの人に全部まかせて自殺することは，本当にいさぎよいことなのでしょうか。もし私の息子が彼のようになったら，まず，どれだけ息子のことを愛していて，大切に思っているかを，私は言葉で伝えたいと思います。日本では愛情を言葉で伝える習慣があまりないので，しのぶさんもお兄さんのことを心配していることを，しっかり言葉で伝えるといいと思います。そして，もう一つ，ピンチのときこそチャンスだということを伝えたいです。自分が本当に何がやりたいのか，そのために何が必要なのか，どんなときでも前向きに考える。そういうふうに，彼も全ての日本人も変わったら，きっと日本の自殺率も減り，元気な日本になると思います。

その点では日本に住む外国の人たちの前向きな生き方から学ぶべきことは，たくさんあるのではないでしょうか。Change! Yes, we can!

ブラッド　hank you, Kaorin! Wow, It is amazing! Samurai's 'seppuku' still leaves influence in modern Japan. Ok, next commentator is Vicky!

> サンキュー，かおりん！　サムライがやっていた切腹が，現代の日本にまだ影響を残しているとは驚きだね。次のコメンテーターは，ヴィッキー！

ヴィッキー　I used to believe that England had a very high suicide rate, I have discovered that Britain is quite low on the international suicide list. I think one of the reasons for this may be that England has a lot of options to help people talk about their problems. There doesn't seem to be a lot of that in Japan. Maybe it would be worth setting up a help line so that people having this problem wouldn't feel so alone.

> 私はイギリスがとても自殺率の高い国だと思っていましたが，統計の上では世界的にかなり低いことを知って驚きました。イギリスには問題を抱える人の話しを聞いてあげて，助けるためのオプションがたくさんあるからかもしれません。日本にはそれがあまり多くないように思います。そういった問題を持つ人が孤独を感じずにすむように，ヘルプラインを作るといいと思います。

As for my beliefs about suicide, anyone thinking of killing themselves have obviously come to decision after some thought and why should they listen to me? For Shinobu's brother and others, you should know and understand that one of the best and worst things about life is that nothing lasts forever. Wait a year. Take steps to try and improve your life first, try to find a new purpose in life, try to find new people to talk to. Travel to a different country, try to understand another culture. To be suicidal is to be very insular, look outside of yourself and see what the rest of the world has to offer you. Don't simply give up without a fight!

> 自殺を考える人なら誰でも，しばらく考えてから決意するので，事情をよく知らない私の意見を聞くわけがないと思います。けれど，しのぶのお兄さんやほかの自殺志願者に知って欲しいのは，どんなにいいことも悪いことも永遠には続かない。実行する前に1年待ってみることです。やり直すためにまずは一歩踏み出して，人生にあらたな目的を見つけて，あらたに話し相手を見つけてみてください。違う国を旅し，別の文化を理解してみてください。自殺志向はとても島国的な発想です。自分の外側に目を向け，別の世界が差し出すものを見てください。戦いもせず，簡単にあきらめないで！

ブラッド　　Thank you, Vicky！ To be suicidal is to be insular "is unique point. It' might be a hidden answer? Ok, next commentator is Koji!

> サンキュー，ヴィッキー！「自殺志向は島国志向」というのはユニークな視点だね。そこに隠された答えがあるかも？それでは次のコメンテーター，こうじ！

こうじ　　死にたいという本当の理由がわかりますか？　どうすれば良いかを含めて，本人も理解していないと思います。というのも，家族だっているし，食べ物がなくて困っているわけでもありません。日本では1998年から11年連続で自殺者が毎年3万人を超えています。これは可児市の人口約10万人が3年と2ヶ月で消えてなくなる数です。問題なのは，本人が閉じた対象に向かって対話している，ということではないでしょうか。一人目の対話相手は，恥ずかしさや情けないという気持ちにさいなまれている自分自身。もう一人は"世間"というものです。これは多くの日本人が持つ「世間体が悪い」とか「世間に顔向けが出来ない」とか，何か実体がありそうで，実は本人が作り出している架空の世界です。いずれも本人が，閉じた世界に向かっていることに変わりありません。だから，私たちは本人が自分で歩きだせるように大きな地図を示し，足元を照らし，そして転んだときの救急箱として

聞き手が身近にいることを知らせておくことが大切になります。私は，これだけでも状況は良くなっていくものと信じています。

ブラッド　　Thank you, Koji! The idea of "Seken" is quite interesting! Very Japanese way of thinking and it might be difficult to understand for foreigners. Do I think it would be like a conscience or God? It might have the point of this issue. Ok, the last commentator is our Deneice!

> サンキュー，こうじ！　「世間」という考え方は面白いね！すごく日本的な考え方で，それを理解するのは外国人には難しいかもしれないな。多分，「良心」とか「神さま」みたいなものと思えばいいのかな？　そこに日本の自殺に対する隠された鍵があるかも……？　それでは最後のコメンテーター，我らがデニス！

デニス　　In Jamaica, suicide is not common and many people think a person who commits suicide is a coward and doesn't think about the rest of his community. I don't know enough about the Japanese culture or way of thinking to understand why such a powerful and wealthy nation has such a high suicide rate. But, I would recommend to her brother that he try the Jamaican point of view for a while. Enjoy the good things in this world. Dance! Sing happy songs! Love people! Be grateful that you have life! In Jamaica we like to sing the song, "Don't Worry. Be Happy."

> ジャマイカでは自殺はめずらしいわ。自殺する人々は臆病で，残された家族のことを考えない人だと思われている。私は日本の文化や考え方をよく知らないから，こんな経済大国が高い自殺率を持つことを理解するのは難しい。でも，私はしのぶのお兄さんにしばらくジャマイカ風の視点を持つことを勧めるわ。この世界のいいところを楽しみ，踊って，ハッピーな歌を歌って，人を愛す。生命のあることに感謝する。ジャマイカではみんな「Don't worry, Be happy」を歌うのが好きよ。

2. 多文化共生プロジェクト2009『危機一髪』

デニス,「Don't worry, Be happy」を歌う。

　　　ブラッド　　Thank you, Deneice! That was a wonderful song, life is full of things to enjoy. Thank you, everybody! 'Shinobu, did you get any hints? I hope so. The talk show "By the skin of our teeth", your Brad chase up hot issue in Japan. See you next week! Bye bye !

> サンキュー, デニス！　人生は楽しいことがいっぱいだという素晴らしい歌だったね。サンキュー, みなさん！　しのぶは何かヒントがあったかな？　そうあることを願うよ。「ザ・トークショー　危機一髪」, ブラッドが日本の問題点に深く切り込みます。また来週, バイバイ！

ブラッドは演台を, しのぶ, デニス, ヴィッキー, こうじ, かおりんは椅子を持って退場。
照明, カットアウト。

　シーン9　たまご
登場人物：マルセラ, チヨシ, サントス, レカ, ダニエル, アナコ, ルセリア, ケン, サラ, ゆきお

照明, フェードイン。薄暗く幻想的。

チヨシ・マルセラ, 上手から下手へたまごをリレー。
下手から上手に全員出てくる。

たまごをイメージした動作と詩の朗読
レカのポルトガル語（録音）に重ねて, チヨシが日本語をライブで朗読。

SE：レカの朗読

「たまご
ゴロリしそう

> Ovo
> Parece que vai rolar.

ヒヨコ	Pintinho
卵型，白色で平和の色	Forma oval, branco, cor da paz
世界中の人々に好かれている食べ物	Um alimento muito apreciado por todo mundo
たまご	Ovo
たまごは全体的に向きがない	No ovo não existe lado, ele é todo igual
中には希望，生命，死，そして食	Dentro existe a esperança, vida, morte e alimento
日々のたまご	O ovo nosso de cada dia
満腹にしてくれる	Deixa a barriga cheia
誰が先に生まれた？	Quem nasceu primeiro?
コロがるたまご？	O ovo que rola?
たまごは弱く，つぶしたくなってくる	É frágil, dá vontade de esmagar
カリッ！	Treeec
たまご	Ovo
ゴロリしそう	Parece que vai rolar.
ヒヨコ	Pintinho
卵型，白色で平和の色」	Forma oval, branco, cor da paz

照明，フェードアウト。

シーン10 「のど自慢」D

登場人物：全員

暗転中，ゆみ，アイス，サントス，みかが舞台上でスタンバイ。
ゆみ，アイス，サントス，みかにスポットライト

  ゆみ   いよいよ最後の歌になりました。この歌は日本語，英語，ポルトガル語，タガログ語があるそうですね。
  みか   はい。このまちは外国人の方が多く，私のアパートにも外国の方が住んでいます。でも全然関わりがないんです。「外国人」というモヤモヤした何かじゃなくて，ちゃんと知り合いになりたい。顔が見えて，さわれて，感じ合える。生のコミュニケーションを持ちたくて，この歌を選びました。
  ゆみ   それでは歌っていただきましょう。

みか　　　　　9番,「幸せなら手を叩こう」

ML11:「幸せなら手を叩こう」
みかが「幸せなら手を叩こう」を歌う。

歌の2番で上手よりパープル,下手よりメグが出てきて一緒に歌う。
3番から全員が出てきて歌う。

ダンス。

イナがタガログ語で歌う。
ダニエルがポルトガル語で歌う。
サラ,ボリス,ウェンディ,ヴィッキー,デニス,ブラッドが英語で歌う。
全員,それぞれの母語で同時に歌う。

ダンス。

音楽の終わりで照明,カットアウト
ML11:カットアウト

暗転

　　　　　　　　　　　　　　　　　　　　　　　　　　　　　　　終

3. 多文化共生プロジェクト2010『夏の夜の夢』

　シェイクスピアの『夏の夜の夢』を下敷きにドキュメンタリーを挿入した本作品は，7か国から参加した人々によって日本語・英語・ポルトガル語・中国語の4言語で上演されます。その多様性は言語・国籍にとどまらず，知的障害や性同一性障害を持つ人など，「違い」の豊かさに満ちています。ストーリーは原作と同様，妖精が"惚れ薬"である花の汁を間違った相手につけることから大騒動へと発展していきますが，「もし本当に魔法の花があったら？」と問われた参加者は，それぞれの愛や結婚観を語ります。

日本での闘病生活を語るフィル『夏の夜の夢』(2010)

妖精の森を象徴する毛糸ワークショップ『夏の夜の夢』(2010)

3-1 作品解説：『夏の夜の夢』について

　多文化共生プロジェクトも3年目を迎え，1年目から継続して参加している渡部ファミリー（ケン，ルセリア，チヨシ。マルセラはこの年，夫と子どもと共にブラジルに帰国しました）と小林レカ・アナコ親子は，私にとってはもはや「戦友」のような存在になっていました。『East Gate』でも『危機一髪』でも彼らは豊かな表現を見せてくれましたが，本当はドキュメンタリーではなく，ミュージカルやファンタジーをやりたいとかねがね言っていました。

　私自身は既成の戯曲で多国籍の人々を演出する自信はなかったのですが，何とか彼らの望みを取り入れられないかと思い，多言語に翻訳されていて，しかも多くの人に馴染みがあるであろうシェイクスピアの『夏の夜の夢』を取り上げることにしました[1]。が，これは大きな誤算であったことは，稽古を開始してすぐに思い知らされました。シェイクスピアは「世界の共通言語」などという話しは一部の教養人に限ったことで，7か国30名の参加者のうち8割は『夏の夜の夢』を見たことも聞いたこともありませんでした。英語，ポルトガル語，中国語の翻訳はすぐに入手出来ましたが，当然のことながら各言語とも古めかしい言い回しなので，戯曲を読んだことさえない参加者にはどうにもとっつきの悪い代物でした。

　映画を見せたりセリフを書き換えたりして，何とか内容を理解してみんなに楽しんでもらえるようにと奮闘しましたが，最後まで役の言葉が体に落ちていかない人もいました。その中の一人がルセリアでした。

　妖精などファンタジーが大好きな彼女には，アマゾンの女王ヒポリタを演じてもらいました。ヒポリタはアテネの侯爵シーシアスに力づくで奪われ，結婚するという設定は原作通りですが，"アマゾン"はギリシア神話に登場する女性部族のことではなく，南米出身という設定に置き換え，ルセリアが宮廷人の中で一人だけ「よそもの」としてポルトガル語を話す必然性を作りました。舞台上でヒポリタとシーシアスとの会話は通訳なしには成立しないのですが，それは言語の違いのみによらず，シーシアスの異なる他者の文化に対する想像力の欠如にも起因しています。

ルセリアと相談しながらヒポリタのセリフを原作から大幅に変更し、セリフを短くしたりしましたが、最後まで役に気持ちが入らないようでした。セリフが頭を素通りする中で舞台に立つことに恐怖感を覚え、開演前に相手役から勧められるままにビールを飲み、本番で二人ともセリフを忘れるという大失態をやらかしました。私は怒り心頭に発っしたまま、この課題を翌年に持ち越すことになります。

　そのような戦友たちとの葛藤の傍ら、この年は新たな多様性を持つ人々が参加してきました。知的障がいのあるリュウは市役所や国際交流協会など、公共施設のロビーに座って日々を過ごすことがよくあり、訪れる人に気さくに声をかけるので、まちの多くの人からその存在を知られていました。しかし彼がどのような思いで生きているのか、どんな夢を持っているかなどを知っている人はあまりいなかったと思います。

　初めてリュウにインタビューした日、いつもニコニコしている彼が「いままで僕をいじめてきた人に、舞台で言い返したい」と、過去のつらかった時の記憶を幼時にまで遡って次々と語り出しました。そんな彼に舞台で怒りをぶちまけることは思いとどまらせ、彼の好きなことや嫌いなこと、将来の夢などをシンプルに話してもらうことにしました。リュウはこの時33歳。当然のことながら、障がいのない人と同じように仕事も結婚もしたいと強く望んでいました。劇中に出てくる魔法の花について、他の出演者が全員「人の気持ちを変えるのに、魔法の花はいらない」と言うのに対し、リュウは「魔法の花の力で、彼女を作りたい」と話します。彼がこれまで望んでもかなえられず、努力しても得られなかった数々のことを思うと、ただ「そうだよね」とうなずくことしか出来ませんでした。

　しかし彼はダンスが好きで、その表現は枠にはまらないところがとても面白く、健常者には真似の出来ないセンスと魅力がありました。振付家の山田珠実さんも彼のダンスを高く評価し、セルフストーリーの時に披露してもらいました。公演終了後、普段リュウをよく見かけていた市役所などの職員から「彼のことを知っているつもりで、実は何も知らなかったことがわかった」「彼の話しを聞けてよかった」という感想が何件も寄せられました。劇場側がドキュメンタリー演劇を推奨するようになったのは、こうしたリアク

ションが後押ししてくれたのかもしれません。

　また，この公演では異なる多様性を持つもう一人の参加者，性同一性障がいのヨハナが参加してくれました。彼女はブラジルにいた時は差別によって暴行を受けたり，石を投げられたこともあったそうです。日本でも障がいによる偏見があり，奇異な目で見られることがあるものの，暴力を振るわれなくなったので「幸せ」だと言います。「私の生き方を理解出来ない人は，理解しなくていい。『違い』を持って生きる人々は，それぞれに複雑な事情を抱えている。生きる上で一番必要なものは，『敬意』だと知ってほしいだけ」という言葉は私の中で印象深く息づき，多文化共生の仕事をする時にいつも頭の中で反芻しています。

　ところで，これまで個々人との接触が難しかった中国からの外国人研修生たちですが，『夏の夜の夢』では一人ひとりが大活躍してくれました。まず初年度から参加していたチョウは，3年目は出演せずに通訳として手伝ってくれました。そのおかげだったと思うのですが，この年の新人の研修生5人は最後まで熱心に通って来てくれました。ハーミアを中国語で演じた月月（ゲツゲツ）は難しいシェイクスピアのセリフ回しを物ともせず，威勢の良い優れた演技力を発揮してくれました。妖精役を演じた4人も自分たちで考えた音楽や踊りを懸命に練習し，清楚でとても可愛い妖精を演じてくれました。そして驚くことにティティは，外国人研修生としては初めて舞台でドキュメンタリーを語ってくれることになりました。母国にいる恋人と遠距離恋愛していた彼女は，その交際を両親に反対されているものの，両親と恋人のどちらにも誠実でありたいと語り，会場からは予期せず拍手が沸き起こりました。これまで「外国人研修生」という一つのかたまりのようにしか見えなかった彼女たちの顔が，ようやく個性と情感を伴ってはっきり見えた瞬間でした。

　彼女たちはこの年は終演後の打ち上げまで参加し，居酒屋で皆と乾杯することが出来ました。これも外国人研修生としては初めてのことで，世話役の人が迎えに来て他の参加者より一足先に帰る時には全員涙ぐみ，別れを惜しんでなかなか立ち去ろうとしませんでした。

注
1　日本語版は小田島雄志訳に基づく

3-2 上演台本

『夏の夜の夢』

原作：ウィリアム・シェイクスピア
翻案：田室 寿見子

出演

[宮廷グループ]
シーシアス：盛岡 勝治（日本）
ヒポリタ：渡部 ルセリア（ブラジル）
フィロストレイコ／妖精：小川 裕美（日本）
イージアスカ：山口 君子（日本）
ハーミア（J）：長江 麻世（日本）
ハーミア（C）：李 月月（中国）
ハーミア（E）／ウェンディ：Wendy Garcia（アメリカ）
ヘレナ（J）：佐藤 美佳（日本）
ヘレナ（E）／ヴィッキー：Victoria Lloyd（イギリス）
ディミートリアス：三田村 剛（日本）
ライサンダー（J）：渡部 チヨシ（ブラジル）
ライサンダー（C）／イチ：施 維智（台湾）

[町内会グループ]
レカ：小林 レチシア（ブラジル）
フィル：Philip Rodoriguez（アメリカ）
セルソ：Celso Morimoto（ブラジル）
みほ：多田 美保子（日本）
リュウ：加治木 隆治（日本）
パープル：神谷 明子（日本）
アッキー：藤掛 明絵（日本）

[妖精グループ]
オーベロン：Marcio Costa（ブラジル）
タイターニア／ヨハナ：Yohana Purple（ブラジル）
パック：渡部 ケン（ブラジル）
パック妻：川合 浩司（日本）
パック子：小林 アナリエラ（ブラジル）
イナ：肥後 グリセルダ ダヤガンノ（フィリピン）
ショウメイ：鹿 暁明（中国）
ティティ：韓 婷（中国）
キョウ：王 娇（中国）
ガクカ：岳 佳（中国）

スタッフ
脚色・構成・演出：田室 寿見子
振付・演出補：山田 珠実
音楽：片岡 祐介
映像：伏木 啓
演出助手：前嶋 のの

舞台監督：加藤 啓文
照明：田井 秀明
音響：吉田 敦
制作：松木 紗都子

アシスタント・スタッフ
演出協力：小林 レチシア
衣装・小道具：舟橋 靖
翻訳・通訳：張 云曙（中国語）、渡部 チヨシ（ポルトガル語）
字幕操作：渡辺 かおり

主催：財団法人可児市文化芸術振興財団
協力：可児市／NPO法人可児市国際交流協会

企画・製作：Sin Titulo

3. 多文化共生プロジェクト 2010『夏の夜の夢』

2010 年 7 月 25 日（日）　第 1 回 11：30 開演、第 2 回 14：30 開演
可児市創造文化センター　小劇場にて上演

役名	台詞	対訳 (グレー部分は字幕)
舞台中央に，平台が2段になって置かれている。 舞台下手にグランドピアノ。上演中はミュージシャンが常に生演奏する。		
シーン1　[オープニング]		
舞台奥，全画面スクリーンには森の映像。 音楽，照明，フェードイン。 妖精たちが出て来て，蜘蛛の巣をつくるように毛糸を舞台全体にはりめぐらす。音楽が止むと，妖精は毛糸を手から離し，舞台上に落とす。毛糸が舞台両袖に引き込まれていく中でパフォーマーがゆっくり登場し，仰向けで寝る。照明が入る。		
雨のムーブメント		
パフォーマーが風のような音を口でヒューヒュー言いながら退場。照明がフェードアウトする中で，シーシアス，ヒポリタ，フィロストレイコが平台の段上にスタンバイ。 町内会グループは，下手舞台後方にスタンバイ。		
シーン2　[シーシアスの宮殿]		
映像なし，照明カットイン		
シーシアス	さあ，美しいヒポリタ，私たちの結婚も間近に迫った。楽しい日々をあと4日過ごせば新月の宵となる。だがその古い月が欠けていくのを待つのはなんともどかしいことか。	
ヒポリタ	Meu amor passarão depressa quatro dias na noite negra; quatro noites, presto, farão escoar o tempo como em sonhos. E então a lua que, como arco argênteo. no céu ora se encurva, verá a noite solene do esposório.	その4日の昼はたちまち夜の闇に溶けこみ，4日の夜はたちまち夢と消え去りましょう。そうすれば新月が銀の弓のように天高く引きしぼられて，私たちの婚礼の夜を見守ってくれるでしょう。
シーシアス	フィロストレイコ，我が愛しのヒポリタは何と申された？	

3. 多文化共生プロジェクト2010『夏の夜の夢』

フィロストレイコ	「4日なんてあっと言う間」と申されております。	
シーシアス	おお，そうか！ アマゾンの女王の言葉はさっぱりわからぬが，愛があればそんなことはどうでもいいのだ！ 私たちの結婚式は，盛大に行いたいものだ。フィロストレイコ，このまちの若者たちにお祭り気分を盛り上げるように言ってくれ。	
フィロストレイコ	(町内会に) みなさん，我らの偉大なシーシアス公爵は，この度アマゾン制覇に成功し，女王ヒポリタ様と婚礼の儀をとり行なうことになりました。新月になる4日後の祝いの場で芝居や音楽を奏でる者は，公爵さまから褒美をいただけることになるでしょう。	
町内会	「褒美ですって！？」「芝居やろう！」「芝居だ，芝居だ」	
町内会グループ，ワイワイ言いながら退場		
シーシアス	ヒポリタ，私はアマゾンでは力ずくであなたを奪った。だが，ここではすっかり調子を変えて，盛大な結婚式を行いたい。賑やかに，華やかに，楽しいお祭り騒ぎにしたいのだ。	
ヒポリタ	Não vai ficar voando, se não a honestidade vai voar junto. Tome cuidado.	浮かれ騒ぎと共に，誠実さもどこかに打ち上げてしまわないように気をつけてね。
イージアスカが上手から登場。少し遅れてハーミア（J），ライサンダー（J），ディミートリアスも登場。ヘレナ（J）はディミートリアスに近づこうとうろうろするが，ディミートリアスに追い払われオロオロしている。		
イージアスカ	失礼いたします，シーシアス公爵。	
シーシアス	ああ，イージアスカ！ 何かあったのか？	
イージアスカ	困り果ててご相談にまいりました。	

	実は私，わが子のハーミアを訴えねばなりません。 前へ出なさい，ディミートリアス。公爵，これは私が娘の婿にと決めた男性です。 おまえも出なさい，ライサンダー！ これが娘の心をたぶらかしている男です。この男は夜ふけに娘の部屋にこっそりやってきて，花束や宝石を贈って娘をたぶらかしております。従順だった娘は，かたくなな親不孝者に変わってしまいました。 公爵，もしも娘が亡き父親の命に逆らうのであれば，この国の法律の特権を私にお許しいただき，この若者と結婚するか，さもなければ死を選ばせたいと思います。
シーシアス	どうだな，ハーミア？ ディミートリアスは立派な紳士ではないか。
ハーミア（J）	ライサンダーもそうです。亡き父はライサンダーが外国人だというだけで，私の結婚を認めようとしなかったのです。
シーシアス	うーむ，困ったものだ。ぼくとヒポリタのように，言葉が通じなくてもこんなに愛し合っているカップルもあるのだから，愛に国境なんか関係ないのに。ね〜，ヒポリタ。
イージアスカ	お言葉ですが，シーシアス様。亡き夫は言葉や文化が異なる者と結婚すると家系がかき乱され，伝統や慣習が損なわれることを最も恐れておりました。いや，もちろんシーシアス様とヒポリタ様のご結婚は別でございますよ。けれど，このような若い娘は一時の愚かな情熱に振りま

	わされ，正しく見る目を持たないのです。	
ハーミア（J）	公爵様，どうか教えて下さい。もしディミートリアスとの結婚を拒みましたら，どのような重い罰を受けるのでしょう？	
シーシアス	親の同意のない結婚は法律では認められないぞ。だからおまえがディミートリアスとの結婚を拒むのなら，死刑の裁きを受けるか，尼寺に行くしかないのだぞ。	
ハーミア（J）	喜んで尼寺に行きます。好きでもない人と生涯を共にすごすくらいなら。	
シーシアス	まあ，もうしばらく考えるがよい。4日後，愛するヒポリタと私が結婚する新月の日になれば，おまえも覚悟を決めねばならぬぞ。	
ディミートリアス	思い直してくれ，ハーミア。ライサンダーも横槍を引っ込めて，おれの正当な権利にゆずってくれ。	
ライサンダー（J）	君はお母さんに愛されているんだ，ディミートリアス。ハーミアはおれにまかせて，お母さんと結婚するんだな。	
イージアスカ	口が過ぎますよ！　確かに亡き夫同様，私もこの男を気に入ってます。娘と娘の持つ権利は，すべてディミートリアスに譲ることにもう決まってるのです。	
ライサンダー（J）	シーシアス様，私は外国人ではありますが，能力も財産もこの男に劣らず，ハーミアへの愛にかけてははるかにまさっております。それに，この男はハーミアだけでなく，ヘレナにまで言い寄って，その心をもて遊んでいました！田舎娘の純朴なヘレナは，今ではこの男にすっかり夢中になっているのです。	
シーシアス	ああ，それは聞いていたのが，このところヒポリタの事で心がいっぱいで忘れて	

	た。 イージアスカ, ディミートリアス, ついてきなさい。おまえたちの話しもせねばならぬし, 私とヒポリタの結婚式の準備も手伝ってもらわねばならない。ね〜, ヒポリタ。	
イージアスカ	喜んでお供いたします。	
ディミートリアス	喜んでお供いたします。	
ヒポリタ	Theseus voce tem que acabar com estes problemas. Acorda e não fique sonhando só com o casamento.	シーシアス, この問題をどうにかしなければいけないでしょう。結婚ばっかり夢みてるんじゃないわよ。
シーシアス, ヒポリタ, フィロストレイコ, イージアスカ, ディミートリアス, 上手に退場。ヘレナが下手から入ってくる。		
ヘレナ（J）	……（小声で）ディミートリアス, ……ディミートリアス！	
ハーミア（J）	あら美しいヘレナ, こんにちは。	
ヘレナ（J）	美しい？ 私が？ どうしてそんな芝居がかった調子ででたらめを言うの？ ディミートリアスが愛しているのはあなたよ, ハーミア。どんな目つきで, どんな手管であの人の心を操ってるの？	
ハーミア（J）	私はいやな顔をするの, それでも愛してるって言うの。 でも心配しないで, ヘレナ。私とライサンダーは二人で駆け落ちするの。	
ライサンダー（J）	そうなんだ, ヘレナ。僕たちは森へ逃げるよ。さようなら, 僕たちの幸せを祈ってね。僕たちもディミートリアスが君に夢中になるように祈ってるよ。	
ライサンダー（J）とハーミア（J）は寄り添いながら下手に退場。		
ヘレナ（J）	人によってこうも幸せが違うとは！ ディミートリアスもハーミアに会うまでは私を美しいと褒めたたえ, 私だけのも	

		のだと誓っていた。なのに，今はハーミアにすっかり心を奪われてしまった。恋は目でものを見るのではない，心で見たいように見る。恋のキューピッドには，どこを探しても分別などないのだから。	
ヘレナ (J)，上手に退場。			

シーン3　[町内会]		

下手からレカ，フィル，セルソ，パープル，リュウ，みほ，アッキー登場。		
レカ	Estão todos aqui?	みんな，そろった？
パープル	1人ずつ名前を呼んだらどう？ この町内会，いろんな国の人がいて言葉通じにくいんだから。	
レカ	Tá bom. Aqui está o roteiro com o nome de todos. O elenco.	ああ，そうね。 ここにみんなの役割表があるから キャスティングね。
フィル	最初に何の芝居か説明してから，キャストを読み上げたほうがいいね。	
みほ	タイトルを発表して。	
レカ	Nossa peça se entitula a mais lamentavel comédia "Píramo e Tisbe uma tragédia de amor!"	私たちの劇は，世にも悲しき喜劇「ピラマスとシスビーの真実」よ。
セルソ	あの有名な悲劇「ピラマスとシスビー」だって，面白そうだね。	
パープル	恋愛物なんてすごくいいじゃない！じゃ，名前を読み上げて！	
レカ	Responda quando for chamado, Phil!	呼んだら返事してね。フィル！
フィル	ここだ，ここ！	
レカ	Phil, você vai fazer o papel de Piramos!	フィル，あんたの役はピラマスね。
アッキー	ピラマスって何？デザート？	

みほ	ティラミスと間違えてない？	
レカ	Não é o Tiramissu! Piramos é o papel do namorado. Ele se mata corajosamente por questões de amor!	ティラミスじゃない！ピラマスは恋人役，恋ゆえに雄雄しく自殺するの。
フィル	恋人役か。恋人役はいいけど，自殺はいやだ。僕は絶対自殺なんかしないぞ，恋のためならどこまでもどこまでも生きのびて，100歳になってもSEXするんだ！	
レカ	Mas se for assim, não é nenhuma tragédia! Você pensa que sua amada morreu e decide segui-la para estarem juntos mesmo depois da morte.	それだと悲劇にならないでしょ！ あんたは愛する女性が死んだと思って，嘆いて後を追うのよ。
パープル	若くして死ぬから「悲恋」なんじゃない。100歳でSEXしてたら，そりゃ，おめでとうって。	
フィル	自殺したら人生何もかもおしまいじゃないか！ 他にもっといい女に出会えたかもしれないのに……	
レカ	Não importa, você faz o papel de cavaleiro apaixonado. Miho, a próxima!	いいから，あんたは恋する騎士をやるの。次，みほ！
みほ	はーい，ここです。	
レカ	Você vai fazer o papel de Tisbe!	あなたにはシスビー役をやってもらうわ。
みほ	シスビーって何？ スポーツ選手？	
レカ	É a mulher por quem Piramos se apaixona. Uma heroina.	ヒロインよ，ピラマスが恋する相手。
パープル	あら，体育会系のみほがお姫様？ 勇ましいわね。	
フィル	ラブシーンで僕を投げ飛ばすなよ。	
レカ	É... procure ser um pouco sensual. O próximo é o Ryu!	そうね，ちょっと色っぽくしてみて。次は，リュウ！

リュウ	ぼくダンス踊りたいよ。	
レカ	Você será o cavalo do Piramos! Você pode dançar, desde que não derrube Piramo.Akkie！	あなたはピラマスを乗せる馬の役。騎士が落ちなければ踊ってもいいわよ。アッキー！
アッキー	はーい，私。	
レカ	Akkie você vai montar o cavalo....Purple!	アッキーは馬の御者ね。パープル！
パープル	ここ，ここ。	
レカ	Você será a mãe de Tisbe! Celso!	パープルはシスビーのお母さんね。セルソ！
セルソ	はい，ここです。	
レカ	Você será a "Parede"!	「かべ」です。
パープル	「かべ」って，塀とか壁とかの「かべ」？！	
セルソ	あの，壁のセリフはもうできてる？ 出来てたら，すぐもらいたんだ。僕，セリフ覚えるの遅いほうだから。	
レカ	Tudo certo! Não se preocupe, você só vai falar no final da peça. Ficar calado é o suficiente.	大丈夫！ 心配しないで。あなたは，劇の最後に台詞が一つしかないわ。黙っていれば十分よ。
フィル	レカ，僕の役だけど，ティラミスはやめて，ドンファンとかどう？ 自殺するのは楽しくないよ。あっ，それとも，僕が作った物語と二本立てでやるのはどう？ 最近いろいろ書いてるんだ。	
レカ	O que você quiser! Bem, aqui estão as suas falas. Eu quero ensaiar amanha a noite nesse parque ao lado. Não faltem! Vamos ensaiar amanhã!	好きにしなさい！では，ここにはみんなの台詞があるわ。明日の夜にすぐそこの公園に集まって練習がしたいの。サボらないよう

	Vamos ensaiar amanhā!	に！ あした，練習しましょう！
全員	オー！	

一同，下手へ退場。
照明フェードアウト。

シーン4　[妖精の森①]

森林の映像。
パックが上手から登場し，照明フェードイン。パックは徳利を持って，日本のサラリーマンの宴席のように踊っている。
下手からパック子が登場。

（グレーの網掛け部分は字幕の意味）

パック子	いよっ，お父ちゃん！　どこ行くの？	
パック	（踊りながら）山々を越え，谷を越え， 茂みを抜けて，藪を抜け， お庭を越えて，柵を越え， 水をくぐって，火をくぐり， 駆けて回るのどこへでも	
パック子	父ちゃん，何言ってんの？	
パック	いや，なんか妖精っぽいだろう？	
パック妻が上手から登場。		
パック妻	あんた，またぐずぐずして！　今晩，オーベロン様がここで酒盛りするんだから，タイターニア様と鉢合せしないように準備しとかないと！　まったく，気を遣うよ。顔を合わせるとケンカするんだから，あの夫婦は。	
パック子	うちと同じじゃん，母ちゃん。ってか，うちは母ちゃんが一人で怒ってるんだけど。 おっと，そう言ってる間にもう王様と女王様が来ちゃったよ！	

アシェの音楽。上手からオーベロン，下手からタイターニアがダンスしながら登場。続いてお供の妖精たちも登場。タイターニアと オーベロンが二人で踊る。

タイターニア	Nada melhor do que um carnaval fora de época. Seria perfeito se fosse no Brasil em São Salvador! Dancem mais, minha gente! Dancem o Axé !	季節はずれのカーニバルはなんて気持ちが良いのかしら。しかも，ブラジルのサルヴァドールでやったら完璧なのに！ みんなもっと踊って！ アシエを踊って〜！	
一同	Oxalá! Oxalá!	オッシャラー！ オシャラー！	

字幕「ブラジル出身の妖精王オーベロンと女王タイターニアは，顔を合わすと夫婦ゲンカ」

オーベロン	Então nos encontramos mais uma vez sob a Luz da Lua, orgulhosa Taitania	月夜にまずい出会いだな，高慢なタイターニア
タイターニア	Ora, Oberon o grande invejoso! Vamos lindas fadas, pois fiz um juramento que não ficaria perto da cama dele e nem dele.	あら，嫉妬深いオーベロン！ 妖精たち，行くわよ，あの人のベッドにもそばにも近づかないと誓ったのだから。
オーベロン	Espere Taitania! Você deveria me respeitar um pouco já que sou seu marido!	待て，タイターニア！ ちょっとは夫である俺に敬意を払ったらどうだ！

字幕「自分の浮気を棚に上げ，相手の浮気を責め合っている」

タイターニア	Ah! Então tenha respeito por mim também! Você saiu do reino das fadas e foi se divertir na festa dos humanos seduzindo mulheres! Vive se divertindo com aquela mulher amazonas Hipolita e quando se	あら！ だったらあなたも私に敬意を払いなさいな！ あなたは妖精の王国を飛び出して人間のパーティーを楽しみ，女を

		cansa empurra para o Theseus. Fez direitinho não é não?	口説いているじゃない！ あのアマゾン女のヒポリタもさんざんもて遊んで，飽きたらシーシアスに押し付ける。うまい具合にやったものね！
オーベロン		Tenha vergonha, Taitania! Você também me traiu se divertindo várias vezes com o Theseus não foi?	恥を知れ，タイターニア！ おまえだってシーシアスとの浮気をさんざん楽しんだじゃないか。
字幕「この二人がケンカすると地球温暖化や経済不況，口てい疫が起こり，人間はいい迷惑……」			
タイターニア		Ora, não invente coisas só por conta do seu ciúme! Não vê que nossas discussões têm causado uma má influência ao planeta terra? Aquecimento global, crise econômica e até febre aftosa. Por causa de nossa discussão, acontecem várias tragédias!	嫉妬で勝手な妄想を作り出さないで！ 私たちがこうしてケンカするせいで，地球に悪影響を及ぼしてることがわかってるの？地球温暖化とか，経済不況とか，口蹄疫とか…。いろんな悲劇が起きる原因は私たちのいさかいよ！
オーベロン		Ora, então vê se você muda! Basta voltar para este adorável marido e tudo vai ficar bem!	それならおまえが改めろ！ おまえが，この素敵な夫のもとに戻ってくれば，すべては上手くいくんだ。
タイターニア		Faça alguma coisa você! Por quanto tempo ainda pretende ficar me atrapalhando? Não percebe que estou farta? Não quero mais viver com você. Não	あなたがどうにかしなさい！ どれくらい長く私の邪魔をしているつもりなのよ？ 私が

	quero mais saber de suas bagunças, chega de suas cuecas e meias sujas por todos os lados... já estou cansada de fingir que não percebia as mensagens de outras mulheres no facebook. Chega! Vamos minhas meninas.	うんざりしているのがわからないの？あなたと一緒に暮らす気はないわ，いつも散らかしているし。汚い靴下や，パンツがいつも散らかっていて，他の女からくる Facebook のメッセージを知らないふりをするのも疲れたの。もういいわ！妖精たちいくわよ。
タイターニアとお供の妖精，下手へ退場。		
オーベロン	Vá Titania, pode ir, mas não pense que vou deixar isto assim, a senhora não saíra deste país sem me pagar por este insulto.	ええい，勝手に行くがいい。だがこの侮辱の仕返しをするまでこの森から一歩も出さんぞ！
パック子	やれやれ，今日も派手なケンカだったねえ。	
パック妻	私，知ってるわ。女王様はシーシアスの結婚が面白くないのよ。ちょっと前まで自分の愛人だったからね。	
パック	アマゾンのヒポリタもオーベロン様の愛人だったからなぁ。	
オーベロン	Puck! Puck! Venha aqui!	パック！パック！ここへ来い！
パック妻	あんた，王様が呼んでるわよ！	
パック子	お父ちゃん，仕事だよ！	
オーベロン	Existe uma flor encantada que é capaz de fazer qualquer pessoa se apaixonar a primeira vista, basta que se deite o sumo desta flor nos olhos da pessoa dormecida. As raparigas chamam esta flor de "Amor Ardente". Quero que você me traga esta	パック，ここへ来い！「浮気草」と呼ばれる花を取ってくるのだ。そのつゆを眠っているまぶたにたらせば，目覚めて最初に見るもの

	flor e eu vou usá-le em Titania e ela vai se apaixonar por qualquer criatura que vir primeiro, seja ela urso, vaca ou lobo! Ha!Ha!Ha!	に恋をする。その花を摘んでタイターニアの目に垂らしてやるのだ。熊でも牛でも狼でも恋に狂って追い回すが良い。
パック子	（パック妻に）聞いた？　ほれ薬の花を取ってきて，その汁をタイターニアの目に塗れ，だって！	
パック妻	えええええっ！！？ （オーベロンに睨まれ）浮気草を奥様に塗るんですか，いいですねぇ，お日柄もよくって。ホホホ。	
オーベロン	Vá... e traga-me esta flor!!!	行け！　花を摘んだら大急ぎで戻って来い！！
パック	……40分で地球を一回りするパックです。（と言いつつ，やる気なさそうにゆっくり歩いていく）	
オーベロン	Vai logo !!	早く行くんだ！
パック妻	あんた，これ！（馬の頭がついたつえをパックに渡す。）	
パック，馬のつえにまたがって，ちょっとだけ急ぐ。上手へ退場。		
オーベロン	Escuto vozes...vem vindo alguem...	おっ，誰か来たぞ。人間だな。
ヘレナ（J）とディミートリアスが下手から登場。		
オーベロンは平台の下手側に隠れる。パック妻子，上手の張り出し舞台に潜む。		
ディミートリアス	君なんか愛していないんだ，さあ，帰ってくれ，田舎者！ ライサンダーとハーミアはどこだろう？この森に逃げたと思ったけど，見るのは木ばかりで気が狂いそうだ。いつまでも人の後をついて来ないで，とっとと帰れ！	

ヘレナ（J）	あなたが磁石のように私を引きつけるのよ。磁力で私は自然に引きつけられるだけ。		
ディミートリアス	どうかしてるじゃないか，君を愛してもいない男を追いかけ回すなんて。しかもこんな暗い森で，どんなひどい目に会っても知らないぞ。		
ヘレナ（J）	あなたは私の世界のすべて。恐れるものは何もないわ。		
ディミートリアス	俺は逃げるぞ，君は熊でもチカンでも好きに襲われるといい。		
ヘレナ（J）	ひどいわ，私を置き去りにして行くの？		
ディミートリアス	もちろんだ。おれは一人で行くぞ。		
ディミートリアス，下手へ退場，泣きながらヘレナ（J）も後を追って退場。			
オーベロン	かわいそうに。Deste bosque ele não sairá sem antes se queixar por que você foges dele!	この森から出る前に，恋の鬼ごっこを逆にしてあげよう。	
パックが花を持って上手から戻る。ヨロヨロになってるので，パック妻子が支えに行く。			
オーベロン	Trouxe a flor?	花は取ってきたか？	
パック	はい，花を取ってきました。		
オーベロン	Vou surpriender Titania adormecida e pingar em seus olhos o sumo desta flor...Você deve procurar na floresta uma donzela desprezada por seu amado e pingar nos olhos dele o sumo desta flor... de forma que quando este acordar se apaixonará perdidamente pela donzela que outrora desprezou.	よし，この花の汁をタイターニアのまぶたにしたらせてやろう。おまえはこの森に迷い込んだ片思いの娘を探し出し，相手の男の目に塗ってやれ。目覚めたときにはその娘に恋に落ちるようにするのだぞ。	
パック	……ちょっと休憩してから……（上手の張り出し舞台に寝に行こうとする）		
パック妻	（パックの首根っこをつかまえる。オーベロンに向かって）さっきの男に花の汁		

	をたらして，田舎娘の恋をかなえてやるんですね。まかせてください，王様。（パックに）あんた，行くんだよ！	

パック妻，パックの尻をたたいて仕事に行かせる。
パックは花の汁をたれ流していることに気づかないまま，トボトボ上手へ歩く。

パック妻	あんた，花がたれてるよ！（パック，あわてて鼻水をぬぐおうとして）鼻水じゃないよ，花の汁だよ！！	

パック，うんざりしながら花の汁をこぼさないようにヨロヨロ上手へと退場。パック妻子もあとに続く。
オーベロンも上手に退場。明かり，やや暗くなる。

シーン5　［妖精の森②］

タイターニアが下手から登場。その後ろから，おつきの妖精がタイターニア専用の豪華枕を持って登場。

タイターニア	Que canseira!!! Toda esta discussão me deixa Louca, meninas aprontem minha cama pois quero descançar, podem fazer suas tarefas não se preocupem, me deixem repousar.	あぁ疲れたわぁ。夫と言い合いすると気が狂いそうになる。妖精たち，私のベッドを準備して。すごく疲れたの。ベッドを作ったら音楽を奏でてちょうだい。私を優しく眠らせておくれ。

妖精たち，枕を平台の上に置いてタイターニアの寝床を整える。
妖精の奏でる音楽を聴きながら，タイターニアは眠りにつく。

妖精の歌と演奏

妖精たちは，タイターニアにアイマスクを着けて立ち去る。
浮気草を持ったオーベロンが上手から現れてタイターニアにそっと近寄り，花のしずくをたらそうとする。

字幕「タイターニアが目覚めてすぐ見たものに恋をするように，オーベロンは浮気草の汁をたらす」

オーベロン	O primeiro que enxergar quando despertar amarás de coração, seja urso, gato ou leão. Farás dele o teu querido; terás o	（アイマスクの上から花のしずくをしぼりながら）目覚めるものが

		peito rendido com as setas de Cupido.	何であれ，それがおまえの恋人だ。それにたちまち恋こがれ，山猫であれ，熊であれ，その目に恋人と映れ。化け物来るまでよく眠れ。
タイターニアはオーベロンの気配に気づき，花を持った手を掴んでアッパーをくらわせる。（一連の動きはスローモーション）			
字幕「ところが，タイターニアはアイマスクをしていたので魔法が効かない。仕返しにオーベロンに汁をぬる。」			
タイターニア		Mas você heim? Tentando me enganar com o mesmo truque. Agora é a minha vez! .... Ok, assim tá bom!!	まったくこの人は！また同じ仕業をつかって私をだまそうとしたわね。今回は私の番よ！……これでよし！！
タイターニアはオーベロンを横たわらせ，花の汁を塗りたくる。			
タイターニア		Incrível, esta máscara de olho que ganhei da mãe de santo da Bahia. Ela disse que vai me proteger de todos os males. E é verdade! (Amaldiçoando o Oberon) Quem quer seja que vá despertar, será seu amante. Que se apaixone num abrir e fechar de olhos. Que seja um gato, urso, que reflita como amante em seus olhos. Durma bem, até a chegada do monstro.	すごいわぁ，バイアの母からもらったアイマスクは。私をあらゆる不幸から守ってくれると言ってたけど，本当ね！（オーベロンに呪いをかけながら）目覚めるものが何であれ，それがおまえの恋人だ。それにたちまち恋こがれ，山猫であれ，熊であれ，その目に恋人と映れ。化け物来るまでよく眠れ。
タイターニア，妖精にオーベロンの始末を言いつけ，高笑いしながら下手へ退場。			

妖精はオーベロンを平台の後ろ，舞台奥に引きずって移動させ，タイターニアの枕を持って下手へ退場。
暗転。

	シーン6　［森の別の場所］	
やや明るい森の映像。		
しばらくして，照明がフェードイン。		
町内会メンバー，下手から登場。		
レカ	Estão todos aqui? Bem na hora, o parque é todo nosso. Vamos ao ensaio! Vamos fazer como se fosse o dia da apresentação! Merda!	みんな，そろってる？時間通りね。公園は私たちが占領しているわね。じゃあ練習しましょう！　本番だと思って練習しましょう！メルーダ！
全員	メルーダ！ （注：Merdaとはポルトガル語で，直訳すると「馬の糞」の意。英語の「Break a leg」と同じ慣用句で，舞台に立つ人に向けて，演技がうまくいくようにと応援する時に使う言葉）	
フィル	レカ，まず僕の作ってきた物語を発表していいかい？	
レカ	Ok...vamos todos ouvir e ver se serve para celebrar as bodas do Duque.	いいわよ，公爵様のお祝いにふさわしいかどうか，みんなで聞いてみましょ。
フィル	OK，じゃ，ちょっとやって見せるよ。場所は病院で，ある女の子が白血病で死んでいく話。 じゃ，みほが病気の女の子ね。パープルはお母さん，セルソはお医者さん。アッキーは看護師さん。はい，じゃ，みほはそこに寝て。お母さんは横に座って。 少女の白血病は治る見込みがなくて，彼女の魂はこの世に別れを告げようとしている。	

3. 多文化共生プロジェクト 2010『夏の夜の夢』

	でも、少女のお母さんはそのことを受け入れられなかった。娘はそのうちよくなるって信じたかったんだ。ここでセルソ、アッキー、入ってきて。お医者さんは「その望みはかなえられないから、残された短い時間を娘と大切に過ごすように」って言うんだ。この物語で僕が書きたかったことは、お母さんが少女の死を受け入れるまでの心の変化なんだ。悲しい物語だけど、ポジティブなメッセージだよ。どんなにつらい時でも、物事には必ずいい面がある。だから、失うものだけに目を向けていてはダメだ。	
セルソ	（セルソ、アッキーは泣きながら拍手して）美しい話だね、フィル。ぼくは感動したよ。	
パープル	でも、フィルがそんな物語を作るなんて意外だったわ。	
みほ	アクションものとか、ハードボイルド系かと思った。	
アッキー	いつ作ったの？そんな話し。	
フィル	僕が病気した時に、いっぱい物語を考えたんだ。	
パープル	フィルが病気？！風邪も引かないように見えるのにね。	
レカ	Olha…Realmente…A história é muito bonita…mas acho que é melhor uma história de amor pois trata-se da celebração do aniversário de casamento do Duque.	そうね、すごくきれいな話しだけど、公爵様に見せるのはやっぱりラブストーリーがいいと思うわ。結婚のお祝いだからね。
セルソ	そうだね、僕はとっても好きだけど、お客さんはみんな泣いちゃうかもしれないね。	

アッキー	そうだ、前口上を入れたらどう？「雄々しい恋人ピラマスを演じるフィルは、実はこんな心打たれる物語を書いています。悲劇『ピラマスとシスビー』を見る前に、彼の書いた一人の少女の話しをお聞き下さい」って。	
パープル	それはいいかもしれないわ。猛々しいピラマスが、実は心優しい青年が演じてると知れば、公爵様も褒美をはずんでくれるかもしれないしね。	
レカ	OK. Vamos fazer as duas, a história do Phill e do Piramo. Depois eu penso num prólogo.	OK、じゃ、フィルの話しとピラマスの二本立てでやってみましょ。前口上は後で考えるわ。
フィル	前口上はあと？　じゃ、まずピラマスの練習だね。	
レカ	Certo... Celso, primeiro saia da parede!	そう。まずは壁から出てきて、セルソ。
セルソ	えっ、僕が最初？　自信ないなぁ……。	
セルソは布をかぶって壁になり、平台に上がる。		
パープル	（リュウに）あんたは、アッキーが連れて歩くから大丈夫だよ。	
パックが上手から登場。相変わらず花の汁をたらしたまま、ディミートリアスを探して歩き回っている。		
パック	ああ、疲れた。男はちっとも見つからない……。ちょっと、ここで休憩していこう。馬も休憩。（馬の頭をつえからはずし、頭をなでる）よしよし。	
パック、馬の頭を横に置いて眠りこける。		
レカ	Ok, agora... Phill e Akkie saiam trazendo o Ryu	OK、じゃフィルと、アッキーはリュウを連れて出てきて。
フィル、平台の上手側に上り、馬のふりをするリュウと御者アッキーは平台の下に立つ。		

フィル	おお、シスビー！ 花のように美しく、香りもうるわしいシスビーよ。そうだ、シスビーのために、シスビーのように美しい花を取ってこよう。	
フィルはパックが眠る張り出し舞台の近くに行き、花を探す。		
レカ	Phil...não vá muito longe... Tisbe é a sua vez! Miho!	フィル、遠くに行かないで！ 次はシスビーの出番よ。みほ！
みほは下手側から平台に上る。フィルはパックの寝ている所へ行く。		
みほ	おお、壁よ、私のうれいを知る壁よ。ピラマスと私を引き離す無情の壁よ。（セルソの胴体部分をなでながら）私の唇は何度おまえに触れたことだろう、ピラマスには触れることのないこの唇が。	
レカ	Celso,...não ria!..Phill, continua a sua fala	セルソ、ニヤニヤしない！ フィル、セリフを続けて。
パープル	ニヤニヤしちゃって、ったくもう。	
レカ	Phill!	フィル！
フィル	おお、恐ろしげなる夜よ、おお黒々とした夜よ、おお、昼間でない夜よ、私のシスビーは約束を忘れたのか。いつになったらシスビーは壁から姿を見せるのか。	
パック	なんだ、うるさいな。寝られないじゃないか。	
パック、寝ぼけながらフィルに馬の頭をかぶせて黙らせ、また寝る。		
レカ	Miho！	みほ！
みほ	光り輝くピラマスよ、男にあるべきその度胸、女も欲しいその卑怯、疲れを知らぬ若駒に、劣らぬあなた頼もしい	
フィル	その声は、シスビーか？	
みほ	私のいとしいピラマスなの？	
みほ、壁のセルソを押しのける。フィルは駆け寄り、みほを抱きしめる。		
フィル	おお、シスビー、シスビー。もう我慢出	

	来ない！（みほに迫る）	
みほ	（馬面のフィルを見て）ギャアアアア！！馬！馬！！？	
リュウ	馬は僕だよ。	
フィル	なに言ってるんだ，僕だよ，フィルだよ。	
パープル	なによ，その頭！？　どこで拾ってきたのよ？	
フィル	なんだ，どうしてみんな，そんな風に僕をみるんだ。そうか，みんなで僕をからかってるんだな！　そんなことでだまされないぞ！	
レカ	Phil... Você não tá entendendo... não é nenhuma brincadeira!... É sério!	フィル，わかっていないわね。ふざけてんじゃないのよ。本当なのよ！
フィル	（馬のいななき）	

一同顔を見合わせ，「呪いだ！」「フィルが化け物に取りつかれた」「馬になった」などなど口にしながら逃げ去る。

フィル	覚えてろよ！　だまされないからな。僕が馬になるわけないじゃないか！　よーし，歌でも歌って，ちっとも気にしてないところを見せてやる！	

フィルは大声で歌を歌う。
歌を聞いて，平台の陰で眠っていたオーベロンが目を覚ます。

オーベロン	Que anjo me desperta de meu leito?	どんな天使が僕を起こしたんだ
フィル	誰だ，こいつは？	
オーベロン	Canta novamente, gentil criatura de tão belas formas, te peço. Tua voz os ouvidos me enamora, com o teu corpo os olhos me arrebata... e eu só posso dizer que te AMO!!!!	もう一度歌ってくれ，美しい人。あなたの声は僕をとりこにする。あなたの美しさは言葉で言い表せないよ。
フィル	あの，悪いけど，君が何を言ってるのか僕にはよくわからないよ。もしわかった	

	としても，理性と愛は最近仲良くないから，僕たちがわかり合うこともないね。	
オーベロン	É claro... como você quizer!... Só uma criatura tão bela poderia ser assim uma pérola de sabedoria!... Mas cante novamente bela criatura com sua linda voz de sereia...	あぁ，あなたはなんと利口な人なんだ！　もう一度歌ってくれ。その人魚のように美しい歌声を！
フィル	なんだか僕に好意を持ってくれたみたいだね。そうだとしても，期待にこたえられないな。ごめんね。	
オーベロン	AH! Ora não se faça de desentendida, assim linda criatura só aumenta meu desejo de ter contigo!	恥ずかしがりやなんだな。もう君を森から逃がさないよ。
オーベロンがフィルを追いかけ回す。フィルは必死で逃げ回る。		
フィル	だれか！！　助けて！	
上手からパック妻子がこぼれた花の汁を必死で回収しに来る。		
パック妻	父ちゃんのこぼした花の汁があっちこっちに……！ （オーベロンを見つけ）なんで王様が馬に迫ってんの！？	
パック	（寝ぼけながら）え〜？	
パック子	魔法の汁が，王様にもついたのかな。	
パック妻	あんたが花の汁を垂れ流すから，そこらじゅうの恋人がひっちゃかめっちゃかになってるじゃないの！	
パック子	父ちゃん，最悪！！	
オーベロンはフィルに迫りながら，下手に退場。		
パック妻	ほら，そこから恋人たちが来たよ。	
上手から恋人たちが登場。パック・ファミリー，張り出し舞台に避難する。		

シーン7　［森の恋人たち］

上手からハーミア（J）とライサンダー（J）が登場。
途中，妖精たちが毛糸を持って登場。

ハーミア（J）	ひどいじゃない，ライサンダー。どうして私を森の中に置き去りにしたの？	

ライサンダー（J）	どうしてじっとしていられるだろう，愛が行けと命じるのに？	
ハーミア（J）	私のそばから離れさせるなんて，どんな愛なの？	
ライサンダー（J）	ライサンダーの愛だ，美しいヘレナが引き寄せてやまないんだ。なぜ追いかけてきた。君を置き去りにしたのは君を嫌いになったからだって，どうしてわからないんだ？	
下手からヘレナ（J）登場。		
ライサンダー（J）	（ヘレナを見つけて）おお，ヘレナ！ 愛しい君のためなら火の中に飛び込みもしよう。純朴で可愛いヘレナ！ ディミートリアスはどこだ？ ええい，いまいましい，この手で片をつけてやる。	
ヘレナ（J）	何言ってるの？ ライサンダー。あなたはハーミアと両思いじゃない。ディミートリアスのことは放っておいて，自分の幸福に感謝しなさい。	
下手からディミートリアス登場		
ディミートリアス	おお，ヘレナ！ 僕の女神，僕の天使！ 君の瞳を何に例えよう！雪のように白い，僕を幸福に導くその手にキスさせて欲しい。	
ヘレナ（J）	何よ，何よ！ わかったわ，二人でグルになって私を笑いものにしてるのね。ハーミアにぞっこんのくせに暇つぶしに私を弄ぶなんて，あんたたちには人の心のかけらもないのね。	
ライサンダー（J）	ヘレナ，ぼくは君を愛してる，命にかけて。	
ディミートリアス	いや，こいつよりはるかに僕は君を愛している。	
ライサンダー（J）	言ったな，よし向こうで決着をつけよう。	

ディミートリアス	おお，来るか！	
妖精が恋人たちに毛糸を絡めていく。途中，妖精ティティは恋人たちの中に混ざる。		
パック妻	すごい，逆三角関係になってる。	
パック子	お父ちゃん，今度はこっちから別の恋人たちが！	
パック	どうしよう……	
パック子	お父ちゃん！　しっかりしてよ！	
上手からハーミア（C），ライサンダー（C）が登場		
ハーミア（C）	拉山德，这一切究竟是怎么一回事呢？	ライサンダー，どうなるの？
ライサンダー（C）	走开，你这黑鬼	放れろ，エチオピア女！
ハーミア（C）	为什么你变得这样凶暴？究竟是什么缘故呢，爱人？	どうして急にそんなに乱暴になったの，ねえ？　私の大事なあなた
ライサンダー（C）	你的爱人！走开，黑鞑子！走开！可厌的毒物，叫人恶心的东西，给我滚吧！	大事なあなた！　ばか言うな，ダッタン女！消えちまえ，薬のようにいやな，毒のように呪わしい女！
パック妻	あんた，中国にも花の汁を撒いたようだね。	
パック子	どこまで行っとんねん！	
パック	40分で地球を一回りするパックです。	
ハーミア（C）	啊！还有什么事情比之你厌恨我更残忍呢？厌恨我！为什么呢？天哪！究竟是怎么一回事呢，我的好人？难道我不是赫米娅了吗？难道你不是拉山德了吗？我现在生得仍旧跟以前一个样子。就在这一夜里你还曾爱过我；但就在这一夜里你离开了我。难道你真的——存心离开我吗	まあ，きらいと言われるほどひどい傷があって？　きらいですって，私が！　どうして？　何があったの？私はハーミアではないの？あなたはライサンダーでは？　私はいまだってきれいでしょ

			う，前と同じように。ゆうべまでは愛してくださったのにゆうべ私を捨てた，とすれば，あなたが私を捨てたのは——ああ，あれは本気だったというの？
ライサンダー（C）		一点不错，而且再不要看见你的脸了；因此你可以断了念头，不必疑心，我的话是千真万确的：我厌恨你，我爱海丽娜，一点不是开玩笑。	本気だとも，いのちにかけて。もう二度ときみの顔なんか見たくなくなったんだ。だから希望を捨て，質問をよし，疑惑をやめるがいい。これ以上確かな事実はないのだ。冗談ではないぞ，ぼくが君をきらい，ヘレナを愛していることは。
パック妻		あら！　あっちからも来た！	
下手からハーミア（E），ヘレナ（E）が登場			
ハーミア（E）		O me! you juggler! you canker-blossom! You thief of love! what, have you come by night And stolen my love's heart from him?	まあ！　この女魔術師！　花をむしばむ毒虫　恋泥棒！　そう，あなたはゆうべ夜中に忍んで来て，私の恋人の心を盗んだのね？
パック子		今度はアメリカ？　イギリス？	
ヘレナ（E）		Fine, i'faith! Have you no modesty, no maiden shame, No touch of bashfulness? What, will you tear Impatient answers from my gentle tongue? Fie, fie! you counterfeit, you puppet, you!	すてきなお芝居ね，ほんと。あなたにはもうつつしみも，乙女の恥じらいも，頬を染める内気さもないのね？私のやさしい口から腹

3. 多文化共生プロジェクト2010『夏の夜の夢』

		立ちまぎれの返答をはかせようって言うんでしょう？　ひどい，ひどいわ，人間じゃないわ，あやつり人形よ。
ハーミア（E）	Puppet? why so? ay, that way goes the game. Now I perceive that she hath made compare Between our statures; she hath urged her height; And with her personage, her tall personage, Her height, forsooth, she hath prevail'd with him. And are you grown so high	あやつり人形？　ああ，そう？　それを言いたいの？　やっとわかったわ，この女は二人の背丈を比べ合わせていたのね，自分の背の高さで，あの人の心を奪ったのだわ。あなたはあの人に高く評価されるようになったのね，私がチビで低いことをダシに使って，そうでしょう？　私がどんなに低いって言うの，ペンキ塗りたての高い高いのっぺらぼう？　私がどんなに低いって言うの？　低いと言ってもこの爪はあなたの目に届くわよ。
ヘレナ（E）	I pray you, though you mock me, gentlemen, Let her not hurt me: I was never curst; I have no gift at all in shrewishness; I am a right maid for my cowardice: Let her not strike me. You perhaps may think, Because she is something lower than myself,	ねえ，お二人が私をからかうのはかまわないけど，この人に乱暴させないで。私は決して喧嘩っ早い女じゃない，じゃじゃ馬じゃない，ただの気が弱い小娘に過ぎない。だからこの人に私をぶたせな

		That I can match her.	いで。もしかしたらあなたがたは私も十分太刀打ち出来るとお考えかもしれないけど、この人のほうが少し背が低いから。
ハーミア（E）		Lower! hark, again.	背が低い！　ほらまた！
ライサンダー（J）		心配はいらんぞ，ヘレナ。この女に手出しはさせん。	
ディミートリアス		おお，させるものか，おまえがこの女に味方しても。	
ヘレナ（E）		O, when she's angry, she is keen and shrewd! She was a vixen when she went to school; And though she be but little, she is fierce.	この人は怒るとかっとなって手が早くなるの，学校時代から雌狐のように喧嘩好きだったわ。気性が激しいのよ，からだは小さいけれど。
ハーミア（E）		Little' again! nothing but 'low' and 'little'! Why will you suffer her to flout me thus? Let me come to her.	また小さいですって！低いとか小さいとか，何よ！　私をこんなにバカにしてるのに黙って見てる気なの？　放してよ，その女のそばに行かせて。
ライサンダー（C）		滚开，你这矮子！你这发育不全的三寸丁！你这小珠子！你这小青豆！	消え失せろ，このチビ，未熟児，地上最小の女，豆粒，ドングリ！
上手から，フィルがオーベロンに追いかけられながら平台の上へ。			
フィル		だれか！！　助けて！	
オーベロン		Eu te amo!	愛してるよ！
オーベロンはフィルを捕まえ，平台の上でレイプする。その間，全恋人たちがののしりあう。			

妖精の持つ毛糸は，蜘蛛の巣のように恋人たち全体に絡みついている。
ののしり合いがしばらく続いた後，オーベロンのエクスタシーの叫び声が響きわたり，全員フリーズ，一瞬の沈黙。

全恋人たち	どうなったのかさっぱりわからないわ，私には。 我简直莫名其妙，不知道说些什么话好。 I am amazed, and know not what to say.	
パック妻・ パック子	お父ちゃん！！！	

パックはガックリと首を垂れる。
照明，カットアウト。全員，舞台上でフリーズ。暗転。

シーン 8 ［ドキュメンタリー］

全体にうす暗い照明がフェードイン。
ハーミア（E）にスポットライトがあたる。
ハーミア（E）は毛糸を静かにほどき，ウェンディに戻る。
スクリーンには字幕（グレーの網掛け部分）。

ウェンディ	Hi, I'm Wendy, from America.	私の名前はウェンディ，アメリカ人。
	Unlike these people, I don't need magic fairy dust to decide my destiny.	私は運命を変えるのに，魔法の花なんかいらないわ。
	I am engaged to a Scottish man.	最近，スコットランド人の恋人と婚約したの。
	This engagement did not come about in the traditional way.	交際にこぎつけるには，努力したわ。
	Our relationship started because I asked him out.	私から彼に迫ったの。
	I kissed him first, I said, "I love you," first	まず，私が彼にキスして「愛してる」って言った。
	and he said, "Really."	彼は「本当に？」って驚いたわ。
	Now I did wait for him to propose, but I got	それからずい分長くつ

		tired of waiting and one night I couldn't take it anymore.	き合ったけど、なかなかプロポーズしてくれなかった。
		I exploded, I hit him, yelled and screamed, "Why won't you ask me to marry you?!"	ある日私はキレて、「なぜプロポーズしないのよ！」って彼をぶん殴った。
		Turns out he wanted to ask anyway, but he was scared.	そしたら、「君にプロポーズして断られるのが怖かった」だって。
		I take control of my future.	私は自分の力で自分の未来を変えるの。
ウェンディは下手に退場。ヘレナ E を演じていたヴィッキーがセンターに出る。			
ヴィッキー		Hello, I'm Vicky. I come from England.	私の名前はヴィッキー。イギリスから来たの。
		At first the idea of a magic flower to help you find love, seems like a dream come true	魔法の花は、夢をかなえてくれるように見えるけど、
		but as you can see from these characters magic can sometimes go very very wrong.	本当はあの恋人たちみたいに、物事をややこしくするだけ。
		I understand that magic can't solve my problems, only I can.	問題を解決出来るのは自分だけ、魔法じゃないわ。
		If I used the magic flower on the man I like, I wouldn't be happy,	もし、私が自分の好きな人に花の魔力を使ったら、
		I would never be confident that he truly liked me.	彼に愛されることで、かえって自信を失う。
		It would be purely physical like Oberon and Bottom,	妖精王と馬のカップルのような、情熱的な体の結びつきは
		not that there is anything wrong with a nice passionate 'hug' it just doesn't always mean	「愛」を意味するものではないから

3. 多文化共生プロジェクト 2010『夏の夜の夢』

	love.	
ヴィッキー，下手に退場。		
ライサンダーC を演じていたイチに照明があたる。		
イチ	僕の名前はシイチ。夢のために台湾から日本に来た留学生。僕の夢は車の修理士になること。だから日本に留学することにした。でも僕はライサンダーのように親を捨てて恋人と逃げるなんて考えられない。親は僕のために留学のお金を作ってくれた。だから，僕は恋人より親が大事。恋人は代わりがいるかもしれないけど，親は取り替えることが出来ないから。	
イチとハーミア（C）は，上手に退場。		
ハーミア（J），ヘレナ（J），ディミートリアス，ライサンダー（J）は下手にはける。		
妖精を演じていたティティに照明があたる。		
ティティ	我叫韩婷。今年20岁。因为研修而来到日本,	私の名前はティティ，20歳です。中国から外国人研修制度で日本へ来ました。
	现在，男朋友在中国	今，中国に恋人がいます。
	我们将要分别三年，即短暂又漫长的三年	これから3年間会えないので，長い3年になると思います。
	回国后为了和他在一起,	研修が終わったら中国に帰って彼と結婚したい。
	但是父母不同意，所以现在必需努力。	でも私の両親は，彼とつきあうことを快く思っていません。
	我既想孝敬父母又想和他们在一起，希望通过和他的努力,	親孝行したい，でも彼とも一緒にいたい。彼と一緒に手をつないで

			前に進みたい。
		改变父母对我们的爱情的看法，相信在我们的努力之下，	両親の考え方少しでも変えるため，努力します。
		会有好的结果，我们一定会努力去营造美好的明天。	自分たちの努力でよりよい未来を切り開きます。

ティティは上手に退場。
タイターニアを演じていたヨハナが，下手から歌を歌いながら登場。平台２段目のやや上手寄りで話し始める。

ヨハナ	Eu sou Taitania , a rainha das fadas.	私はタイターニア，妖精の女王。
	Mas meu verdadeiro nome é Yohana, sou brasileira.	でも，私の本当の名前はヨハナ，ブラジル人。
	E é claro que não possuo poderes mágicos.	もちろん魔法なんて使えないわ。
	Desde de pequena eu sempre me senti uma menina e este sentimento foi crescendo junto comigo.	小さいころからいつも自分が女だと感じ，その気持ちと共に成長したの。
	Eu sou uma mulher no corpo de um homem!	心は女性だけど，身体は男性。
	Quando eu era pequena, não entendia porque as pessoas judiavam de mim.	子どもの頃，どうして周りの人々が私をいじめるのか理解できなかった。
	Podemos até sofrer agressões por alguma coisa errada que fazemos	悪い事をしたら暴力を受けるのかもしれないけど，
	Mas porque eu era agredido se eu não fazia nada de errado?	私は何も悪い事もしていないのに，なぜ暴力をふるわれるの？
	Eu pensei e cheguei a conclusão que isto acontecia porque aquelas pessoas não	悩みぬいた結果は，人々は「敬意」を知ら

tinham "respeito"	ないのだということだった。
"respeito" pelo que eu sou.	私という人格に払う「敬意」を持たないのだと。
Sei que não foi fácil para a minha família me aceitar, mas eles me amaram e souberam me respeitar	家族にとっても私を理解をすることは困難だったけど，彼らは私を愛し，そして敬意を払ってくれた。
Hoje sou uma pessoa feliz porque venho conquistando o meu espaço aqui no Japão.	今，私は日本で自分の居るべき場所を見つけ，幸せを感じる。
Tive experiencia ruin no Brasil.	ブラジルでは，つらい経験をしてきた。
No mundo todo o preconceito é muito grande e por vezes isso leva à violência.	差別は地球上に広がり，時に暴力へとつながる。
Mas aqui no Japão eu consegui uma vida mais tranquila e estável.	でも，日本で私は安心で，安定した生活を送れている。
Aqui eu trabalho, tenho meu próprio dinheiro e com esse dinheiro comprei o meu primeiro vestido.	私はここで仕事をし，お金を稼ぎ，そのお金で初めてのドレスを買うことが出来た。
Não sou como a Titania, não preciso de flor mágica para mudar o sentimento das pessoas.	私はタイターニアのように，人々の気持ちを変えるための魔法の花なんて必要ない。
As pessoas que não conseguem entender o meu modo de vida, não precisam entender.	私の生き方を理解出来ない人は，理解しなくていい。
As pessoas que possuem algo "diferente", enfrentam uma situação complexa.	「違い」を持って生きる人々は，それぞれに複雑な事情を抱えてい

		る。
	Quero que saibam que a coisa mais necessária para se viver é o "respeito".	生きる上で一番必要なものは、「敬意」だと知ってほしいだけ。

ヨハナは、平台で倒れているフィルの馬のマスクをはずしてやって、追い払う。その横で倒れているオーベロンを抱き起して抱擁する。
照明、フェードアウト。
ヨハナとオーベロンは下手にはける。

シーン9　[音と映像のコラボ]

映像と音楽のコラボレーション。
照明はミュージシャンのエリアのみ。森の映像が次々と変化していく。
暗闇の中、妖精が毛糸をはける。
映像と音楽のコラボレーションが終わると、リュウが下手からダンスしながらセンターへ出てくる。

| リュウ | 僕は障がいがあります。小さい時、それでいじめられました。嫌なことはじっと見られることです。僕は国際交流をやっています。劇をやっています。僕は自立したいです。マッサージをやりたいです。結婚をしたいです。魔法の花があったら、彼女につけたいです。友達いっぱい欲しいです。 | |

明かりがフェードアウトする中で、リュウは下手に退場。入れ替わりにヘレナ(J)、ディミートリアスが下手から、他の宮廷人が上手から入ってくる。

シーン10　[エンディング]

シーシアス、ヒポリタ、イージアスカ、ハーミア(J)、ライサンダー(J)、ヘレナ(J)、ディミートリアス、フィロストレイコが舞台上でスタンバイ。
照明カットイン。

| ヒポリタ | A história daqueles amantes, é muito estranha não, Theseus? | シーシアス、不思議ね。あの恋人たちの話しは。 |
| シーシアス | フィロストレイコ、愛しのヒポリタは何と申しているのだ？ | |

フィロストレイコ	恋人たちに昨晩起こった出来事は，とても不思議だと申されております。	
シーシアス	恋する者たちは想像力のかたまりだから，ありもしない幻を作り出すのだ。僕は妖精とかおとぎ話は信じないね。	
ヒポリタ	Contudo, as ocorrências desta noite, tal como eles as contam, e as mudanças por que todos passaram, testificam algo mais do que simples fantasia, que certa consistência acaba tendo, conquanto seja tudo estranho e raro.	昨日の恋人たちには想像力とはいえない，何かこの世の大きな力が働いたように思われるわ。
フィロストレイコ	恋人たちに起こったことは想像力とはいえない，何かこの世の大きな力が働いたようで不思議だ，とおっしゃってます。	
シーシアス	イージアスカ，こうなれば仕方がない，この二組の結婚を認めてやりなさい。	
イージアスカ	残念ですが，仕方ありませんね。人智の及ばぬ世界で「人種」だの「国籍」だの言っても始まらないでしょうから。	
フィロストレイコ	ところでシーシアス様，町内会の者たちがご結婚のお祝いに芝居を上演したいと参っております。	
ディミートリアス	ああ，あれは外国人が入り混じったハチャメチャな町内会ですね。言葉もバラバラ，内容も支離滅裂ですけど，必死の努力奮闘ぶりだけは面白そうでしたよ。	
シーシアス	純朴で忠実な心が差し出すものは，ありがたく受け取ろう。芝居を見せてもらうぞ。	
ヒポリタ	Mesmo que tentem se esforçar para alcançar, para as pessoas incapazes o esforço é inútil e não leva a nada.	出来の悪い人たちが背伸びして無理な努力が失敗するのは見るにしのびないわ。
シーシアス	（フィロストレイコに）「私もぜひ見たい」と言っておるのだろ？	

フィロストレイコ	いえ，ハチャメチャな人たちの努力が失敗に終わるのを見たくないと。	
シーシアス	え，そうなのか？……イージアスカ，愛だけで理解し合うのは，なかなか大変だなぁ。	
イージアスカ	……どんな結婚も，努力と忍耐なしに長続きはしませんわ。	
フィロストレイコ	よろしければ，口上役の登場となりますが。	
シーシアス	よし，はじめてくれ。	

宮廷人は上手に退場。
下手から壁役のセルソと口上役のレカ，アッキーが平台の上に登場。壁の衣装をまとったセルソの後ろにはフィルが隠れている。

レカ	Senhoras e Senhores a peça que vocês verão agora é a mais lamentável comédia Piramo e Tisbe, uma tragédia de Amor. Piramo é o herói que se mata galantemente por questões de amor, ele pensa que sua amada Tisbe foi morta comida por um Leão e sem pensar, ou averiguar os fatos primeiro acaba se matando. Ele age antes de pensar.	皆様，これからお目にかけますお芝居は，世にも悲しき喜劇「ピラマスとシスビー」の物語です。勇敢な騎士ピラマスは愛する女性シスビーがライオンに食われて死んだと思い込み，自らの命を絶ってその愛をつらぬく早とちり野郎です。
アッキー	この勇敢で，ちょっとまぬけな騎士ピラマス役を演じる役者フィルは，実は自分でも物語を書いています。今日，公爵様のご結婚のお祝いに，悲劇「ピラマスとシスビー」をお目にかけますが，その前にまずは彼の物語からご披露させていただきます。	

セルソが回転すると後ろにレカとアッキーが隠れ，代わってフィルが出てくる。フィルにスポットライトがあたる。
レカ・アッキーは下手に退場。
以下，フィルの語りは字幕あり。

フィル	ピラマスを演じる僕の名前はフィル，アメリカ人。英語の先生としてこの国に住んでいる。	
	So it was that after three years in Japan, I one day felt sick.. I went to see a doctor and had tests done.	日本に来て3年経った頃，具合が悪くなって医者に行った
	When the results came in I was told I had cancer.	検査の結果は「ガンだ」と言われた
	I could not believe it. I was only 28 at the time.	僕はまだ28歳だった。
	Still I made up my mind to move to Tokyo to enter a big hospital. It was a very difficult time for me.	入院のため東京に移ったが，
	Not only was I suddenly stricken with a life threatening disease, but I was in a situation where I had no apartment, no income and no family.	住む場所も，家族も，収入もなく，つらい日々だった。
	After three rounds of Chemotherapy though, I appeared to be better.	化学療法を3クール受けた後，症状がよくなってきた。
	When I left the hospital, I eventually came to Gifu for my new job. Everyday was cold and grey, I did'nt know anyone,	退院し，新しい仕事につくため岐阜に引っ越したけど，
	And I wasn't sure if the cancer would come back or not. For a few months I think I was heavily depressed,	知る人は誰もなく，ガンの再発におびえ，暗い日々を過ごした。
	but I told myself I had to be strong and make a good life in my new town.	でも，新しいまちで強くより良く生きろと自分に言い聞かせた。
	It took some time, but after about five months of living in Gifu I felt my feet were firmly planted on the ground. By then spring had arrived and I had many new friends.	やがて，地に足をつけて生きている実感がわき，新しい友人がたくさん出来た。
	I also became involved in the Ala project,	この「多文化共生プロ

	and it helped me to feel normal again, to be a part of something with a purpose.	ジェクト」に参加し、目的を持ったことで自分の人生を取り戻したと感じた。
	Now, over a year later life is good.	今、人生は悪くないと思える。
	I have my health, my confidence, and my dreams for the future. Those are three very important things.	僕は健康で、自信や将来への夢を持っている。
	When I was sick with cancer they were all taken away from me.	僕が病気だったとき、これらはすべて奪い去られた。
	But in retrospect I think that was a good thing.	でもその経験も、今となってはよかったと思える。
	Until that point, I had taken too much for granted.	ガンになるまで、持っているものは何でも当たり前だと思っていたから。
	I think people often do not understand the value of something until they have had it taken away from them.	人は、失ってはじめてその価値に気づく。
	Now I am determined to improve my life by pursuing my dreams.	僕は今、夢を追うことで自分の人生を向上させようとしている。
全員、静かに入って来て、手に持った楽器や道具でゆっくりと音を作り始める。		
	When I was a boy I had two dreams.	子どもの頃は、二つ夢があった。
	One was to travel the world. The second was to write a book.	一つは世界旅行、もう一つは本を書くこと。
	The first dream was easy to accomplish. By teaching English I have lived and worked in many countries.	英語教師をしていれば色んな国で働けるから、一つ目の夢はすぐかなった。
	The second dream though has been much	でも、二つ目は難し

3. 多文化共生プロジェクト 2010『夏の夜の夢』

	more difficult.	い。
	But after I became sick with cancer I wrote a lot while I was hospitalized, and have been writing ever since.	ガンで入院した時たくさん書き，それ以来，今も書いている。
	I will never give up on this dream.	僕は，今も夢をあきらめていない。

フィルは平台の上に座り，楽器を受け取り音を奏でる。全員で大合奏。その後，客席に降りて行き，出演者が観客を取り囲む。ミュージシャンのきっかけで音が小さくなる。

レカ	我ら役者は影法師	
セルソ	皆様方のお目がもし	
ライサンダー（J）	お気に召さずばただ夢を	
みほ	見たと思ってお許しを。	
パープル	つたない芝居でありますが，	
フィル	夢にすぎないものですが，	
フィロストレイコ	みなさまがたが大目に見，	
パック妻	おとがめなくば，身のはげみ	
パック子	皆さま，お手を願います。	
パック	パックがお礼を申します。	

全員で再び音を奏で，そのまま客席から退場。暗転。

終

4. 多文化共生プロジェクト 2011『最後の写真』

　どんな災害からでも身を守る避難船「ノアの箱舟」を設計中のダグマー博士の研究所，というフィクションから舞台は始まります。船が過去にタイムトリップすることで国民を守るという国家最大のプロジェクトを取材するTVレポーターは，市民（参加者）に「どんな過去に戻りたいか」とインタビューし，子ども時代や人生で最も幸せだった時，悲しかった時のことなどが写真とともに語られます。そんな中，巨大ハリケーンが迫ってきますが避難船は機能せず，人々は最後に残す写真について語り始めます。

テレビ番組「世界の終わり」の研究所のシーン『最後の写真』(2011)

自分の死出の旅立ちを考えるサントス『最後の写真』(2011)

4-1 作品解説：『最後の写真』について

　2010 年 7 月に『夏の夜の夢』の公演を終え，参加者一人ひとりとふりかえりの時間を持つ中で，初年度から演出アシスタントとして活躍しているレカから翌年の公演の題材について提案がありました。ブラジルに「o Film do Mundo（世界の終り）」という TV 番組があって，「人生が終わるとしたら何をやりたいか？」と聞いていくのですが，それを舞台でやったらどうかというのです。面白そうだと思いつつ，多くの参加者が望むフィクションのストーリーと，私が関心を持つドキュメンタリーとのギャップを，今後どのように埋めていくのかとまどっていました。また，ドキュメンタリーを継続するのなら，同じ演出家が同じまちの同じ参加者を対象に，何作も作り続けることに限界を感じていました。

　レカのアイデアを保留にしたままその年が終わり，次の公演に向けて方向性を決めなければと焦っていた 2011 年 3 月，東日本大震災が起こり，東京で働く私も少なからぬ影響を被ることになりました。余震や福島の原発事故による放射能の恐怖，西日本や国外へ脱出する同僚・知人，計画停電，食料不足，演劇興行の自粛など，イヤでも人生について見つめ直さざるを得ませんでした。発生から数日後のニュースで凄惨な被害状況が次々と明らかになっていく中，津波で家を流された人々が家族の写真を探しに自宅跡に戻っている様子が映し出されました。日ごろ写真を撮られるのが嫌いな私には，このような緊迫した状況でとっさに写真を取りに戻るという発想がなく，驚くとともに，人にとっての「絆の記憶」の重要さについて考えさせられました。

　一方，可児でプロジェクトの参加メンバーに会ってみると，東北に親族や友人のいる人を除いて，東京に比べると物理的にも心理的にもダメージがかなり少ないように感じられました。どこか遠くの出来事として捉えているように見受けられたことから，公演ではレカのアイデアを生かすことに決め，人生の最後に残す写真を選びながら，誰もに等しく訪れる「死」について考える機会としました。

『最後の写真』の創作過程では、写真を用いたワークショップを何度も行いました。生まれた時の写真、子どもの時の写真、自分にとって大切なもの（人）の写真、幸せだと思った頃の写真、つらかった頃の写真、最後に残したい写真を見せてもらい、その写真に込められた各自の思いを聞き取っていきました。こうした作業を苦痛に思う人は少なくなく、途中でやめていった人はこれまでの公演で一番多かったと思います。

しかし、中には心の痛みに敢えて向き合うために参加してきた人もいました。日系ブラジル人のルシアは、結婚して間もない夫を1か月前に白血病で亡くしたばかりでしたが、ともすれば見失いそうになる自分の存在価値を取り戻すため、必死で稽古に通って来ました。稽古中に何度も泣いて、そのまま帰ることもありましたが、ルシアのセリフを日本語で語るコロス役のメイが彼女を支え、二人で一人の「ルシア」を見事に表現してくれました。

公演後も夫の遺志を継ぎ、骨髄移植の活動を促進するとはりきっていたルシアは、その後、自分で美容のビジネスを始めることにしたと嬉しそうに話してくれました。しかししばらく会わない時間が続き、久しぶりに可児を訪れた時にはすでにブラジルに帰国したと聞かされました。孤独にさいなまれ、精神的に持ちこたえられなかったそうです。ドキュメンタリーで語ることで自分と向き合い、次のステップに踏み出すきっかけを掴んでくれればと願っていましたが、一つのことを成し遂げた後、ますます心の空洞が広がったのかもしれません。力になれないまま帰国させてしまったことに今も心が痛みます。

さて震災の影響が続く2011年の夏、原子力発電停止の余波を受けて製造業が電力需要の多い平日に休みを設け、電力需要の少ない土・日曜に稼働すると一斉に決定しました。そのため工場で働く外国人参加者は他の参加者と揃って稽古することが出来ず、彼らの空き時間に個別に稽古しながら本番を迎えることになりました。

2008年から毎年大きな役どころで出演していたケンは、この年ばかりは全体稽古に来られないのでどうしようもありません。やむを得ず、あまりセリフのない「助手4」という役をお願いし、本番前に1・2回だけみんなと合わせて稽古しましたが、驚いたことに彼は「そうそう」という短いセリフ

で，またもや観客を魅了し，笑いを巻き起こしていました。この人の天性の持ち味にはかなわないと，あらためて脱帽しました。

ところで 2010 年に課題を持ち越したまま終えた多文化共生プロジェクトでしたが，4 年目の自分自身への課題としては，劇的な人生を歩んでいる参加者を探し求めてドキュメンタリーにするのではなく，平凡な人生を歩んでいるように見える「普通の人々」に向き合い，それぞれが背負っている人生を深く掘り下げていくことを目標に定めました。そしてルセリアからは，この時多くを学ばせてもらうことになりました。

前年の『夏の夜の夢』では，セリフをどうしても身体に落とし込めなかったルセリアですが，この公演では膨大な量のセリフを完璧に覚え，見事な表現力で語ってくれました。仕事で稽古に来られない時も，工場で作業の手を動かしながら寸暇を惜しんでセリフを覚えたと言います。稽古中，お母さんの葬儀の回想シーンで頻繁に泣く彼女に「本番では絶対に泣くな」というと，舞台では涙をこらえて淡々と語り，そのたたずまいはとても美しいものでした。そんな彼女に私は圧倒され，前年の経験から彼女の能力を危うく見誤るところだった自分を猛省しました。心に響く何かがあれば，演者は表現に向かって無際限に努力をするものであり，その「何か」を演者の中に探し出し，提示するのが演出家の役割なのだということに，私は彼女を通して気がつきました。

参加者のそれぞれの人生の前に謙虚になって，真摯に，そして複眼的に向き合うならば，「普通の人々」が持つドラマが無限大に広がっていくことを噛みしめた作品となりました。

4-2　上演台本

『最後の写真』

出演

[TVスタッフ]
レポーター1：小林　レチシア（ブラジル）
レポーター2：渡部　チヨシ（ブラジル）
AD／チアゴ：細田　チアゴ（ブラジル）

[研究員]
ダグマー博士／マルシオ：Marcio Costa（ブラジル）
アンドレ准教授：Gustavo Rideoshi Oyama（ブラジル）
助手1／かおりん：渡辺　かおり（日本）
助手2／みほ：多田　美保子（日本）
助手3／チャーリー：本多　ゆかり（日本）
助手4／ケン：渡部　ケン（ブラジル）

[ドキュメンタリー]
エリオ：住吉　エリオ　洋一（ブラジル）
ルセリア：渡部　ルセリア（ブラジル）
サントス：Natanael Joáo Dos Santos Filho（ブラジル）
ぴざ：山田　久子（日本）
バニー：Higuto Vanessa Cristiny（ブラジル）
イナ：肥後　グリセルダ　ダヤガンノ（フィリピン）
ヨハナ：Yohana Purple（ブラジル）
ルシア：京極　ルシア（ブラジル）
けいこ：Leticia Keiko Teixeira Umeda（ブラジル）
あいのてさん／ミュージシャン：片岡　祐介（日本）

4. 多文化共生プロジェクト 2011『最後の写真』

[コロス]
リュウ：加治木 隆治（日本）
パープル：神谷 明子（日本）
アナコ：小林 アナリエラ（ブラジル）
まい：前堀 まゆみ（日本）
あーちゃん：松井 厚住香（日本）
みしお：松井 美潮（日本）
みかん：佐藤 美佳（日本）
ヤマト：澤田 夕希江（日本）
メイ：山浦 咲月（日本）

スタッフ

作・構成・演出：田室 寿見子
振付・演出補：山田 珠実
音楽：片岡 祐介
映像：伏木 啓
演出助手・字幕操作：きまたまき

舞台監督：加藤 啓文
照明：岩井 砂渡子
音響：吉田 敦
制作：松木 紗都子／経田 容子

演出協力：小林 レチシア
映像協力：岡村夕貴

主催：公益財団法人可児市文化芸術振興財団
支援：文化庁
協力：可児市／NPO法人可児市国際交流協会

企画・製作：Sin Titulo

2011年7月30日（土）・31日（日）　各日15：30開演
可児市創造文化センター　小劇場にて上演

役名	台詞	対訳 （グレー部分は字幕）
	シーン1	
舞台前寄りに紗幕が下りている。紗幕の後ろには研究所の人々がスタンバイ。舞台奥に6脚の椅子，中ほどには研究員用に8脚の椅子がセッティングされている。下手そでにはピアノがあり，ミュージシャンがスタンバイ。ADは上手そでにスタンバイ。		
AD	本番行きまーす。3・2…	
TVショーオープニングの音楽がカットイン。 照明が入り，レポーター1・2が紗幕前，センターに立つ。		
レポーター1	Olá a todos!	みなさん，こんにちは！
レポーター2	みなさん，こんにちは！	
レポーター1	No Brasil, estão transmitindo um programa de TV chamado"O fim do mundo"	ブラジルでは「世界の終わり」というTV番組を放映していますが，
	Hoje vamos apresentar para vocês a versão japonesa deste programa.	今日はその日本特別ヴァージョンをお届けします。
レポーター2	もしこの世が終わるとしたら，あなたはどうしますか？	
	残りの命が少なければ，あなたは何をしますか？	
レポーター1	Depois de passar pela experiência de 11 de março, para nós, esta pergunta deve repercutir de modo totalmente diferente de antes.	3月11日を経験した後，この質問は私たちにとって，以前と全く違う響きを持つでしょう。
	Acho que o ser humano só passa a viver melhor do que antes, quando toma consciência da morte,	けれど死を意識する時，人は初めてよりよく生きられるのではないでしょうか？
	Por isso, hoje vamos perguntar para pessoas de vários países "e se você souber	そこで，今日は様々な国の人に「もし，あな

4. 多文化共生プロジェクト2011『最後の写真』

		que só lhe restam poucos dias de vida"?	たの人生が残り少ないとしたら？」という，
		vamos lançar perguntas um pouco pesadas	ちょっとヘヴィーな質問を投げかけてみることにしましょう。
		Tiyoshi, o que você faria se soubesse que o mundo vai acabar em 3 semanas?	チヨシ，もし世界があと3週間で終わるとしたら，あなたは何をする？
レポーター2		そうだなぁ，世界中の遊園地に行ってみるかな。	
レポーター1		Então este é o seu último desejo?	それが，あなたの最後の夢というわけね。
		No meu caso eu sairia sozinha em uma viagem pelo mundo antes de morrer.	私は人生が終わる前には一人で旅に出たいな。
レポーター2		一人で旅に出るの？　家族と一緒じゃないの？	
レポーター1		Sim, sairia em uma viagem em busca de mim mesma, mas no fim provavelmente estaria junto de minha família.	一人になって，自分の原点を探してみたいの。多分，家族とはその後一緒にいると思う。
レポーター2		なるほど…。と，そんなふうにさりげなく流れる日常生活の中で，視聴者のみなさんと一緒に人生を見つめなおす番組	
レポーター1・2		「É o fim do mundo」！	「世界の終わり」！
レポーター1		Este programa é com a Letícia Kobayashi e	この番組は小林レチシアと
レポーター2		渡部チヨシがお届けします。	
レポーター1		Hoje vamos visitar o laboratório de Dr. Dagmar um cientista mundialmente famoso pela sua pesquisa da Arca de Noé.	さて，今日は「ノアの箱舟」研究の世界的権威であるダグマー博士の研究室にお邪魔しています。

		Através desse estudo o Dr. diz ser capaz de construir uma nova arca e salvar a humanidade de qualquer catástrofe.	博士は、人類がどんな災害にあっても生き延びられる現代の「箱舟」の開発に、日夜励んでおられます。
レポーター2		また、人々が洪水で死んだ後、自分と自分の家族だけが生き延びたノアは、幸せな人生を送ることが出来たのだろうか。という、倫理学的観点からも研究を進めておられます。	
レポーター1		Como será a Arca que ele vai construir?	その博士が作る箱船は、一体どんな船でしょう？
		e que tipo de pessoas vão embarcar nessa arca?	またどんな人がそれに乗り込むのでしょうか？
		Vamos incomodá-lo e perguntar	お邪魔して聞いてみましょう。
TVショーオープニングの音楽　フェードアウト。 紗幕が開き、照明が全体に入る。中にはダグマー博士、アンドレ准教授と助手1～4がいる。			
レポーター1		Olá, Dr. Dagmar!	こんにちは、ダグマー博士！
レポーター2		今日はよろしくお願いいたします！	
ダグマー		Estou contente que vocês tenham vindo. Eu sou o Dr. Dagmar.	みなさん、ようこそいらっしゃいました。私がダグマー博士です。
		Vocês devem conhecer bem a história bíblica da Arca de Noé.	みなさんは聖書に出てくる「ノアの箱舟」の話しをよくご存知かもしれません。
		O ser humano estúpido foi consumido com amabilidade, Deus tenta destruir a humanidade com um grande dilúvio.	愚かな人間に愛想を尽かし、神が洪水で人類を滅ぼそうとします。
		Porém para o bondoso Noé, Ele dá ordem	しかし、善人のノアに

4. 多文化共生プロジェクト 2011『最後の写真』

		para construir uma arca para sobreviver a inundação	は，箱船を作って洪水から生き延びるように指示します。
レポーター2		ノアと家族とつがいの動物だけが船に乗って助かったという，あの話しですよね。	
ダグマー		Sim, isto mesmo.	はい，そうです。
ノアの箱舟の残骸の写真がスクリーンに浮かび上がり，続いてノアの箱舟の衛星写真が映る。			
		Esta foto é parte dos destroços da Arca de Noé que o arqueólogo Ron Wyatt fotografou.	こちらはロン・ワイアットという考古学者が撮影した，ノアの箱舟の残骸です。
		Diz-se que os destroços se encontram no topo da montanha Ararato da República da Turquia à 5000 metros dealtitude.	残骸は，現在のトルコ共和国のアララト山山頂，標高5000mのところにあると言われています。
レポーター1		Nossa! Mal posso acreditar que existem destroços de 5000 anos atrás da Arca de Noé!!	5000年前の船の残骸があるなんて，とても信じられません!!
レポーター2		ノアの箱舟って実話なんですか？	
ダグマー		Sem dúvida! Há vários registros em livros antigos de que realmente houve um grande dilúvio.	もちろんです！ 大洪水については古代の数々の文献から確認されています。
レポーター2		21世紀の現代に，5000年前のおとぎ話を追い求める人がいるんですか？	
アンドレ		Hey você! Não diga este termo "conto de fadas"! Você quer ofender a pesquisa do Dr. Dagmar?!	君，おとぎ話とは何事だ！ 博士の研究を侮辱する気か？！
		(para os reporteres assustados)	（驚くレポーターたちに）
		Oh! Desculpe, eu sou André Baltazar, o professor adjunto..	あ，これは失礼。私は准教授のアンドレ・バルタザールです。

	A Arca de Noé é o mistério do século 21 que entrelaçou várias conspirações e poder.	ノアの箱舟は，様々な陰謀や権力が絡み合った，21世紀のミステリーです。
	Acima de tudo, o que fascina a nós, os pesquisadores é o mistério da proporção áurea.	中でも，私たち研究者を魅了してやまない，黄金比の神秘！
	Foi dito que quem conseguir analisar isto, terá o mundo na palma da mão.	これを解析した者は「世界を手中に収めたも同然」といわれています。
	Nosso grande Dr. Dagmar luta noite e dia para salvar a humanidade.	我らの偉大なるダグマー博士は人類の救済のために，昼も夜も取り組んでおられるのです!!
ダグマー	Hahaha! Por favor André, acalme-se!	フッフッ，まあまあアンドレ，おちつきたまえ。
	(para os assistentes) Hey!	(助手たちに) おい！
助手1	はい，ご説明しましょう。神は洪水の前に，ノアに箱舟の大きさを指示されました。	
助手2	「長さは三百キュビト，幅は五十キュビト，高さは三十キュビト」	
助手3	30対5対3。この比率こそ，世界を救う「黄金比」といわれています。	
助手4	そうそう。	
レポーター1	Realmente. Dr. Dagmar está analisando a proporção áurea não é?	なるほど。ダグマー博士は，その黄金比を解析しておられるのですね。
レポーター2	その黄金比は，世界に何もたらすのですか？	
ダグマー	Deus disse "Nunca mais amaldiçoarei esta terra e nem matarei os seres vivos	神は言った！「もう二度とこのように大地を呪い，生き物を殺すとすることはない。

		Vou envolver as nuvens com um arco iris. Esta é a prova do acordo entre eu e todos os seres vivos.	私は雲に虹をかけよう。それは、私とすべての生き物たちとの契約の印である」
		No entanto, mesmo que Deus tenha dito estas palavras em vão, por culpa dos seres humanos houve o aquecimento global e a terra está passando por muitos desastres naturais.	しかし神の言葉もむなしく、人類の愚かさによって地球温暖化が進み、地球はこれまでにない天変地異にさらされている。
		portanto, estou desenvolvendo uma arca que com certeza consiga escapar de qualquer catástrofe	そこで、私はどんな恐ろしい災害からも確実に逃れられる箱舟を開発している。
		Essa arca é capaz de mudar o fluxo do tempo podendo mover instantâneamente para o passado ou futuro. Isso significa,	その箱舟は、時間の流れを曲げることによって過去や未来に瞬間移動する。すなわち、
ダグマーと部下全員	タイム・トリップ!!		
レポーター1・2	O quê?! Viajar no tempo?! ええ!?タイム・トリップするんですか?!		
ダグマー	Desde que tenhamos a arca, nós não precisaremos temer nenhum tipo de catástrofe.	これさえあれば、人類はいかなる災害も恐れることはありません！	
アンドレ	quando o mistério da proporção áurea for desvendado, nós seremos capazes de viajar para qualquer época com a arca	黄金比の謎が解けた時、現代の箱舟で、私たちはどこへでもタイプトリップが出来るのです。	
		Poderemos sobreviver a qualquer desastre, proteger a vida e a fortuna.	どんな災害からも逃れられ、命も財産も保障されるでしょう！

レポーター2	それは、どんな時代にでもタイム・トリップ出来るのですか？	
助手1	いいえ。原則として、未来は避難先に設定出来ません。	
助手2	神の定めた寿命を、誰も変更することも出来ませんからね。	
助手3	自分がもう一度戻ってみたい、と思う時代に設定します。	
助手4	つらい過去もあったなぁ～。	

TVショーオープニングの音楽　フェードイン。レポーターは観客に向かって話し出す。
その間、ADはシーン2のために上手寄りと下手寄りに1脚ずつ椅子を置く。それ以外の椅子は助手が舞台奥に並べる。

レポーター1	Você seria capaz de olhar calmamente para o último momento da sua vida se soubesse que um grande desastre está para acontecer?	もし大災害が起こったら、あなたは人生の最後を冷静に見つめられますか？
レポーター2	生き延びるために、あなたは過去にタイム・トリップしたいですか？	
レポーター1	Se você pudesse voltar no tempo, em que época gostaria de voltar?	タイム・トリップするとしたら、どの時代に戻りたい？
レポーター2	タイム・トリップして戻ってきたら、あなたの友だちはもうこの世にいないかもしれませんよ。	
助手4	そうそう	
レポーター1	Este é o programa que vai te dar a chance de pensar no "se" da sua vida.	そんな人生の「もしも」を考える番組、
全員	"É o Fim do Mundo"！	「世界の終わり」！

TVショーオープニングの音楽　カットアウト

| レポーター2 | まずは市民のみなさんに過去を振り返っていただきましょう。 | |

照明が暗くなる。エリオが入ってきて、下手寄りの椅子に座る。研究者、レポーターたちは上手に退場。

シーン2		
暗転中，スクリーンに以下の文字が浮かび上がる。 ピアノの短いフレーズが流れる。		
		住吉・エリオ・洋一 日系ブラジル人　55歳
エリオに照明が入る。		
エリオ	僕の名前は住吉・エリオ・洋一。1956年生まれの日系二世。洋一の洋は太平洋の洋，一は一番目。太平洋を渡って初めて出来た子どもだから，その名前がつけられた。	
スクリーンにエリオのリアルタイム映像が映し出される。		
	1936年，オヤジは広島から，お袋は岡山から，それぞれおじいちゃんとおばあちゃんに連れられて，移民としてブラジルに渡った。百姓の仕事は順調にいった。	
	しばらくして，戦争で日本はブラジルの敵国になって，日本語や日本文化が禁止された。おじいちゃんは戦争中に日本のラジオを聞いていたら，警察に連れて行かれたこともあった。	
リアルタイム映像の横に，エリオの赤ん坊の時の写真が映る。		
	（写真を指して）これがオヤジ，これがお袋，そしてこれが僕。日本人の習慣として，写真屋さんに行って撮った写真。	
エリオの子どもの時代の写真がスクリーンに映る。		
	僕の子ども時代の生活は，日本の文化とブラジルの文化が衝突していた。家族は移民としてブラジルに渡って，僕にブラジルの文化を教えてくれた。でも日本の文化も忘れないように教えてくれた。僕は，どっちに行けばいいかわからなかった。	

ルセリアが入ってきて，上手寄りの椅子に座る。 映像，フェードアウト。		
エリオ	6歳までは，ポルトガル語が全然しゃべれなかった。ポルトガル語が出来なくて，学校では差別されたけど，両親から「なんぼ違っても，自分は自分で生き残れ」と言われてたので，何を言われても気にしないようにした。	
	でもあの時代，差別はあったけど，日系人はレベルが高い「特別な人」というイメージがあった。今でもそうだけど，ブラジルでは「いい大学に入るには日系人を殺さないと入れない」と言われるくらい，頭がいいと思われている。	
エリオは下手に退場。 スクリーンに以下の文字が浮かび上がる。		
		渡辺ルセリア ブラジル人　48歳
ルセリアに照明が入る。ルセリアのリアルタイム映像がスクリーンに映し出される。		
ルセリア	Meu nome é Watanabe Lucélia e sou brasileira.	私の名前は渡部ルセリア，ブラジル人。
	O significado do meu nome é luz. Era muito sorridente quando bebê e esta foi a razão de meus pais terem escolhido este nome que significa "filha da luz"	ルセリアは「ルイス」，光という意味。生まれた時から笑ってばかりいたから，「光の子」という意味でつけられた。
	Perdi meus pais quando nova e fui cuidada pela tia. Por isso, eu não tenho fotos de quando era criança	幼い時に両親を亡くし，おばさんの家に預けられた。だから，子どもの頃の　写真はない。
	Esta tia me contou que fui um bebê lindo.	おばさんに聞いた話しでは，すごく可愛い赤ちゃんだった。
	O meu avô era negro e a minha avó loira	母方の祖父は黒人で，

4. 多文化共生プロジェクト 2011『最後の写真』

		de pele branquinha	祖母は金髪で肌がまっ白だった。

リアルタイム映像の横に，ルセリアの両親の写真がスクリーンに映し出される。

		Esta é uma imagem de meus pais. minha mãe era morena como o meu avô. Eram em 12 irmãos	これは私の両親の写真 私の母は祖父に似て肌が少し黒かった。兄弟は12人。

コロスによる葬儀の回想シーン。ピアノと鉄琴の演奏。
10人のコロスが黒衣を着て，黒い椅子を持ってゆっくりと入ってくる。下手寄りに丁寧に椅子を降ろすと，そこにかおりんがルセリアの母の遺体として横たわる。ほかのコロスは遺体を囲んでゆっくりと回る。
ルセリアの両親の写真がフェードアウトし，ルセリアのリアルタイム映像だけがスクリーンに映る。

		Perdi a minha mãe com 4 anos e como era pequena não entendia nada. Só me lembro de ter muita gente na casa.	4才で母が亡くなったけど，まだ小さくてよくわからなかった。たくさんの人が家にいたのを覚えている。

コロスは遺体を見て泣きながら，子ども時代のルセリア役のみしおに母の顔を見せようと場所を空ける。みしおはじっと亡骸を見つめる。

		A minha tia me carregou no colo e mostrou minha mãe dentro do caixão dizendo "é a mamãe". Não me lembro de seu rosto daquele momento, mas ela usava um vestido com estampas de flores.	おばさんが私を抱きかかえて「お母さんだよ」って，お棺の中の母を見せてくれた。その時の顔は覚えてないけど，母が花柄のワンピースを着ていたのは覚えている。

かおりんはコロスの人影に隠れてゆっくりと起き上がり，葬列に戻る。やがて全員で椅子を持ち上げて，静かに退場していく。ルセリアは葬列を見送りながら，そのまま語り続ける。
リアルタイム映像がフェードアウト。

		com 5 anos anos perdi uma irmã de 15 anos. Com 10, perdi o meu pai. Como houve uma sequência de perdas, fiquei	5才の時に15才の姉が亡くなった。10歳で父が亡くなった。

		muito abalada.	次々に亡くなっていくので，不安でたまらなかった。
		Não me lembro muito bem quando perdi minha mãe e minha irmã pois eu era muito pequena. Mas me senti muito triste com a perda de meu pai.	母と姉の時は幼なかったのであまり記憶にないけど，父が亡くなった時は一番辛いと思った。
		Com a morte de minha mãe, nós nos separamos. Cada um dos irmãos foi para casa de um parente mas a visita de meu pai era constante. O choque da morte de meu pai foi muito forte porque gostava muito dele.	母が死んで，兄弟は親戚にバラバラに預けられたけど，父が何度も会いにきてくれた。大好きだったからショックだった。
スクリーンに，ルセリアの少女時代の写真映し出される。			
		Esta é a minha primeira foto. Um fotógrafo esteve em casa oferecendo um álbum e a tia resolveu fazer.	これは，私の人生初めての写真。写真屋さんが「アルバムを作りませんか」と家にやってきて，おばさんが「作ろう」と言って撮ってくれた。
		Como era minha primeira foto, fiquei muito feliz. Acho que eu tinha uns 13 anos.	人生初めての写真で嬉しかった。13歳くらいの時かな。
少女時代の写真，フェードアウト。ルセリアは上手に退場。			
下手からサントスが入ってくる。			
コロスは楽団となって，下手袖でミュージシャンと共にサンバを奏でる。			
			ナタナエル・サントス・フィリョ ブラジル人　50歳
サントス		Meu nome e Natanael Santos Filho.	私の名前のナタナエル・サントス・フィリョ。
		Natanael é um nome bíblico e o meu pai é	ナタナエルは聖書から

4. 多文化共生プロジェクト 2011『最後の写真』

	Natanael Santos. Filho, significa filho.	取った名前で，お父さんも同じナタナエル・サントス。フィリョは息子の意味。
	Nasci às cinco da tarde num dia muito quente de verão, sou do norte do Brasil.	私が生まれたのは暑い暑い夏の午後5時。ブラジルの北の方で生まれた。
	O lugar é quente durante todo o ano e no verão a temperatura chega a 38 graus e no inverno, a 25 graus. Chove muito na região.	一年中，気温が高い地域で，夏は38℃，冬は25℃くらい。雨がいっぱい降る場所。
	Não dava muito trabalho pois comia pouco mas agora, como bastante	あまり手のかからない子どもで，ご飯もあまり食べなかった。今はすごく食べるけど…。
	Somos em sete irmãos, sou o mais velho e como meus pais trabalhavam, eu cozinhava para os meus irmãos e fazia a limpeza da casa .	兄弟は7人，私が1番上。お父さん，お母さんは仕事に行くので，私が兄弟の食事を作ったり，掃除もした。

サンバの音ににわとりの声（SE）が混ざる。
サントスはにわとりが庭を駆け巡っているかのように追い回す。コロスがにわとりの人形を投げ入れ，サントスが捕まえる。

	Eu mesmo matava a galinha e cozinhava.	にわとりも自分で絞めて料理した。

サントスがにわとりを締めると，大きなわめき声（SE）。
サントスはチキンスープを作って飲む仕草をする。

	Gostoso!	おいし〜

コロス，上手前そでからサントスにサッカーボールをころがす。
サントスはにわとりを上手そでに放り投げ，サッカーボールを追い回す。

	Brinquei muito jogando bola e nadando.	サッカーや水泳でよく遊んだ。
	Eu matava aula e brincava muito. A casa ficava a dez minutos da praia.	学校をサボってたくさん遊んだ。家は，海岸

			から歩いて10分のところにあった。
		Desde que eu tinha pouco mais de 5 anos, ia a praia sozinho e apanhei muito de minha mãe no bumbum.	5歳過ぎた頃から海岸に一人で行って、お母さんによくお尻をぶたれた。
		Éramos muito pobres e nunca comemorávamos nossos aniversários	貧しい生活をしてたから、誕生日を祝ってもらうことはずっとなかった。
下手前そでから，みほが自転車を出してくる。			
		mas no aniverário de 12 anos, minha mãe pediu que eu fosse buscar um pacote no quarto,	でも12歳の誕生日に、お母さんが「あっちの部屋から箱を取って来て」って言われて
		eu fui e lá havia uma caixa com o desenho de uma bicicleta	行ってみたら、そこには自転車の絵が描いた箱があった。
		e perguntei para minha mãe "o que é isso?" e ela me respondeu "é o seu presente, hoje não é seu aniversário?"	お母さんに「何これ!??」って聞いたら「プレゼントよ、今日は誕生日でしょ」って言われた。
		chorei de felicidade. Fiquei tão feliz que tive febre.	嬉しくて泣いた。嬉しすぎて熱が出た。
		minha mãe era empregada doméstica e meu pai trabalhava fazendo limpeza.	母はメイド、父は掃除夫として働いていて、
		com muita dificuldade, compraram esta bicicleta poupando pouco a pouco	貧しい家計からコツコツ貯めて買ってくれた。
		por isso, a bicicleta era um verdadeiro presente de luxo.	だから、自転車は本当に豪華なプレゼントだった。
		E é claro, todos os irmãos usavam	もちろん、兄弟みんなで使ったんだけど…

みほが自転車に乗って舞台を走りまわる。楽団にいるコロスの中から4人がサントスの兄弟になって、それを追いかける。サントスも自転車を必死で追いかける。		
	Wao!!!	わお！
サントスとコロスは自転車を追いかけながら何周も舞台を回り、下手に退場。サンバが最高潮になり、カットアウト。		
		山田久子 日本人　39歳
ぴざが上手から、あいのてさん（ミュージシャン）が下手からセンターに向かい、漫才師のように並ぶ。ミュージシャンは太鼓で時折話しに合いの手を入れる。		
ぴざ	私は山田久子といいます。（ミュージシャンを指して）こちらは、私の話しに合いの手を入れる「あいのてさん」です。久子という名前は、お寺の和尚さんからつけていただいた名前です。小学校に上がると「名前の由来をお母さんに聞いてきて」という宿題がありました。みんな、例えば、希望を持った子に育って欲しいから「のぞみ」というふうに、親が考えて与える子どもへの最初のプレゼントのような思いがあるのに、私が母に聞いても、いつも「お寺でつけてもらったのよ」と言われるだけだったので、ちょっとへこみました。	
	でも今は、久子という名前を結構気に入っています。最近、自分より年下の人たちを見ると「何とか子」ってつく人が本当少ないです。私たちの年代で半々くらいで、その後の世代の人は、ほとんど「子」がつかなくなってきています。でも「子」がつくのは、日本人なんだなって思うので、最近はとても気に入っています。	
スクリーンに、ぴざの赤ん坊の時の写真が映し出される。		
	この写真は退院する時に記念に撮った写真で、生後1週間の私です。ちょうど私	

	が生まれた頃が，白黒とカラー写真の境目でした。	
赤ん坊の写真の横に，ぴざの運動会の写真（玉入れ）が映し出される。		
	うちの中で遊ぶのが好きで，みんなが外で遊んでても一人で人形遊びをしてました。運動会っていうと徒競走がとても苦手で，一番好きなのは玉入れだったんです。これがその時の写真で，徒競走は今も苦手です。	
ぴざは上手，あいのてさんは下手の演奏エリアに，それぞれヨタヨタと徒競走をしながら退場。		
スクリーンの写真・照明，フェードアウト。		
		ヒグト・ヴァネッサ・クリスチーニ 日系ブラジル人　27歳
バニーが下手から入ってきて，下手寄りの椅子に座る。照明，フェードイン。		
バニー	私の名前は，ヒグト・ヴァネッサ・クリスチーニ。日系ブラジル人。ヒグトは日本では「ヒグチ」。でも，ブラジル人は日本人の名前がわからなくて，間違えて残ったのがたくさんある。	
スクリーンに，バニーの家族・親戚の集合写真が映る。		
	子どもの頃，お父さんとお母さんが離婚した。お母さんはまだ24歳だった。お母さんはずっと働いていたから，おじいちゃんとおばあちゃんと，お母さんの兄弟4人と，一緒に住むことになった。みんなで「一緒に子どもの面倒見ましょ」って。	
家族写真の横に，子どものバニーが一人でトイレに座っている写真が映る。		
	お父さんとお母さんが離婚した後，私は夢がなくなって，何をしていいかわからなかった。だけど，いつもおばあちゃんが一緒にいてくれた。おばあちゃんからアートとか勉強とか全部習った。	

	だから，私は大人になったら，アート・セラピストになろうと思った。子どもが自由に絵を描いて，アートでつらい気持ちがなおるといいと思った。	

スクリーンの写真，フェードアウト。バニーが上手へ退場する中，暗転。

		肥後・グリセルダ・ダヤガンノ フィリピン人　36歳

ピアノが短調の音楽を奏でる中，イナとコロスが下手から入ってくる。イナの語りは録音。
コロスはイナを取り囲んでムーブメント。みしおはイナの子ども時代を演じる。

イナ	私の名前は肥後・グリセルダ・ダヤガンノ。フィリピン人。	
	私は逆さまで生まれた。足から生まれる子は縁起がいいといわれる。生まれるとき誰もいなくて，やっと看護婦さんが来た時には，もう生まれていた。お母さんは座ったまま私を産んだ。お母さんはいつもラクに子どもを産んだ。	
	兄弟は8人いて，私は3番目。私は子供の時の写真を1枚も持っていない。私のまわりでは誰もそんな習慣はなかった。	
	学校が終わったらスーパーマーケットで働いていたから，遊んだことがない。土・日も働いていた。フィリピンの学校は5時に終わって，おうちに帰って着替えて，お母さんに「バイバイ」って言ってスーパーマーケットに行ったから，お母さんにもあんまり会う時間がなかった。	

イナとコロスは上手にゆっくりと歩いていき，退場。
暗転。ピアノ音楽，フェードアウト。

		小川　ヨハナ 日系ブラジル人　29歳

ヨハナが下手から入って来て，舞台センターに立つ。

照明，フェードイン。			
	ヨハナ	Meu nome é Ogawa Vitor Rezende. Tenho 29 anos sou brasileiro descendente de japonês.	私の名前はオガワ・ビートル・ヘイゼンジ。29歳，日系ブラジル人。
		Este nome foi dado pela minha mãe mas agora sou Pupple Yohana.	ビートル・ヘイゼンジというのは母親がつけてくれた名前だけど，今はパープル・ヨハナ。
		Aqui no Japão para me apresentar usando um vestido, cantar e dançar, precisava de um novo nome e este é o nome que eu escolhi.	日本に来て，人前でドレスを着て歌ったり踊ったりする時に新しい名前が必要だったから，自分でつけた。
スクリーンに男子生徒であるヨハナと，小学校の先生が並んでいる写真が映し出される。			
		Esta foto é de quando recebí os meus livros escolares. Estava na primeira série do primário. Esta era a professora que gostava.	これは，小学校1年生で教科書をもらった時の写真。これは，好きだった先生。
		Quando pequeno, brincava de boneca Barbie com as meninas ao invés de brincar com os meninos.	子供の時，男の子とは遊ばず女の子とバービー人形で遊んでばかりいた。
		Quando chegava alguém, escondia a Barbie as pressas.	誰か来たら，あわててバービーを隠した。
ヨハナのリアルタイム映像がスクリーンに映し出される。小学校の写真，フェードアウト。			
		Desde pequena gostava de representar.	小さい時から演劇が好きだった。
		Certa vez no ginásio, a professora estava procurando um candidato para uma peça e como não tinha nenhum menino, resolvi participar	中学校のときに先生が演劇の参加者を探していて，男は誰もいなかったから，自分がやっ

4. 多文化共生プロジェクト 2011『最後の写真』

			てみようと思った。
		Atuei como o príncipe da peça Cinderela mas na verdade queria ser a Cinderela.	「シンデレラ」の王子様役になったが，本当はシンデレラをやりたかった。
大型バスに乗り，窓から手を出すお母さんと，その手を握るヨハナの後ろ姿がスクリーンに映し出される。			
		Esta foto é de despedida quando minha mãe estava vindo ao Japão como dekasegui	これは，お母さんが日本に出稼ぎに行く時のお別れの時の写真。
		A pessoa que só aparece a cabeça, sou eu. Tinha 11 anos e este foi o momento mais triste da minha vida.	頭だけ写ってるのが私。11歳の頃。人生で一番悲しいと思った。
スクリーンの写真，フェードアウト。			
		"Se esta rua fosse minha" era a música que eu gostava quando criança	私が子供の頃好きだった歌は，「この道が私のものだったら」
ヨハナが歌を口ずさむ。			
		♪ Se esta rua fosse minha eu encheria toda a rua de diamantes.	♪この道が私のものだったら，ダイモンドで敷き詰めよう。
		Além dessa rua há um bosque e lá está um anjo	道の先には森があって，そこには天使がいる。
		Seu nome é "solidão"	その名前は「孤独」という。♪
ヨハナの歌の間にルシアは下手前，メイが上手奥に立つ。ヨハナは上手に退場。センターの照明が暗くなり，上手下手に薄明かりが入る。ルシアのシーンは字幕なし。ルシアがポルトガル語で話した後，メイが同じ内容を日本語で話す。			
			京極ルシア 日系ブラジル人 41歳
ルシア＆メイ		Meu nome e Kyogoku Lúcia. Kyogoku é o	私の名前は京極ルシ

	sobrenome do meu maridojaponês com quem me casei a um ano e meio atrás	ア。京極は，1年半前に結婚した日本人の夫の苗字。
	Eu nasci e cresci no Brasil mas, a minha vida era bem limitada e acho que não era feliz.	私はブラジルで生まれ育ったが，人生に限界を感じることが多く，幸せと思えなかった。
	Meu sonho é dar a volta ao mundo. Quando eu envelhecer não gostaria de dizer que a minha vida foi em vão e sempre me preocupo com isso	私の夢は世界を一回りすることだった。年を取った時に「私の人生はつまらなかった」と思うことをいつも心配していた。
スクリーンに，ルシアのリアルタイム映像が浮かび上がる。		
	Na faculdade, eu estudei matemática e ensinei aos indígenas que sofriam de discriminação	大学では数学を学び，ブラジルで差別を受けているインディアンに算数を教え始めた。
リアルタイム映像の横に，授業を受けるインディアンの子どもたちの写真が映る。		
	Meus alunos eram analfabetos e tinha adultos e crianças	私の生徒たちは文盲で，大人もいれば，子どももいた。
	Logo percebi que na comunidade indígena tinham muitos suicídios	やがて，インディアン・コミュニティでは自殺が多いことに気づいた。
メイとルシアは向かい合い，写し鏡のように互いの動きをなぞる。二人は互いの間の越えられない壁をさすり合っているよう。リアルタイム映像，フェード・アウト。奇妙なピアノ音楽，フェードイン。		
	Isto porque mesmo querendo fazer parte da sociedade, existem muitos obstáculos. Eles perdem a esperança e se matam.	彼らは社会に出たくても，壁があって出られない。だから将来に絶望して自殺する。
	Eu pensei que só ensinar matemática, não era suficiente. Comecei a procurar o que	私は数学を教えるだけでは足りないと思っ

4. 多文化共生プロジェクト 2011『最後の写真』

	deveria fazer na vida.	た。人生で自分のやるべきことを探し求めた。

スクリーンに，イスラエルのバス停に座るルシアの写真が映し出される。
戦闘機の SE。

	E vim ao Japão sem poder realizar muitas coisas, fui para Kibutz em Israel e vivi durante 8 meses	そして私は日本に行ったが何も見出せないままイスラエルに行き，キブツで8ヶ月生活した。

バス停の写真，フェードアウト。

	Morava perto de Gaza e presenciei conflitos causados por motivos de religião	ガザ地区のそばに住み，宗教による悲劇を目の当たりにした。

スクリーンに，爆撃されたガザ地区から煙が立ちあがる写真が映し出される。

	Quando haviam explosões, os caças aéreos logo iam atacar.	爆発音がすると，イスラエル側からすぐに戦闘機が攻撃しにいく。

やがて爆発音（SE）が響きわたる。ルシアとメイは椅子の陰に隠れ，手で頭を覆い身を守る。
ガザ地区の写真，フェードアウト。

	Na região de Gaza, era visível crianças perdendo a vida.	ガザ地区で子どもたちが死んでいくのが目に見えるようだった。

ルシアは下手，メイは上手に退場。照明・音楽，フェードアウト。

シーン3

レポーター1・2が上手から舞台前に登場し，照明が入る。

AD	はい，本番！	
レポーター1	Olá, estamos aqui mais uma vez voltando ao laboratório.	はい，それではここで，カメラを一度研究室に戻します。
レポーター2	いろんな方の過去を振り返っていますが，その間，研究室では休む暇なく，箱舟の黄金比の解析が続けられています。	

レポーター1	O Dr. Dagmar atraiu a expectativa do mundo todo.	世界中から期待を寄せられているダグマー博士。
	Vamos ouvir também, os comentários dos assistentes do Dr. Dagmar.	その下で働く、スタッフのみなさんのお話しも聞いてみましょう。

舞台全体が明るくなる。ダグマーと助手は、メジャー（ゴム紐）で黄金比の測定に追われている。（が、どう見てもゴム飛びで遊んでいるようにしか見えない。）レポーターは助手一人ひとりにマイクを向けていく。

レポーター2	みなさんはいかがですか？　箱舟が完成したら、過去に戻りたいですか？（助手1に）あなたはいかがですか？	
助手1	独身の頃かな。誰にも気兼ねせずに飲みに行けたし。	
レポーター2	そうですか。離婚する、という手もありますね。（助手2に）あなたはどうですか？	
助手2	幼稚園の頃かな。毎日の弁当のおかずだけが心配だった、あの頃に戻りたいです。	
レポーター2	そうですか、おかずが幸せのバロメーターだったんですね。（助手3に）あなたはどうですか？	
助手3	中学時代に戻りたいです。だって可愛かったから。	
レポーター2	だったら今でも可愛いですよ。（助手4に）あなたはどうですか？　戻ってみたい時代はありますか？	
助手4	ビールが飲めれば、どの時代でもいいですね。	
レポーター2	おっ、極めてますね〜。	

AD がニュース速報の紙をレポーターに手渡す。
レポーター1・2は舞台前、上手寄りに行く。

| レポーター1 | Bem, acabou de chegar uma notícia interessante | さて、ここで気になるニュースが入ってきました。 |

4. 多文化共生プロジェクト 2011『最後の写真』

レポーター1	De acordo com a meteorologia, a evolução da depressão atmosférica tropical que está sobre o mar, poderá se transformar em um grande furacão.	気象庁によりますと，現在海上で発達している熱帯低気圧の一つが，大型ハリケーンに発達する可能性があるということです。
	Fiquem atentos para mais notícias sobre o furacão.	この後も，ハリケーン情報にご注意下さい。
レポーター2	それでは，この後も引き続き市民の方々の過去を振り返ってみましょう。	

暗転。紗幕が降りる。レポーター1・2，研究者たちは上手に退場。

紗幕内にエリオ，ルセリア，サントス，ぴざ，バニー，ルシアが入ってきて，それぞれが椅子をセッティングする。

紗幕前，下手にあいのてさん（ミュージシャン）が椅子を持ってきて座る。照明が入ると，子ども用のミニ鉄琴を演奏する。

空港の到着案内のアナウンスが入り，その後，けいこがスーツケースを持って下手から入ってくる。

けいこ	（あいのてさんを見つけて）何してるの？	
あいのてさん	演奏してるの。	
けいこ	空港で？	
あいのてさん	うん，空港でもどこででも。（けいこはジッと見ている。少し演奏してから）君はどこへ行くの？	
けいこ	行くんじゃなくて，今，来たの。飛行機でブラジルから一人で来たの。	
あいのてさん	そっかぁ。君はいくつ？	

スクリーンにはけいこが日本の空港に到着し，家族が出迎えに来た5才当時の写真が映る。

けいこ	5才	
あいのてさん	5才なのに，一人でブラジルから来るなんて，すごいね。	
けいこ	うん，でも家族が空港に迎えに来てくれてるよ。	
あいのてさん	ああ，それは嬉しいね。	

出迎えの写真が消え，けいこが手袋をはめ手を息で温めている写真が映る。		
けいこ	日本は寒いね。今から服を買いに行くの。ブラジルは冬がないから，私の着てきた服は寒すぎるんだって。	
あいのてさん	ふーん。君，名前は何ていうの？	
けいこ	レチシア・けいこ	
飛行機の離陸のSEが次第に大きくなり，暗転。SE，カットアウト。あいのてさんとけいこは下手に退場。		
シーン4		
紗幕の中にはエリオ，ルセリア，サントス，ぴざ，バニー，ルシアが座っている。紗幕が開くと，照明が全体に入る。		
エリオ	日本に来る1週間前に，離婚した。日本に何年いるかわからないし，誰かに出会うかどうかもわからないし，その頃は妻とはもう仲がよくなかった。	
エリオの家族写真（大学の卒業式のガウンと帽子を着用した息子を囲むエリオ，妻と子どもたち）がスクリーンに映し出される。		
	これは，離婚した妻と子どもたちの写真。一番好きな写真。次男と娘は大学に行っている。医者になるそうです。日系人だから，頭がいい（笑う）。	
スクリーンの写真，フェードアウト。		
ルセリア	Casei com um descendente de japonês e vim ao Japão. Quando eu era criança, nunca imaginei da possibilidade de morar no Japão.	日系人と結婚して日本に来た。自分が日本に住むなんて，子供の時は考えたこともなかった。
スクリーンに，着物を着たルセリアとスーツ姿の夫・子どもが揃った入学式の写真が映る。		
	Nesta foto da cerimônia de entrada de meu filho na escola, eu estou usando um kimono que uma vizinha me emprestou e me vestiu.	この写真は子どもの入学式の時に近所の人が着物を貸して，着せてくれたもの。
	Atualmente considero o Japão comose	今では，日本も自分の

4. 多文化共生プロジェクト 2011『最後の写真』　　*169*

	fosse a minha cidade natal. É uma foto bem antiga, mas tenho a sensação de ter sido recentemente.	故郷のように感じる。かなり前の写真だけど，今も新鮮に感じる。
スクリーンの写真，フェードアウト。		
バニー	5年前，日本に一人で来た。お金を貯めて，大学に入ろうと思って，一生懸命働いた。でも，ブラジルのお母さんから，突然，電話がかかってきた。「赤ちゃんが出来た」って言われて，すごくビックリした。	
	赤ちゃんのお父さんは，離婚した私のお父さん！　でも，お父さんは別の家庭があるので，私はお母さんにすごく怒ったね。お母さんは弱いね。	
スクリーンに，バニーの幼い妹の写真が映し出される。		
	だから私が働いて，妹のためにお金を送っている。これが妹。私は妹のお姉ちゃんだけど，お父さんもやってる。私は妹に，まだ一度も会ってないけど，「パパだよ」ってカードを送ったこともある。	
妹の写真がフェードアウトし，バニーと恋人が並んだ写真が映る。		
	お父さんのせいで，男の人は信じられないと思った。だから大人になっても恋人を作ろうと思わなかった。でも日本に来て，今の彼氏と出会って，やっと心から信じられた。	
恋人の写真，フェードアウト。 ぴざが立ち上がって，走りながら話し始める。 スクリーンには，ホノルルマラソンの会場にいるぴざの写真が映る。		
ぴざ	徒競走はずっとキライなまま成長した私ですが，なんと，2005年にホノルル・マラソンに出場しました！　就職して，結婚して，それまでの人生は特に大きな災難もなく生きてきたのですが，あるつら	

	い出来事があって，「私も強くならなきゃ！」と心から思ったんです。	
マラソンの写真，フェードアウト。		
	マラソンを走るって決めてから4ヶ月の間，とにかく走ってトレーニングしました。ホノルルに一人で行くことは，夫には伝えてましたが，両親には黙っていました。英語もほとんど出来ないのに，一人で行って一人でマラソン走って帰ってきたんです。	
スクリーンには，夫宛ての絵葉書の写真が映し出される。		
	ゴールした時は，周りのもの全てがキラキラと輝いていて見えました。これは，その時の感動を綴った夫宛ての絵葉書です。この時に初めて，自分で努力して，それを積み重ねたらこんなすごいことが出来るし，やりたいなと思ったことは，ピョンっと飛んでみたら何でも出来るんだってわかって，とても幸せでした。	
絵葉書の写真，フェードアウト。ぴざは椅子に戻る。		
ルシアは座ったまま一人で話す。字幕付き。		
ルシア	Quando senti em Israel que era o meu limite, voltei ao Japão.	イスラエルで自分の限界を感じた後，日本に戻って来た。
	Trabalhando na fábrica e me sentia insatisfeita. Neste meio tempo conheci o meu marido Ken aqui em Kani.	工場の仕事ばかりでむなしい日々が続いたが，ある日，私は夫となるケンと可児で出会った。
スクリーンには，ルシアと夫が寄り添っている写真が映し出される。		
	Foi amor a primeira vista. Logo senti que nossos valores eram iguais.	二人とも一目ぼれだった。私たちはとても価値観が似ていることがわかった。
	Nós dois tinhamos vontade de conhecer	共に広い世界にあこが

		esse imenso mundo, encontrar muitas pessoas diferentes e acabar com a discriminação.	れ，多くの人と出会い，差別をなくしたいという思いを持っていた。
		O meu marido era 6 anos mais novo que eu. Apesar de ser japonês falava o português e o inglês fluentemente.	彼は私よりも6つ年下で，日本人なのにポルトガル語も英語も上手で，
		gostava muito de futebol e era bastante saudável.	サッカーが好きで，そして健康そのものだった。
ルシアの写真，フェードアウト。 「1994/5/1」と書かれた紙が映し出される。			
	エリオ	これは，人生で一番つらかった日，セナが死んだ日。離婚した日よりも，もっともっとつらかった。セナはブラジル人の楽しみだった。ブラジル人として世界で頑張ってるのを，貧しい人たちが生活の励みにしていた。	
		レースのある日は，本当に楽しみだった。家族揃ってTVを見ていた。だから，彼が死んだ時は数ヶ月落ち込んだ。	
		偉くなっても人間としてシンプルで，とても優しい人だった。だから，5月1日が来たらいつも心の中で思い出している。	
日付の写真，フェードアウト。エリオは上手に退場。 スクリーンには，ルセリアの誕生したばかりの三つ子の孫の写真が映る。			
	ルセリア	Na primavera deste ano, minha filha teve trigêmeos e passei a ser avó de 7 netos. Fiquei preocupada pois foi uma gravidez complicada.	今年の春，娘に三つ子が生まれ，私の孫は7人になった。妊娠中，娘の体調が良くなくて心配だった。
		A alegria foi 3 vezes mais do que um parto comum mas o trabalho também é 3 vezes	喜びは普通の出産の三倍だけど，大変さも三

		maior. Tenho que me esforçar como avó para ajudar a minha filha e meu genro.	倍。娘夫婦を助けるため、おばあちゃんはがんばらなきゃ！
三つ子の写真，フェードアウト。 サントスと妻・娘が寄り添っている写真が映る。			
サントス		Esta foto foi tirada no verão do ano passado em Minokamo. Minha esposa e a nossa filha. São as pesssoas mais importantes da minha vida.	この写真は去年の夏，美濃加茂で撮った写真。私の奥さんと娘。人生で一番大切な人たち。
		Quando acontece algo triste, eu olho para esta foto que me incentiva e me faz sentir vontade de me esforçar.	つらいことがあると，いつもこの写真を見る。この写真を見て，「もっと頑張ろう」と思う。
サントスの写真，フェードアウト。サントスは上手に退場			
バニー		今は，インターネットでブラジルの大学の勉強をしてる。卒業したら，学校の先生になりたい。私みたいに，お父さんがいなくても「夢があれば大丈夫」って子どもたちに教えたい。	
スクリーンに，バニーと祖母が並んだ写真が映る。			
		これはブラジルのおばあちゃん。おばあちゃんはうつ病になって，「死にたい」って言うようになった。いっぱい手紙書いて「おばあちゃん，大好きよ」って言うけど，あまりわかってくれない。すぐにブラジルに帰りたいけど，本当は大学を卒業してから，彼氏と一緒に帰りたい。	
バニーの写真，フェードアウト。バニーは下手に退場。 スクリーンには，美しいドレスを着たルセリアが冠を授与されているコンテストの優勝写真が映し出される。			
ルセリア		No dia das mães deste ano, fui a vencedora do concurso de miss mamãe em Komaki.	今年の母の日に，小牧であった「ミス・ママ・コンテスト」で優

			勝したの。
		Não sou muito ligada no dia das mães pois perdi minha mãe muito cedo mas fui incentivada pelo meu filho.	早くに母を亡くしているので「母の日」には馴染みがないけど，息子にすすめられたので。
		Na premiação nem notei o anúncio de meu nome. Participei preocupada com os trigêmeos, mas se tornou uma ótima lembrança.	優勝者で自分の名前を呼ばれても，全然気がつかなかった。三つ子のことを気にしながら参加したけど，いい思い出になってよかった。
ルセリアの写真，フェードアウト。ルセリアは下手に退場。			
スクリーンには，ぴざの母が病院のベッドで撮影した証明写真が映し出される。			
ぴざ		これは，私の人生で一番つらかった記憶の写真です。母が亡くなる3日くらい前に，病院のベットで撮りました。母は退院して自宅療養するつもりで，介護の申請書用の写真を取ったんです。	
		でも母は急に弱ってしまって，写真を取る時はもう一人で座っていられませんでした。その姿を見て，つい泣いちゃって，そしたら母が「私，死んじゃうの？」って聞いたんです。でも私，何も答えてあげられなくて…。それが今も心残りです。	
ピザの母の写真，フェードアウト。ぴざは上手に退場。			
メイが下手から来て，座ったままのルシアに寄り添う。ルシアは話さない。字幕なし。			
メイ		ケンは33歳で急性白血病と診断され，「余命数ヶ月」と宣告された。	Aos 33 anos, Ken foi diagnosticado com leucemia aguda e foi dito que teria pouco tempo de vida

	2度の骨髄移植を受けたが，なかなかよくならなかった。	Submeteu-se a dois transplantes de medula óssea, mas não fioou curado
ルシアは立ち上がり，メイと並んでとゆっくり歩く。		
	でも，私たちは前から約束していた通り，2010年1月21日に入籍した。	Mas nos casamos no dia 21.01.2010, do jeito que havíamos combinado.
舞台前センターで二人は止まり，ルシアは自分の左手の指輪を見つめる。 スクリーンには，結婚指輪をはめたルシアと夫の，左手が重なり合った写真が映し出される。		
	結婚式を挙げたり，パーティを開くことは出来なかったけれど，結婚指輪を買いに行って，病院のベッドでこの写真を写した。	Não pudemos fazer a cerimônia e nem nossa festa de casamento, mas fomos comprar as alianças e tiramos esta foto na cama do hospital.
ルシアとメイは後ろを振り向き，スクリーンの写真を見る。		
	これは，人生で一番幸せだった時の写真。	E esta é a fotografia do dia mais feliz da minha vida.
	彼は，闘病しながら骨髄移植者によるサッカークラブを作った。そして，移植を促進する活動を始めた。	No período que estava lutando contra a doença, ele fundou o Futebol Clube dos Transplantados e começou a dedicar-se para promover mais doações de orgãos.
重ね合せた手の写真の横に，サッカーチームのメンバーの写真が映し出される。		
	病気の人が移植をして，少しでも元気になって，少しでも長く生きて欲しいと願った。	Desejava que através das doaçoes de orgãos muitas pessoas

4. 多文化共生プロジェクト 2011『最後の写真』　　*175*

		pudessem ficar saudáveis e viver mais

ルシア，メイが上手へ退場。
下手でミュージシャンがピアノ演奏を始める。ピアノの横にけいこが座り，演奏を聴いている。
スクリーンの写真，フェード・アウト。

あいのてさん	日本の生活は楽しい？	
けいこ	ブラジルにいた時は，大きなバースデイ・ケーキでお祝いしてもらったの。	
	でも，日本に来たらあまりお金がなくて，すごく小さいケーキになったの。ろうそくの代わりに，つまようじが2本立っていた。11才だったから，1と1。	
あいのてさん	それじゃ，誕生日はブラジルのほうがよかったね。	
けいこ	ううん，全然！　だって，ブラジルでは家族が別々だったけど，日本では一緒にいられるから，すごく嬉しいよ。	

暗転。けいこは下手に退場。

シーン5

舞台前上手寄りに照明が入り，レポーター1・2が入ってくる。
博士と研究者たちが慌ただしく入ってきて，舞台後方で作業をする。
舞台下手奥ではコロス全員が口笛でひゅうひゅうと音を立て，ハリケーンが接近していることを示す。

AD	緊急速報，いきます！	
レポーター1	Comunicado sobre o tufão. Conforme informamos anteriormente a depressão atmosférica tropical que está sobre o mar está se transformando em tufão	ハリケーン情報をお伝えします。先ほどお伝えした熱帯低気圧は，熱帯暴風雨からハリケーンへと発達し，
	ventos fortes com velocidade aproximada de 248 kilômetros por hora, prevê-se a classificação na categoria 5	最大風速毎時約248キロメートルの「カテゴリー5」になると予測されます。

レポーター2	ハリケーンは3日後にはこの地域に到達する可能性が高いので，みなさん避難準備を始めてください。	
レポーター1・2はダグマーに詰め寄る。		
レポーター1	Dr. Dagmar! O que o Sr. acha, parece que este furacão vai causar grandes danos ao nosso país.	ダグマー博士！　いかがですか，このハリケーンはわが国に大きな被害をもたらしそうですが。
レポーター2	国外への避難命令が出た場合，博士の箱舟で脱出することは出来るんですか？	
レポーター1	Afinal, quanto tempo falta para a arca ficar pronta?	そもそも箱舟は，あとどれくらいで完成する予定ですか？
レポーター2	国家プロジェクトで一番お金かけてるのに，非常時に使えない，なんてことはないですよね？	
アンドレ	Você fica quieto! Doutor! Nossos dados mostram que esse furacão nos atingirá em cheio, será devastador!	君は黙って！　博士！我々のデータでは，このハリケーンは国中に壊滅的な打撃を確実にもたらします！
レポーター2	えっ!?　直撃ですか!?　今すぐ逃げないとヤバいですか?!!	
助手1	とりあえず，非常用ボートとして使いましょう！	
助手2	過去に行かなくても，よその国に行けばいいじゃないですか。	
助手3	生きていれば，黄金比はまた解析出来ますよ。	
助手4	そうそう。	
ダグマー	（独り言をささやくように）Para qualquer lugar que vocês fujam, será tarde demais!	君たちはどこに逃げても，もう手遅れかもしれない。
全員	え?!!	

4. 多文化共生プロジェクト 2011『最後の写真』

助手，レポーターは口々にわめきたてる。ダグマーは青ざめたまま，無言。			
レポーター1	O que disse agora doutor?	博士，今何ていったんですか？	
レポーター2	手遅れって言ったんですか？		
助手1	手遅れって，どういう意味ですか？		
助手2	私たち，どうしたらいいんですか？		
助手3	どうにかしてくださいよ		
助手4	あんた，偉いんでしょ？		
アンドレ	O que está me dizendo agora!? Você disse que certamente a proporção áurea podia ser resolvida!	あんた，今さら何言ってるんだ!?　黄金比は必ず解析出来るって言ったじゃないか！	
	Você disse que tudo estaria bem, mesmo que houvesse um grande desastre!	どんな災害が来ても絶対に大丈夫だって，言ったろう?!	
准教授はダグマーに掴みかかろうとするが，助手たちが止めに入る。			
助手1	（ダグマーに）どうしましょう？　とりあえず，まちの人を箱舟に乗せましょうか？		
アンドレ	Não é o momento de carregarmos as pessoas da cidade! Nem sabemos se nós vamos nos salvar!	まちの人なんか乗せてる場合か！　私たちだって助かるかどうかわからないのに。	
助手2	あんた，自分だけ助かればいいと思ってるの？		
助手3	みんなを乗せるんじゃなかったの？		
助手4	僕はお母ちゃんと一緒じゃないと，乗らないよ。		
レポーター，部下一同	Doutor? Doutor?! Doctor?Doctor?!!!	博士？　博士!!？	
人々の興奮が高まり，パニック状態になる。ダグマーは狂ったように大声で叫ぶ。皆は驚いて一瞬，沈黙。			
ダグマー	Deus escolherá o seu povo por Si Próprio …	「神は自らの民を選ぶ」…	
ダグマーは上手に走り去る。レポーター，助手たちも「博士！　博士!!」と叫びながらダグマーを追って上手に去る。照明が暗くなり，コロスがハリケーンの風音を立てながら忍び寄ってくる。			

シーン6

上手奥に未完成の箱舟の舳先が出てくる。ダグマーが甲板に現れ，照明がダグマーにあたる。
舞台上ではコロスが風音を立てながら，不気味に歩き回っている。

ダグマー	"Tinha noe seiscentos anos de idade, quando as aguas do diluvio inundaram a terra.	「さて洪水が地に起った時，ノアは六百歳であった。
	Sucedeu que, no primeiro dia do primeiro mes, do ano seiscentos e um, as aguas se secaram de sobre a terra	六百一歳の一月一日になって，地の上の水はかれた。
	Noe, passado o diluvio, viveu ainda trezentos e cinquenta anos.	ノアは洪水の後，なお三百五十年生きた。
	Todos os dias de Noe foram novecentos e cinquenta anos."	ノアの年は合わせて九百五十歳であった。そして彼は死んだ。」
	Por causa do dilúvio, Noé perdeu todos os colegas e amigos. Depois disso, viveu 350 anos somente com a sua família e os animais.	ノアは洪水で全ての友人・知人を亡くし，その後，家族と動物だけで350年も生きた。
	Será que Noé foi realmente feliz?	ノアはそれで，果たして幸せだったのだろうか？
	Se Noé tivesse que voltar ao passado, ele escolheria a vida antes ou depois do dilúvio?	過去に戻れるとしたら，ノアは洪水の前と後の，どちらに戻りたいだろうか？

甲板の照明が消え，ダグマーは退場。上手前のレポーター1，下手前のレポーター2に照明が入る。

レポーター1	Notícia sobre o tufão.	ハリケーン情報をお伝えします。
	O tufao está se dirigindo ao oeste do noroeste do mar portanto em pouco tempo,	ハリケーンは進路を西北西に変えて海上を進んでいるため，
	dentro em breve esta região será atingida	まもなくこのあたりは

4. 多文化共生プロジェクト2011『最後の写真』

	pela tempestade.	暴風圏内に入ります。
レポーター2	ハリケーンの上陸がほぼ確実になってきました。すみやかに避難を開始して下さい。	
レポーター1	Se for possível, vocês devem fugir para fora do país.	出来れば，国外に脱出することをお勧めします。
	Os aeroportos estão fechados e não tem como fugir de avião.	しかし空港はすでに閉鎖され，旅客機による避難は出来ません。
レポーター2	避難命令が発令されましたので，すみやかに避難を開始して下さい。	

レポーター1は上手へ，レポーター2は下手に退場。船の甲板にアンドレが登場，照明が入る。
コロスの風音がどんどん高まる。コロスは床を手で打ちつけ，暴風雨を表現する。

アンドレ	O Dagmar já deve ter feito a análise da proporção áurea. O que será que ele está fazendo?	ダグマーはもう黄金比を解析しているはずなのに，何をグズグズしているのだろう？
	Usando a proporção áurea, podemos manipular livremente a hora e o espaço a riqueza, a fama e a eterna juventude.	この黄金比を使えば，時間も空間も自由にあやつり，富も名誉も，不老だって思いのままなのに。
	Será que está pensando em monopolizar e fugir sozinho?	独り占めして逃げる気か？

コロスは国外脱出を試みる市民となって甲板をよじ登り，アンドレに忍び寄る。

アンドレ	Não venham, não subam! A Arca ainda não está pronta! Mesmo que ela estivesse pronta não tem nada a ver com vocês!	来るな，登って来るな！箱舟は完成していない！完成したとしても，おまえたちには関係ない！
	Na verdade, a arca é uma embarcação só para os escolhidos!	箱舟は，もともと選ばれた者の乗り物なんだ!!

		Essas coisas estão escritas na bíblia, não estão?	そんなことは聖書を見ればわかるだろう？
コロスはアンドレを舟から引きずりおろして，自分たちが箱舟に乗ろうとする。			
アンドレ		Pare! Pare! ahhh-------!!!	やめろ！　やめろ!! ああ〜！
甲板のアンドレの照明が消え，コロスは全力で舞台を走る。コロスの影がホリゾントに巨大化して不気味に浮かび上がる。椅子で舞台床を激しく打ち付け，音が最大になった時，コロス全員で椅子を頭上に持ち上げストップモーション。 照明，カットアウト。電子音が大音量で鳴り響く。 暗転中，コロスは椅子を持って退場。			
シーン7			
映像と音楽のコラボレーション。 スクリーンに洪水を思わせる波形の映像が現れ，破壊的な電子音とライブでコラボレーションする。 途中，聖書の言葉がナレーションと字幕で流れる。			
ナレーション		その日に大いなる淵の源は，ことごとく破れ，天の窓が開けて，雨は四十日四十夜，地に降り注いだ。	その日に大いなる淵の源は，ことごとく破れ，天の窓が開けて，雨は四十日四十夜，地に降り注いだ。
		水はまた，ますます地にみなぎり，天の下の高い山々は皆おおわれた。	水はまた，ますます地にみなぎり，天の下の高い山々は皆おおわれた。
		地のおもてにいたすべての生き物は，人も家畜も，這うものも，空の鳥もみな地からぬぐい去られて，	地のおもてにいたすべての生き物は，人も家畜も，這うものも，空の鳥もみな地からぬぐい去られて，
		ただノアと，彼と共に箱舟にいたものだけが残った。	ただノアと，彼と共に箱舟にいたものだけが残った。
		水は百五十日のあいだ地上にみなぎった。	水は百五十日のあいだ地上にみなぎった。

4. 多文化共生プロジェクト 2011『最後の写真』

映像，フェードアウト。
コロスがパープルを先頭に下手から登場。照明がほのかにフェードイン。続いてヤマト，あーちゃん，みほ，マイが登場。

パープル	母の若い頃のアルバムを見るのが大好きでした。写真クラブの学生さんにモデルを頼まれて，着物で美しく着飾ったのがありました。黒の台紙の上に写真が貼ってあり，その横に白字で句が書き添えてあるんです。それを観るのが大好きで，何度も何度も眺めてました。	
	でも2・3年ほど前，母がその写真を処分し始めたんです。「死んでいくものは，残る人に迷惑をかけちゃいけない」って。私は「捨てないで！」って言いたかったのに言えませんでした。死ぬための準備をしているのに，邪魔をしちゃいけないと思ったから。	
ヤマト	私は名前を残したい。私はひいおばあちゃんの名前を知らないけど，私が死んだ後には「こういう人がいたんだなぁ」って，私の名前を覚えていてもらいたい。	
あーちゃん	1日の最後はいつも笑顔で終わらせたい，後悔しないように。病気をして入院したことがあり，子どもに寂しい思いをさせたこともあった。だから，私がいなくなった時に子どもにつらい思いをさせたくないし，毎日を精一杯楽しみたい。	
リュウが下手から走って登場。あーちゃんとみほの間に立つ。		
リュウ	僕は100歳で亡くなりたい。誰かに呼ばれて死にたい。	
リュウは走って舞台奥に行き，ホリゾントにへばりつく。		
みほ	私は何も残したくない。記憶さえも。写真のようなものは，自分で捨てていく。葬式は死者のためのものではなく，残る人の記憶を整理するもの。残される人が	

		私を忘れやすくさせるために，少しだけ何かを残す。それ以外は私は何も残したくない。
コロスはマイを残してゆっくり退場する。		
まい	もしもうすぐ死ぬとしたら，私は空を自由に飛んでみたい。	
電子音，フェードアウト。マイは紙飛行機を取り出し，手にしたまま上手に向かってゆっくり歩き出す。紙飛行機を飛ばしそうだが，飛ばさない。暗転。上手に退場。		

シーン8

暗転中，サントスが舞台センターでスタンバイ。鳥のさえずりの SE。
スクリーンにはサントスが撮影した2枚の花の写真が映り，照明が入る。

サントス	Gosto de fotografar flores. Gosto de tirar fotos da natureza e paisagem.	花の写真を撮るのが好き。自然，風景を撮るのが好き。
	Quando eu revejo as fotos que tirei, me faz retornar para aqueles momentos felizes.	楽しいと思った時に写真を撮って，後でその時間に戻る。
花の写真，フェードアウト。		
	Por isso que fotografar para mim é importante. Geralmente eu uso meu tempo livre para fotografar.	私にとって，写真を撮るのは大事なことだから，そのための時間をたくさん使う。
	Todo dia eu penso na morte. Já tenho 50 anos e acho que a morte está próxima.	死について毎日考えている。もう50歳だから，死が近いと思ってる。
	Por isso procuro deixar as coisas organizadas e viver corretamente porque senão, posso ir para o inferno.	きちんと片付けて，きちんと生きていかなきゃ，地獄におちると思う。
	Se eu sentir que não vou viver muito e para não dar trabalho para a família, sairei em viajem e morrer sozinho	もし長く生きられないとしたら，家族に面倒かけないように一人で

| | | Meu destino seria para dentro da floresta Amazônica. Se eu morrer, vou voltar para a terra, alimentar as árvores e se vierem as flores, ficarei muito feliz. | 旅に出て，一人で死にたい。 |
| | | | 行き先は，アマゾンの森の中。死んだら土にかえって，木の養分になって，綺麗な花が咲いたら嬉しい。|

サントスは舞台上に大の字になって寝る。
スクリーンには，サントスが大きく手を広げた写真が映る。

| | | E no momento da minha morte, vou deitar, olhar para o céu e morrer agradecendo "obrigado" | 死ぬときは，寝ながら空を見上げ，「ありがとう」と感謝をしながら死にたい。|

サントスが手を広げた写真の背景は黒くなり，サントスの手に翼がついていく。

| | | Colocaria asas em mim, deixaria o céu do jeito que está, apagaria a cidade e trabalharia como um anjo | この写真の私に翼をつけて，空はそのまま残し，町を消して，天使のように加工したい。|
| | | "Obrigado por terem me amado, chegou a hora de eu partir" juntaria essas palavras e deixaria para os amigos e para a família | 「愛してくれてありがとう。逝く時がきました」と言葉を添えて，友人や家族に渡したい。|

天使になったサントスの写真，フェードアウト。

		Gostaria de morrer logo para renascer rápido e poder arrumar uma namorada.	早めに死んで，早めに生まれかわって，新しいガールフレンドを作りたい。
		Se eu renascer, não quero mais ser brasileiro.	生まれ変わったら，もうブラジル人はいやだ。
		Mas eu nem imagino como será a terra no futuro, eu nem sei onde gostaria de renascer.	でも，地球の未来は分からないから，私がどこで生まれ変わりたいかも分からない。

サントスは下手前に退場。照明が暗くなる。ルシアが下手奥から，メイは上手前から出てセンターで止まる。メイはルシアのややななめ後ろに立つ。二人は無言，字幕のみで伝えられる。		
		余命半年といわれた夫ケンは，その後一年戦い続け，先月6月5日に36歳でこの世を去った。
スクリーンには，葬儀で使われたルシアの夫の遺影が映し出される。		
		普段は「サムライは『愛してる』なんて口にしない」と言ってたけど，最期の言葉は「愛してる」だった。
スクリーンの写真，フェードアウト。ピアノが一音鳴るとルシアがポルトガル語で語り始め，同じ内容をメイが日本語で語る。字幕なし。		
ルシア＆メイ	Vou continuar com o trabalho dele dando continuidade nas atividades de apoio aos receptores de transplante de medula óssea.	私は彼の遺志を引き継いで，骨髄移植者を支援する活動を続けている。
	Sempre penso como as pessoas que aguardam o transplante podem continuar com esperança.	移植を待つ人がどうやって希望を持ち続けられるか，そのことをいつも考えている。
メイがルシアと手をつなぎ，上手に退場。下手から，美しいドレスを着たヨハナが登場。		
ヨハナ	Vejo a morte com naturalidade. Não tenho medo.	死は普通の事で，怖いとは思わない。
	Por isso, se souber que a vida vai acabar em breve, vou continuar vivendo normalmente e com itensidade.	だから，もし人生がもうすぐ終わるとしたら，普通に生活をして，充実した人生にする。

4. 多文化共生プロジェクト 2011『最後の写真』   *185*

スクリーンには，ヨハナの笑顔の写真が映し出される。		
	Não é de hoje que escolhi esta foto para ser usada no meu funeral	自分の葬式に使う写真は，ずっと前からこれに決めていた。
	retrata um momento de quando eu era muito feliz e gostaria de deixar essa imagem na lembrança das pessoas.	自分が幸せだった時期の写真だから，そのイメージとして人々の記憶に残したい。
笑顔写真の横に，子犬を抱いたヨハナの写真が映し出される。		
	Esta foto retrata um momento de ternura e gostaria de deixar como mensagem de carinho para uma pessoa importante.	こっちの写真は優しさが出ているから，優しさのメッセージとして大切な人に渡したい。
笑顔の写真，フェードアウト。続いて子犬を抱いた写真もフェードアウト。		
	Gostaria de um enterro como festa. Com disposição, alegre como se fosse uma comemoração	お葬式はパーティーみたいにやりたい。明るくって，楽しくって，祝ってくれるような感じ。
ピアノがワルツを奏で始める。 これまで黒衣を着ていたコロスが鮮やかな私服に着替え，音楽に合わせてステップを踏みながら，軽やかにパーティの準備をする。上手からカラフルな絵を描いた棺おけを運び込み，布を敷いた平台の上にセッティング。 下手前にはテーブルとビデオカメラを置く。		
	Nao quero flores no meu caixão porque fica bem caracterizado que morri.	棺おけに花はいらない。いかにも死んだ人みたいだから。
	Ao invés de colocar flores, gostaria de estar mostrando o vestido	花を入れずに，ドレスを見せたい。
	Existe uma lenda que diz que quando as pessoas que ficam se entristecem, a pessoa que falece não consegue descansar. Por isso, quero que me deixem partir com alegria.	「残された人が悲しむと，死者が旅立てない」という言い伝えがある。だから，喜びとともに送って欲しい。
	Minhas últimas palavras seriam "Estou indo	最後の言葉は「先に逝

	na frente, beijos!"	くわ。キス！」

ヨハナはステップを踏みながら，棺桶に入る。
コロスがワルツのステップを踏み，シャンペングラスを高く掲げながら踊る。
下手前のテーブルには，出演者の最後の写真が置かれている。
かおりんがビデオカメラの下に髪を花で美しく飾った写真を置くと，スクリーン全画面に映し出される。

かおりん	いくつで死んでもこの写真。70 で死んでもこの写真。突っ込み禁止！	

アナコは，友達と楽しそうに V サインしている写真を置く。

アナコ	写真はいつも作り笑いになるけど，この写真の私は自然に笑ってるから好き！	

ケンは，若いころの妻と子どもと自分の 3 人で誕生日祝いをしている写真を置く。

ケン	死ぬ前はお母ちゃんと家族に「ごめんね！」って言って，特急で天国にいきたい。	

イナは，公演の稽古中に撮った写真を置く。

イナ	みんなが「この写真がいい」って言ったから。	

AD が，テーブルの上で参加者の思い出の写真すべてを並べていく。
けいこは，下手前でピアノを弾いているミュージシャンのそばに行く。

あいのてさん	君は写真は残さないの？	
けいこ	写真はいらない。手紙を残す。「家族みんな大好き！」って。	

ダンスに興じる人々。その中には，棺桶から出てきたヨハナも交ざっている。
あちらこちらで乾杯や拍手が起こっている。
ダグマーが上手から現われ，研究者の白衣を脱いでマルシオに戻る。
スクリーンには，マルシオが両手を差しのべている写真が写る。

マルシオ	Meu nome é Marcio Costa.	僕の名前はマルシオ・コスタ。
	O que eu quero deixar no final, é esta foto onde eu mando abraços.	僕が最後に残したいのは，このハグを贈る写真。
	O abraço tem uma energia positiva..	ハグにはプラスのエネルギーがある。
	Por isso, quero deixar um forte abraço	だから僕は全ての友人

		para todos os meus amigos.	に，強いハグを残したい。

メイが全員の思い出の写真を，一枚一枚ビデオカメラの下に置いていく。参加者の写真が重なり合ってスクリーンいっぱいに映し出される。 コロスたちはハンドベルを持つ。
シャンペングラスとハンドベルが混ざり合いながら乾杯し，音が重なって鳴り響く。 グラスとハンドベルを高く掲げたまま，全員ゆっくり静止する。 ワルツの演奏がゆっくりと終わる。暗転。 スクリーンの写真，フェードアウト。
終

5. 多文化共生プロジェクト 2012『顔／ペルソナ』

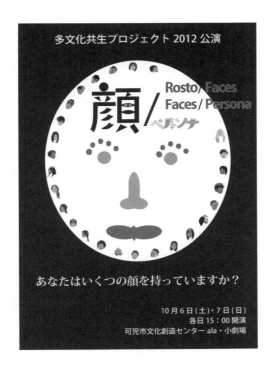

　本作品は，顔の造作・表情が人にもたらす印象や影響について考えるワークショップと，相手や状況によって使い分ける「顔（ペルソナ）」についてのインタビューからストーリーを立ち上げ，演劇・ダンス・映像で構成しています。人は社会の中で意識的にも無意識的にも顔を使い分けていますが，ここでは大人よりもむしろ子どもたちが意識的，かつ積極的に「顔（キャラ）」を使い分けています。それは，学校という多様性の乏しい（＝いじめが起こりやすい）社会の中で生き抜くための知恵に他なりませんでした。

ダンスの中で好きな顔写真を選ぶ『顔／ペルソナ』(2012)

青少年たちの「叫びのダンス」『顔／ペルソナ』(2012)

5. 多文化共生プロジェクト 2012『顔／ペルソナ』　　*191*

5-1　作品解説：『顔／ペルソナ』について

　2012年の多文化共生プロジェクトでは，出演者の構成に変化が起きました。これまでのプロジェクトでは参加者，特に思春期の子どもたちは自分について舞台で語るドキュメンタリーの部分を好まず，ワークショップに参加しても本番までにやめていくことが頻繁にありました。しかしこの年は意外なことに大人よりも子どもが積極的に話し，出演した青少年12名のうち7名が舞台でセルフストーリーを語ってくれました。

　2012年のテーマは「顔」と設定し，見た目の「顔」と，人が状況や相手によって使い分ける「顔（ペルソナ）」の変化を見ていくことにしました。顔の使い分けというと大人の専売特許と思い，「どんな時に顔を切り替えますか？」と成人の参加者に聞いていきましたがなかなか声が上がらず，ブラジル人参加者からは「コロコロ顔を切り替えるのは日本人だけだよ」という指摘も出ました。一方，中高生にも意見を聞いていったところ，日頃から積極的に「キャラ」を切り替えている，というコメントが複数出てきました。遊び感覚で楽しんでいるかのようなニュアンスでしたが，インタビューで掘り下げていくと，いじめから逃れるための手段として「顔」を使い分けているケースがほとんどだということがわかりました。

　いじめられる理由は，外国人は「外国人」だという理由で，日本人は「人と言動が違う」という理由が最も多く聞かれましたが，中には身体に障害があるという理由や，いじめにあっている子をかばったら自分もいじめられたというものもありました。いじめの経験を隠す子もいれば，インタビューでは何でも話すけれど，舞台では語りたくないという子もいました。その中で，自分の性格や置かれている環境を冷静に分析し，その状況を揶揄しつつも饒舌に語ってくれたのが，日本人のリヒトでした。

　中学2年生のリヒトは初めてワークショップに来た時，その少し前に出演した演劇公演でいじめられていたことを淡々と話し始めました。100人もの市民が参加するその公演では，自分は変わっているから参加者の「ボス」に気に入られず，ボスが気に入らない人は，まわりの取り巻きが"機転を利か

せて"仲間はずれにするのだと言います。同年代の話しかと思いきや，ボスもその取り巻きも大人の参加者ということで，強いものに追従する社会の構図を解明するリヒトの話しは風刺が利いたコメディのようでした。

　何度もインタビューを重ね，彼女が語った学校や家庭での経験について書き起こす過程において，劇場側が台本の内容を過敏にチェックし始めました。というのも，この年は日本国内でいじめ問題が深刻化し，連日のようにマスコミで取り上げられていたのですが，可児市でも悪質ないじめが顕在化したため，全国で初めて「いじめ防止条例」の制定に動き出していたからです。条例では「いじめ通報を義務化」していたこともあって劇場職員が教育委員会に相談し，台本の内容について本人に事情聴取すると言ってきました。しかしリヒトが私を信頼してくれたからこそ話した内容について，本人の知らないところで問題視され，第三者が討議していることを知ったら彼女が精神的に打ちのめされてしまうのは確実でした。劇場職員に頼んで教育委員会の介入はやめてもらい，台本を数か所訂正することで了承を得ました。

　かねてより私はプロジェクトを通して地域団体の提携を密にし，問題の早期発見と対応の取れる体制作りを望んでいましたが，リヒトの件については劇場側はまずプロジェクト・チーム内で意見交換する機会を持った方が良かったと考えています。現場スタッフやアーティストの意見を聞き，場合によっては本人も交えて話し，それでも専門家の介入が必要と判断した場合に通報しても遅くはなかったのではないでしょうか。芸術には教育とは異なるアプローチと効用があるのだから，社会の課題に対して芸術の果たしうる役割と可能性をともに議論し，探り合うことが出来ればよかったと思います。

　リヒトについては，自分がこれまで抱えてきた思いを人前で語ることで，どんどん自信を取り戻していきました。最初は人の輪に入るのも遠慮がちにおずおずしていましたが，日に日に周囲に溶け込み，ワークショップでも積極的に活躍し発言するようになりました。そんな様子を見てリヒトの出演を躊躇していたご両親もいじめについて舞台で語ること肯定的に捉え，見守ってくれるようになりました。

　自分を卑下しがちなリヒトとは対照的に，一見ポジティブに自分を見据えているように思われたのが日系ブラジル人のじゅりでした。リヒトと同い年

の 14 歳の彼女は，日本語の出来ない両親に代わって通訳をこなし，ハキハキとした物言いで将来の展望を語ります。「早く自立したい」という彼女の心理的背景にあったのは，自分の意思に反した度重なる転校のトラウマなのですが，9 回転校したという体験は外国人労働者の子弟には決して特殊なケースではないようです。親は少しでも条件の良い仕事を求めて転々と工場を移り，そのために子どもが転校しなければならないとしてもやむを得ないと判断します。ゆくゆくは母国に帰り，子どもはそこで進学すればいいと考えているからなのですが，そう思いつつもズルズルと日本での暮らしが長くなり，子どもは母語と日本語のどちらも年齢相応の言語能力がついていかない「ダブル・リミテッド」という事態に陥ります。

　プロジェクトに参加した 12 人の子どもたちはそれぞれに問題を抱えていて，中には親だけが早くから日本にデカセギに来ていて子どもは母国の祖父母に育てられ，長じてから呼び寄せられると母親が知らない男性と結婚していた，という子も複数いました。彼らは家庭でも学校でも心を開くことが出来ず，外国人の支援教室の先生をしていた日系ブラジル人のバニーに頼りきっていました。バニーは面倒見がよい上にポルトガル語・日本語のほかに英語も話せたので，ブラジルの子もフィリピンの子も彼女にとてもなついていました。

　バニー以外にも多文化演劇ユニット MICHI のメンバーがサポートを買って出てくれたため，子どもたちは居場所を求めて劇場に通ってくるようになりました。しかしながら無断欠席や遅刻は日常茶飯事で，身勝手な行動で稽古を妨げることが頻繁にありました。度が過ぎて他の参加者に迷惑をかける子どもについては参加者からもスタッフからもクレームが出て，キャスティングからはずすべきかと悩みました。しかし一度でも舞台に上がり，緊張に晒されながら表現し，その成果としてお客様から拍手をいただいた時，彼らの心境に変化が起きるかもしれないと考え，全員参加を貫くことにしました。

　そして公演が終わった時，子どもたちには大人に見られない数々の変化が見られました。「どうせ無理ですけど」が口癖だったリヒトは，公演終了後に「夢はかなえられるものかもしれない！」と息を弾ませて伝えに来まし

た。また，最も手を焼きキャスティングからはずそうかと思案した男の子は，公演が終わって数日経った時にお父さんが「公演以来，不良グループとつき合わなくなった」と報告しに来てくれました。その状態は1年以上経っても続いているということです。そして，稽古場ではほとんど人と接触しなかった女の子が，公演直後の舞台裏で出演者やスタッフに次々とハグをしてきました。彼女は自分では言いませんでしたが，学校でいじめを受けているとこぼれ聞いていました。そんな彼女が舞台での達成感から自分の殻を打ち破り，ハグをすることで他者とのコミュニケーションの回路を一気に開いたかのようでした。

　世代を問わず同調圧力の強い日本の社会において，多様な価値観が存在し，受け入れられる環境に身を置くことは，時に子どもたちの命綱にもなり得るのかもしれません。人が成長していく過程では与えられるだけでは十分でなく，自らも与え，手を差し延べられる存在になることで自尊心を育んでいけるのだと感じた公演でした。

5-2　上演台本

『顔／ペルソナ』

出演

[成人チーム（ブラジル）]
バニー：Higuto Vanessa Cristiny
進行係B／シマダ：Do Carmo Noberto Shimada
エリオ：住吉 エリオ 洋一
ケン：渡部 ケン
ルセリア：渡部 ルセリア

[成人チーム（日本）]
キミヨ：古田 喜美代
チャーリー：本多 ゆかり
まい：前堀 まゆみ
ハル：盛岡 勝治
みかん：佐藤 美佳
みほ：多田 美保子
進行係A／かおりん：渡辺 かおり
やんきみ：山口 君子
ぴざ：山田 久子

[高校生チーム]
アンドレ：アンドレ ジュレヴィニ（ブラジル）
アビ：福田 アビゲイル（フィリピン）

[中学生チーム]
（※ブラジル人学校や就学支援教室に通っている、日本の中学生と同年代の子どもを含む）
ユキオ：伊原 ユキオ（ブラジル）
じゅり：岡山 ユミ（ブラジル）

レレ（けいこ）：Leticia Keiko Teixeira Umeda（ブラジル）
ミカ：Michaela Ghen Shaira T. Herrera（フィリピン）
キシャ：Kishamaine Labawan（フィリピン）
リヒト：浅野　絢愛（日本）
アキラ：棚橋　一光（日本）
ケンジ：Hugo Kenji Yamada（ブラジル）

[小学生チーム]
デクスタ：Dexter Labawan Jr（フィリピン）
サミラ：末永　サミラ（ブラジル）

映像のみ出演
Marcio Costa（ブラジル）
堀籠　通信（日本）
山崎　アイコ（ブラジル）

スタッフ
構成・演出：田室　寿見子
振付・演出：じゅんじゅん
映像：岩井　成昭
演出助手：前嶋　のの

舞台監督：加藤　啓文
照明：長瀬　正行
音響：庄　健治
制作：経田　容子／澤村　潤

字幕操作：鈴木　康之
記録撮影：三宅　孝秀

主催：公益財団法人可児市文化芸術振興財団
支援：文化庁
協力：可児市／可児市教育委員会／NPO法人可児市国際交流協会

5. 多文化共生プロジェクト 2012『顔／ペルソナ』

企画・製作：Sin Titulo

2012 年 10 月 6 日（土）・7 日（日）　各日 15：00 開演
可児市創造文化センター　小劇場にて上演

役名	台詞	対訳 （グレー部分は字幕）
シーン1　[顔ワークショップ1]			

●写真ワークショップ1　「嫌いな顔」を選ぶ。
舞台床には横に11枚，縦に6枚，合計66枚のA4サイズの白黒の顔写真のパネルが床一面に整然と並べられている。天井から吊るしたビデオカメラで床に並べられた写真を撮り，ライブ映像で舞台奥のスクリーンに映し出す。壁一面，まるで戦争博物館に飾られた遺影のような雰囲気。
参加者34名は進行係A・Bに連れられて上手から入場。写真を見て笑ったりふざけたりしながら，進行係に促されて全員写真を囲んで床に座る。

役名	台詞	対訳
進行係A （かおりん）	みなさんは「ソンディ・テスト」をご存知ですか？　数々の写真の中から好きな顔，嫌いな顔を選んで，その人の心の状態を分析する心理テストです。シマダさん，知ってる？	
進行係B （シマダ）	Nunca ouvi falar do Sondy Test. Me revelar através das fotos escolhidas é preocupante! Por exemplo "quero matar o dia de trabalho"	「ソンディ・テスト」なんて聞いたことないな。選んだ写真で僕の考えがバレたら怖いね。「ああ，仕事さぼりたい！」とかさ。
進行係A	「顔は心の鏡」っていいますからね，シマダさん。「仕事さぼって，ビール飲みたい」とか心の中で考えても，バレバレですよ～。	dizem que o rosto é o espelho do coração! Pensar em Matar o trabalho, beber uma cachaça…pode ser revelado em!!
進行係B	Tem um provérbio, "quem vê cara nao vê coração"	「顔は心の指標ではない」って言葉もあるけどね。
進行係A	とにかく，顔というのは人それぞれで一人として同じ顔はありません。私たちは顔から様々な感情や印象など，多くの情	

	報を読み取ります。	
進行係 B	Apesar de não conhecer de fato a pessoa, nós optamos em gostar ou não gostar dela através da cara.	相手の性格も知らないのに、顔だけで「好き」とか「嫌い」とか決めたりするもんね。
進行係 A	今日はちょっと「ソンディ・テスト」のマネして、写真を選んでみなさんの深層心理がわかるかどうか、やってみたいと思います。	
進行係 B	Descobrir a personalidade da pessoa através da escolha de fotos!? Vamos ver no que vai dar!	選ぶ写真でみんなの心理がわかるかな。何が出てくるか、やってみよう！
進行係 A	それでは最初に、この中から「キライな顔、一緒にご飯を食べたくない顔」を一枚選んでください。	
進行係 B	Por que não quer fazer a refeição junto com essa pessoa? Esse motivo revela a sua personalidade!?	なぜこの人と一緒にご飯を食べたくないのか。その理由から、あなたの心理が見えるかどうか!?
各自立ち上がり、思案しながら嫌いな顔を１枚ずつ選んでいく。短調の不気味な音楽（MI）、フェードイン。思い思いに写真を眺め、写真の間を歩く。途中、写真を踏まないように踊ったり、バク転をする者もいる。		
その選ぶ様子が、頭上からのカメラでリアルタイムにスクリーンに映し出される。一通り選び終えたところで、また床に座る。MI、フェードアウト。		
進行係 A	結構バラバラですねえ。それでは一人一人何故その写真を選んだのか聞いてみましょう。まず、やんきみ！	
やんきみがトルストイの顔写真のパネルを持って、舞台センターに出てくる。スクリーンにトルストイの顔が大きく映し出される。		
やんきみ	この人、ラーメン食べたら、ひげも一緒に食べそう。料理を作っても何を食べてもおいしいって言わなさそう。	

進行係A	せっかく作ってもおいしいって言ってくれない人はいやですよね，主婦としては。	
進行係B	É verdade!	本当に！
進行係A	じゃ，次はバニー！	

やんきみは元の位置に戻り，スクリーンの写真も消える。
バニーが野田佳彦元首相の顔写真のパネルを持って舞台センターに出て，スクリーンに野田佳彦元首相が映し出される。

進行係A	何でこの写真を選んだんですか？	
バニー	この人は何か欲しいっていう目をしてる。「一緒にごはん食べよ」って言っても，心で別の考えある感じね。リラックスできない。	Parece que está querendo algo. Mesmo falando "vamos comer juntos", parece estar com o pensamento em outro lugar. Não dá para relaxar.
進行係A	ご飯をごちそうする代わりに，何かして欲しいって思ってる感じですね。それはイヤですね。	

バニーが元の位置に戻り，スクリーンの写真も消える。
ケンジが，恐い表情をしたアピチャートポン・ウィーラセータクン（タイの映画監督）の顔写真のパネルを持って舞台センターに出て，スクリーンにアピチャートポン・ウィーラセータクンが映し出される。

進行係A	ケンジは何でこの写真を選んだんですか？	
ケンジ	Dá medo, dá impressãoque vai falar coisas severas. Parece que só faz coisa ruim na vida.	怖そう，きついことを言いそうなイメージ。人生で悪いことをしてるような顔
進行係B	É verdade! De fato, tem um rosto que demonstra ser severo.	確かに厳しそうな顔だね。
進行係A	たった一枚の写真から，人生で悪いことをしてるかも，なんて思ったんですね。ありがとうございました。じゃ，次はミカ！	。

ケンジが元の位置に戻り，スクリーンの写真も消える。
ミカが草間彌生の顔写真のパネルを持って舞台センターに出て，スクリーンに草間彌生が映し出される。

進行係A	何でこの写真なんですか？	
ミカ	I'm scared of her face. She should eat me!	食べられそうだから，怖い！
進行係A	「食べられそう！」確かに，あなたは小さくて可愛いから，食べられてしまいそうですね。気をつけてね。	

ミカは元の位置に戻り，スクリーンから写真が消える。

進行係A	みなさんはいかがでしたか？ 写真にその人の人生が浮かび上がっていましたか？ そして，その写真を選んだ人たちの心理状態は，想像つきましたか？	
進行係B	Mas todos querem é tranquilidade na hora da refeição né.	ま，みんな食事はリラックスして食べたいってことだけはわかったね。
進行係A	一枚の写真は，その人の数ある表情のほんの一部です。いろんな人のいろんな顔を，これから見ていくことにしましょう。	
進行係B	OK, vamos apreciar diferentes fisionomias e personalidades!	OK，みんなのいろんな顔，いろんなペルソナを見ていこう！

暗転。床に置いてある写真を全員で片付け，退場。ケンとルセリアは舞台上に残る。

シーン2 〔顔のルーツ〕

大きな額縁が，舞台センターから下手にかけて3つ降りてくる。（上手側から，額1・額2・額3）
ケンは額1，ルセリアは額2に入る。照明フェードイン。

ケン	こんにちは，ワタナベ・ケンです。	Boa tarde, sou Watanabe Ken.
	日系ブラジル人です。日本にもう15年	Sou brasileiro,

	住んでます。	descendente de japones, e já estou no Japao há 15 anos
	こちらは奥さんのルセリアです。	E ela é minha esposa, Lucélia
ルセリア	Olá. Meu nome é Lucélia. Eu sou brasileira, não descendente de japoneses.	こんにちは、ルセリアです。私はブラジル人、日系人じゃないね。
ケン	今年の夏休み、5年ぶりにブラジルに帰ったら、	No feriado de Agosto, fomos depois de 5 anos ao Brasil
	いろんな顔がおるなぁってびっくりしたね。	e assustamos com a variedade de rostos diferentes.
ルセリア	No Brasil, tem muitos rostos diferentes: negro, branco, pessoas com a aparencia de serem ricas e outras muito pobres e tem pessoas bem feias.	みんな顔、違うね。黒いとか白いとか、金持ちの顔とか、貧乏の顔とか、すごーくブスの顔とか。
ケン	ブラジルに住んどる時は白いのとか黒いのとかおるのがあたりまえだったのに、日本の顔に慣れたよね。	Quando moravamos no Brasil, negro, branco, era indiferente. Acostumamos com a fisionomia daqui.
ルセリア	No Japão as pessoas são todas parecidas. Todo mundo se veste bem.	日本はみんなあまり変わらない。みんなきれいにしてる。
ケン	ブラジルはきれいな人もおるけど、ブスも多かったね。	No Brasil tem gente bonita mas feia também.
	ホームレスとか、ぼくは日本で見たことないけど、ブラジルにはたくさんいたね。	Não tinha visto morador de rua no Japão mas no Brasil vi muitos
	貧乏な人も多かったね。貧乏な人は服と歩き方を見たらすぐわかるね。（貧乏な	Vi muita pobreza. O jeito de andar e as

		人の歩き方を真似る）	roupas denunciavam isso.
ルセリア		No Brasil, as pessoas gostam de coisas de marca, mas só quem tem dinheiro que pode comprar.	ブラジルの人，ブランド好きね。お金ある人はブランドの服買う。
		Para mim ter ou não dinheiro, tanto faz.	でも私，お金が「有る・無い」は関係ない。
		私，「しまむら」大好きね！	Eu adoro o Shimamura.
バニーが下手より，額3に入る。			
バニー		ブラジルにこんなことわざあるね。「ブスはいない。いるのは貧乏人だけだ」	No Brasil tem um ditado que diz que: Gente feia não existe. Existe é gente pobre.
		お金があったら誰でもきれいになれるね。生まれた時にきれいかどうか関係ない。	Tendo dinheiro dá-se um jeito para tudo. Náo importa se era bonito ou não quando nasceu.
		あ，私の名前はバニーです。私も日系ブラジル人です。今，外国人の子どもたちの先生やってます。	Meu nome é Bunny e eu também sou descendente de japoneses e sou professora de alunos estrangeiros.
		私はお父さんもお母さんも日系人で，日本人と同じ顔。	Meus pais também são descendentes e eu tenho cara de japonesa.
		だから私がブラジルにいる時，みんな「ああ，日本人，日本人」って私のこと指差した。それ，すごくイヤだったね。	No Brasil apontavam para mim e diziam "japonesa, japonesa". Não gostava disso.
		でも日本に来たら，今度は「外人，外人」っていわれる。私の顔，日本人と思ってた。	Achava que tinha cara de japonesa mas no Japão me chamam de estrangeira

		私，どっちの人？　私，どこ行っても外国人ね。	Afinal quem sou? Em qualquer lugar que eu for, eu sou estrangeira, ne.
バニー，ルセリア，ケンは下手へ退場。グスタボが上手から登場。			
グスタボ		Meu nome é Gustavo Oyama. Nikkei-brasileiro.	僕の名前は大山グスタボ，日系ブラジル人です。
		Gostaria de falar um pouco da minha árvore genealógica.	僕の顔のルーツについて，お話ししたいと思います。
グスタボの家系図がスクリーンに映る。グスタボの説明に沿って，家系の枝がどんどん伸び，祖先のイメージが影絵のように出てくる。			
		Por parte da minha mãe,	まず，僕のお母さんの家系ですが，
		meus tataravós eram alemães e eles vieram para o Brasil.	ひいひいおばちゃんはドイツに住むドイツ人で，家族でブラジルに移住しました。
		Minha bisavó se casou com um descendente de espanhol e português.	ひいおばあちゃんは，ポルトガルとスペインの血をひいた男性と結婚。
		E desse casamento, nasceu a minha avó, que se casou com um descendente indígena.	その間に生まれたおばあちゃんは，インディオと結婚しました。
		E eles tiveram a minha mãe que se casou com um descendente de japoneses e assim nasceram meus irmãos e eu. Somos em 3.	そして僕のお母さんは日系人と結婚して，僕たち兄弟3人が生まれました。
		Pra vocês terem uma idéia, eu e meus irmãos temos descendencia de alemão, espanhol, português, indígena e japonês.	つまり，僕たちはドイツ人，スペイン人，ポルトガル人，インディオ，日本人の血を引いているんです。

		Meu irmão mais velho e o mais novo nasceram com a cor de cabelo bem clarinha, loiro, mas eu nasci com o cabelo preto.	兄と弟は子どもの頃は金髪でしたが、僕はずっと黒髪。
		Meus dois irmãos tem mais traços de brasileiro doque eu, segundo a minha mãe.	兄と弟はドイツ人っぽい顔ですが、僕の顔は日系人っぽい、とお母さんが言います。
		No Brasil, é normal as famílias terem bastante mistura e a diversidade de fisionomia é grande.	ブラジルでは、家族の中でいろんな顔があるのがあたりまえ。
		Mesmo os pais sendo os mesmos, é comum terem filhos com rostos diferentes um do outro. Por exemplo, um ser moreno e o outro bem branquinho.	同じ兄弟でも、白人と黒人がいることもあります。
		Será que os japoneses não tem mistura de sangue?	日本人の方は、外国の血が混ざっていないのですか？
	グスタボ、上手に退場。バニー、下手から登場。		
	バニー	ブラジルで「日本人、日本人」って言われるのがイヤだった。何か自分は「特別」って思いたかった。	Eu não gostava quando me chamavam de japonesa no Brasil. Queria ser diferenciada.
		だから、16歳の時、お母さんに内緒で、申込書に自分でお母さんのサインしてピアスつけた。	Por isso, aos 16 anos sem a mãe saber, falsifiquei a assinatura dela e coloquei piercing
		初めてはここ（眉尻）とここ（鼻）。すごい怒られた。	o primeiro foi aqui e levei a maior bronca
		その後、ここ（あご）、ここ（舌）、ここ（左の耳たぶ）、ここ（右の耳たぶ）、ここ（おへそ）も。何か強いイメージしたかった。	depois, aqui, aqui, aqui, aqui e aqui. Queria ter uma imagem diferente.
		「日本人」じゃなくて、スタイルのある人かな。外から見ると、不良ね。	Não queria ser vista como japonesa mas sim

			diferente. Pra quem visse de fora, parecia vulgar.
		でも、「日本人」じゃなくて、違うイメージしたかった。	mas não queria ser "japonesa" mas sim diferente
		「かっこいいね！」「すごくできるね！」って言われたかった。	Queria que dissessem: "Que legal", "muito Bem!".
		でも今、私、かっこいい思わないね。その頃の私、本当に好きじゃない。	Mas hoje, não aprecio mais. Não gosto de mim dessa época.
バニー、額1に入る。やんきみが下手から登場し、額2に入る。			
やんきみ		素顔だと自分の全てが見られるようで、若い時はいつもメイクしていた。	Ao natural parece que estou me revelando toda e quando jovem sempre estava maquiada.
		ファンデーション塗って、アイブロウして、口紅をつけて	Estava sempre de base, sombra e batom
		本当の自分を隠して、仮面をかぶるみたいに、なりたい自分になっていく。	Deixar para trás o verdadeiro eu e assumir a nova personalidade como se estivesse usando uma máscara.

やんきみが額3の前に移動する。
サミラが額3の後ろに立ち、鏡に映ったやんきみになる。
シャンソン（M2）、カットイン。

●ムーブメント「ミラー」
やんきみがメイクを始め、サミラがミラーとなって同じ動きをする。サミラは思春期まっ只中で、若かった頃のやんきみの郷愁としてのムーブメント。二人は下手に退場。

バニーは額1の前に立ち、自分の姿を鏡（額1）に映す。きみよが上手から登場し、額1の後ろに立ち、バニーのミラーとなる。バニーはぽっちゃり、きみよはと

ても痩せている。二人は服の乱れを直したり，体型を気にしたりしながら，思い描く自分像と現実の違いを反映させたムーブメント。二人は上手に退場。

3つの額がゆっくり天井へ上がっていく。

M2, フェードアウト。暗転。

シーン3　［ケン＆ルセリアの映像］

下手前に照明が入り，ケンとルセリアが下手から入ってくる。

ルセリア	Eu tinha 17 anos quando conheci o meu marido.	彼に初めて会ったとき，私は17歳。
	Desde que eu nasci, foi a primeira vez que eu vi um descendente de japonês. Eu fiquei super espantada!	日系人を見たの，生まれて初めてだったから，ものすごーーーくビックリした！
ケン	これから，僕たちが初めて会った時の映画を見せます。	A partir de agora, vamos assistir um filme de quando nos conhecemos.

ケンとルセリアが下手へ退場。暗転。

若者（じゅり，アンドレ，ミカ，リヒト，アビー）が椅子を持ってきて，映画館のようにスクリーンの方を向いて横一列に座る。

ケンとルセリアの出会いのエピソードを描いたサイレント映画「ルセリアとケン」が流れる。

（背景が濃い部分はサイレン映画のなかの全面字幕）

	A Lucelia e Ken 1979, Bragança Paulista Sp., Lucelia com 17 anos	ルセリアとケン 1979年　ブラジル　ブラジルガンサ　パウリスタ市 ルセリア　17歳

大きなスーツケースを両手に抱えたルセリアが，姉と同居するため引っ越してくる。

	Hum, como será que minha irmã está? Aqui começa uma nova vida.	お姉さん元気かしら？ここで新しい暮らしが始まるのね。

ルセリアの姉（バニー）と，その子ども（アイコ）が登場。

	Lucélia, bem-vinda!	ルセリア，よく来たね。

| | Estou feliz em começar a morar com você. | 今日からまた一緒に暮らせて嬉しいわ。 |

一緒に食事の準備をするルセリアと姉。窓から隣家を見ると，ケンがバイクに乗って帰宅する。

	Lucélia, olhe, vem ver!	ルセリア，みてみて！
	Aquele rapaz ali é bonito não?	隣の彼，かわいいでしょう？
	Ele é descendente de japonês e seu nome é Ken.	日系人なの，ケンって名前よ。
	Que cara estranha. É a primeira vez que eu vejo alguém assim.	えーっ，何あの顔？あんなの初めて見た！
	Aquele é um descendente de japonês?	あれが日系人？
	Não, não. Eu não quero de jeito nenhum.	ダメダメ，私ぜったいヤダ。
	No próximo dia.	「翌日」

再び，ケンがバイクに乗って帰宅するのが窓から見える。ルセリアたちに手を振るケン。

	Olhe, ele voltou.	ほら，彼が帰ってきた。
	Lucélia, você não acha ele bonito?	ねぇ，ルセリア，かわいいと思わない？
	Que cara estranha! Eu não tenho interesse não.	おかしな顔よね。あんまり興味ないな。
	Tempo bom para lavar a roupa.	「洗濯日和」

よく晴れたある日，姪と戯れながら一緒に洗濯物を干すルセリア。

| | Inesperado acidente. | 「不慮の事故」 |

ルセリアの手が滑って洗濯バサミが飛んで行き，スローモーションで隣家の庭に立っていたケンの頬を挟む。笑いこける姪。おそるおそる謝りに行くルセリア。

	Me desculpe, não foi de propósito.	ごめんなさい。わざとじゃないのよ。
	Tudo bem, eu tive é sorte.	いいんだ。僕は幸運だよ。
	No próximo domingo, você não gostaria de sair de moto?	今度の日曜，バイクで遊びに行かないか？
	Vou sim. Até domingo então.	いいわ。それじゃ日曜日に。

立ち去るルセリアに、いつまでも手を振るケン。

	Amor rival	「恋敵」

カウボーイハットをかぶりながら、マッチョなブラジル人（マルシオ）が登場。恰好をつけて、ポーズを決めている。

	A moça encantada pelo cowboy	女はカウボーイにイチコロさ。

マッチョはルセリアに花束を贈ろうと、何度もセリフとポーズを練習している。ようやくルセリアが通りがかり渡そうとするが、ルセリアは相手にしない。

日曜日、ルセリアはケンのバイクでデートに出かける。公園で仲良くアイスクリームを食べ、やがてキスをする。それを木陰から見ていたマッチョが、地団駄を踏んで悔しがる。

	Que raiva do japonês!!!	日本人、ムカツク！
	Fim.	「おしまい」

映画が終わり、照明フェードイン。下手からケンとルセリアが舞台に出てくる。二人が話し始めると、客席に背を向けて映画鑑賞していた若者たちが、顔だけ前を向いて二人の話しを聞く。

ルセリア	Aos poucos fui me acostumando com a aparencia do meu marido.	私、だんだん彼の顔に慣れたね。
	Como ele era bonzinho, passei a gostar dele. Nós casamos e hoje estamos juntos a 30 anos.	彼が優しいから好きになって、結婚して、今30年ね。
ケン	もう30年ですか。お母さん、これからもよろしくお願いします。	Já 30 anos! Mamãe, yoroshiku onegaishimasu!
	「よろしく」じゃなくって、「愛してる」でしょ！	Que "yoroshiku" o quê! Você quer dizer: "Eu te amo!" Ne!

ケンとルセリアは腕を組みながら、上手へ退場。

シーン4　［若者］

椅子に座っている若者たちが、思い思いに自己紹介を始める。

アンドレ	俺は人から時々「アクターになれば？」って言われる。	Já me perguntaram o por que de não me tornar ator?
	顔が『マトリックス』のキアヌ・リーブ	É por que acham que

		スに似てるって。	sou parecido com o Keanu Reeves do Matrix
		お父さんがイタリア系のせいかな。	Ou será por que o meu pai é descendente de italiano?
		俺の名前はアンドレ・ジェレヴィニ。17歳の高二。日系ブラジル人。	Meu nome é André Gerevini, 16 anos, 1o. ano do colegial, descendente de japonês.
じゅり		え，マジで？　あなた俳優になりたいの？　私はなりたい。	Sério? Você quer ser ator? Eu também quero!
		私の将来の夢は女優かモデル。アンジェリーナ・ジョリーさんを目指してるの。	Meu sonho é ser artista ou modelo. Me espelho na Angelina Jolie
		私はじゅり，14歳の中学2年生。日系ブラジル人だけど，ハーフって言われるほうが好き。	Sou Juli, 14 anos, 2° ano do ginásio. Sou brasileira descendente de japnês mas prefiro que me refiram como mestiça.
		何か可愛いイメージがあるじゃない？	assim não parece ser mais carinhoso?
		でも「ブラジル人」っていうと，露出してる服を着てるイメージしかなくて，自分がそんなふうに思われるのはあまり好きじゃない。	"brasileira" tem a imagem de expôr o corpo e não gosto que me vejam dessa forma.
アビー		私の名前は福田アビゲイルですけど，「ゲイル」はおかしいからアビーって呼んでください。	Meu nome é Fukuda Abigail e gosto que me chamem de Abi porque "Gail" soa mal.
		フィリピン人です。2年前に日本に来ました。今私は16歳の高1です。	Sou Filipina, 16 anos, 2 anos de Japão e estou no 1o. ano do colegial

5. 多文化共生プロジェクト 2012『顔／ペルソナ』

	私はずっと子どもの時からダンスやってるで，好きです！ 今も部活でチャレンジ部に入ってます。あ，チャレンジ部っていうのはダンス部のことです。（ミカに）And you?	Desde criança sempre gostei de dançar! Participo na atividade esportiva da escola chamada "Challenge". "Challenge" é um grupo de dança.
ミカ	My name is Mika, I'm 15 years old. I came from Philipine just 4 months ago.	私はミカ，15歳。フィリピン人です。4ヶ月前に日本に来たばかり。Sou Mika, tenho 15 anos e vim a 4 meses.
リヒト	私はリヒトです。こんななりですが，14歳です。「リヒト」はニックネームで，まぁ外見からわかるように生粋の日本人です。	Meu nome é Rihito. Tenho 14 anos e como vocês podem ver sou japonesa e meu apelido e Licht.
	そろそろ思春期だし，イジメとかありそうだし。クラスでは思いっきり浮いてます。自分ではガキだと思っています。	Sou adolescente. Na sala de aula sou dispersa. Me acho uma relachada.
じゅり	私，高校は女優とかモデルの勉強が出来る学校に行きたいと思ってるの。	Pretendo cursar colégio profissionalizante na área de modelo ou atriz.
	普通の高校行ったり，大学行ったりして，のんびりしてるのがヤなんだよね。早く独り立ちしたいの。	Cursar colegial e faculdade acho que é monótono. Quero me tornar independente logo!
アンドレ	俺の夢は，生物学者になること。	Meu sonho é ser biólogo
	子どもの頃，ディスカバリー・チャンネルとアニマルプラネットを見たときから決めてた。	Defini quando criança ao ver o programa do Discovery Channel

		大学はアメリカに行って勉強したい。	Quero cursar a faculdade nos Estados Unidos.
アビー		私は特に夢っていうのはないけど，目標はフィリピンのいとこのためにダンスの稽古場を作ること。	Não tenho muitos sonhos mas o objetivo é construir uma sala de ensaio de dança para uma prima nas Filipinas.
		日本みたいないい稽古場作るって，いとこに約束したの。	Prometi que vou construir uma sala de ensaios igual das do Japão.
		みんな外の土の上とか，家の中で狭いとこで練習してるから，	como não tem salas, ensaiam no terreno baldio ou dentro dos apertados quartos das casas.
リヒト		私の夢は写真家とか小説家とか，探偵もやってみたいな。	Meu sonho é ser fotógrafa, romancista e detetive também
		シャーロック・ホームズに夢中だったから。すみません，ちょっとありえない。	Era louca pelo Sherlock Holmes. Perdão, não tem nada a ver
アンドレ		俺もシャーロック・ホームズ大好きよ！	Eu também gosto do Sherlock Holmes!
アビー		私，もう一つのいとこに約束したことは，ダンス用の服を作ってあげたいですけど，どうやって作るかわからんもんで，今はまだ学校で勉強中です。	Prometi para uma outra prima que confeccionaria uma fantasia para dançar, mas ainda não sei fazer. Por enquanto estou estudando na escola.
		私，今高校で被服科に行ってるけど，	Estou cursando corte e

		私，結構才能あるかも。おばあちゃんの才能，もらったと思います。	costura no colegial. Acho que tenho dom de corte e costura que herdei da minha avó.
じゅり		実は私，こんなふうに人前でしゃべるのは苦手なんだよね。	Eu, na verdade tenho dificuldade de falar assim em público
		女優を目指しているくせにおかしいと思うかもしれないけど。	E querer ser atriz, isso não é estranho?
		私，今までに９回転校したことがあるの。日本で８回，ブラジルで１回。	Até agora mudei de escola 9 vezes. 8 vezes no Japão e 1 vez no Brasil.
		転校した時に最初に教室に入るじゃない？	Quando muda de escola primeiro a gente não entra em sala de aula?

じゅりは学校の廊下を歩く様子を演じる。他の若者は椅子をスクール形式に並べ変える。
アンドレが教師役になって，教室に入ってきたじゅりに「自己紹介して〜」などと言ってふざける。

じゅり		先生にいきなり「はい，自己紹介」って言われたら，その時はもう，ダメ。	e o professor de repente pede para fazer a auto apresentação, e é isso que não dá certo!
		人生の終わり。終わりの時間って思う。みんながジロジロ見るのがヤダ。	Fim da vida. A vida chegou ao fim. Não gosto que fiquem me olhando.
アンドレ		俺は日本に来てから６年間で６回転校した。	Estou há 6 anos no Japão e mudei de escola 4 vezes.
		最初は日本語わからなかったから，他の子がしゃべってると「あ，俺の悪口言っ	No início não entendia nada da língua japonesa

		てるかなぁ」って思った。	e achava que os colegas de classe estavam falando mal de mim
		外人は大変だよ。(ミカに) Don't you think so?	Ser estrangeiro é sofrido!
ミカ		My dream is to be an accountant. I want to study hard and be an accountant in Japan.	私の夢は会計士。日本で勉強して，会計士になりたい。
		But I'm afraid of my Japanese language.	でも日本語がわからないから，心配。
じゅり		もし女優もモデルもダメなら，市役所の人になります。通訳できるから。	Se não conseguir ser atriz ou modelo, quero ser tradutora em prefeituras
		好きじゃない仕事をしてもどうなのかなって。	Questiono o fato de trabalhar no que não gosto
		お父さんも一時期好きじゃない仕事したら，落ち込むようになったっていうか，暗くなって，「怖い」って感じだった。	Meu pai trabalhou temporáriamente numa área que não gostava. Tinha um rosto triste que dava medo.
リヒト		好きなことで生計立てられたらすごいな。	Atuar e crescer numa área que se gosta é importante!
		まぁ，実際にはうまくいかないでしょうけど。今は就職難だし，リストラとかも結構多いし。	na minha vida nem tudo deve correr bem porque um bom emprego está difícil e está tendo bastante corte nas empresas.
		もし仕方なかったら，会社員とか普通の仕事につきますよ。	Se não tiver jeito, vou trabalhar em escritórios ou em coisa parecida
		集団行動苦手なんで，すぐやめそうな気	Não gosto de trabalhar

		em grupo e acho que não ficar muito tempo.
突然，レレ（けいこ）が下手から飛び込んでくる。		
レレ	私はレレ，ブラジル人学校8年生の14歳。私は変な人が好き！　よろしく！	Sou Lele, 14 anos, 8 anos em escola brasileira e gosto de pessoas diferentes

レレは一人ひとりに握手を求めるが，若者たちはあっけにとられている。照明，カットアウト。

レレとリヒトを残して，全員退場。レレとリヒトはスクリーンに向かって並び，映像が上映されている間，ずっとスクリーンを見ながら立っている。

【映像A-1】 「踏切」		

映像では，レレとリヒトが遮断機の降りた踏切の前に立っている。リヒトは日本人で，日本の中学校に通い，レレは日系ブラジル人で，ブラジル人学校に通っている。同年代の二人は，どちらも学校で自分は浮いていると感じている。踏切で電車が通り過ぎるのを，二人は無言のまま待っている。

レレ （映像の声）	子どもの時からみんなに「変！」って言われて，最初は気にしとったけど，自分の好きなようにしとったの。	Desde pequena diziam que eu era "diferente". Ligava um pouco mas queria ser eu mesma.
	そしたら，みんなにまだ「変」って言われるから，「じゃ，これから私は変な人になる！」って決めて，変わった人にしたの。	Continuaram dizendo que sou "diferente" e por isso optei em ser "esquisita".
リヒト （映像の声）	私は人の空気が読めないんです。キャラを作り始めたのは中一です。	Eu não sou perceptiva. Comecei a ter mais de uma cara no 1° ano do ginásio.
	その前は「キャラ」って見方もありませんでした。小学校の時は普通に自然体でしたけど。	Antes disso, não tinha nem idéia de ter diversas "caras". No primário era eu mesma
レレ （映像の声）	お母さんがいつも「あなたみたいな人は友達作れないよ。女の子の友達はあなたと一緒にいたら恥ずかしくなる」って言	Minha mãe sempre diz que pessoas como você não consegue fazer

	ってたの。	amigos. Amigas sentirão vergonha se estiver junto.
リヒト （映像の声）	「うちはしあわせな家庭って，お母さんが言うんです。「うちは幸せな家庭であなたも普通の子よりも甘やかされて育てられている」って。	Minha mãe sempre diz que somos uma família feliz. E acrescenta ainda que sou criada com mais mimo que o normal.

電車が通り過ぎるが，まだ踏切は開かない。二人が立ちつくしているところで映像は終わる。
暗転。レレとリヒトは退場。

シーン5　［顔ワークショップ2］

●写真ワークショップ2「友達になりたい顔」を選ぶ。
照明，フェードイン。
下手から進行係A，上手から進行係Bが現れ，舞台センターに立つ。

進行係A	さて，さっきは「ソンディ・テスト」を真似て，みなさんの嫌いな顔を選んでいただきました。	
	では，今度は「友達になりたい顔」を選んでみましょう。家族や恋人ではなく，困った時や嬉しいことがあった時に話しを聞いてほしいと思う顔を選びましょう。	
進行係B	Escolher fotos de pessoas que gostaríamos de ter como amigos, que possamos conversar abertamente sobre diversos assuntos! Vamos tentar!	親友として，いろんな話しを打ち明けられる人の顔を選ぶんだね。やってみよう！

進行係Aが下手へ，進行係Bが上手へ退場。
軽快な音楽（M3），カットイン。
●ダンス
写真ワークショップ1で使った顔写真のパネルを全員両手に1枚ずつ持ち，各グループでムーブメント。写真でウェーブを描いたり，ドミノ倒しなどしながら，それぞれ1枚の写真を選ぶ。

5. 多文化共生プロジェクト 2012『顔／ペルソナ』

M3，フェードアウト。ダンスが終わり，上手から進行係A，下手から進行係Bが現れ，舞台センターに立つ。
その後ろに，マイ，ユキオ，アンドレ，ケン，みほ，エリオが，それぞれ選んだ顔写真を持って並ぶ。

進行係A	（写真を見ながら）はい，今度はさっきと全く違う顔が並びましたね。	
進行係B	Com certeza não deve ter pessoas que escolham a mesma foto.	さすがに，さっきと同じ写真を選ぶ人はいないね。
進行係A	何でも話せる友達に選んだ顔は，優しそうな顔が多いようですね。さて，この人たちは本当にみなさんの話を心から聞いてくれる，優しい人たちでしょうか？	
進行係B	Pessoas que tem o rosto que dá medo ou antipático, de repente podem ser pessoas bem bondosas	怖い顔して無愛想な人が，案外シャイで優しい人かもしれないよね。
進行係A	何でも話せると思った決め手は何でしょうか？	
進行係B	Qual o detalhe que denuncia ser um bom ouvinte? Será que possui alguma coisa que deixa a gente a vontade?	顔のどんなポイントで話しやすいと思うのかな。リラックスさせてくれる何かがあることかな。
進行係A	何でも話せると思った決め手は何でしょうか？　では，理由を聞いていきましょう。	

進行係Aが加山雄三の写真を持ったマイに近づいていく。スクリーンにも加山雄三の顔が大きく映し出される。

進行係A	ではマイ，なぜその写真を選んだんですか？	
マイ	人生経験が豊富。どんな悩みにも寛大に受け入れてくれそうだから。	
進行係A	たしかに人生経験は豊富そうですね。何でも話せると思ったポイントは何ですか？	

マイ	優しそうな目元。	
進行係B	Larga experiência de vida. Deve nos dar boas dicas.	幅広い人生経験があって，良いヒントをくれそうですね。
進行係A	ありがとうございました。では次，ユキオ！　なぜこの写真を選んだんですか？	
加山雄三の写真が消え，マシ・オカの顔写真が映し出される。		
ユキオ	Possui feições suaves. Deve nos dar bons conselhos. Parece com o meu tio do Brasil.	顔が優しそう。いいアドバイスをくれそう。ブラジルにいる自分のおじさんに似てる。
進行係B	Que bom ter um tio assim!	そんなおじさんがいるといいね！
進行係A	ブラジルにいる自分のおじさんに似ているそうですよ。ありがとうございました。では，エリオさん！　なぜ，その写真を選んだんですか？	
マシ・オカの写真が消え，モハメド・アリの顔写真が映し出される。		
エリオ	Boca serrada e exigente, olhar forte e compenetrante. Quero me consultar com alguém forte. Pessoa fraca pode me influenciar.	きびしそうな唇，強そうな目。強い人に相談したい。弱い人に相談したら，一緒に落ち込んでしまう。
進行係B	Pessoas deste tipo pode ter bons conselhos	良いアドバイスをくれそうな顔ですね。
進行係A	厳しい目元や口元。エリオさんは，弱い人に相談したら一緒に落ち込んでしまうから，強い人に相談したいそうです。面白い考え方ですね。ありがとうございました。	
アンドレは自分の顔写真を持って立っている。		
モハメド・アリの写真が消え，アンドレの顔写真が映し出される。		
進行係B	Andre!	アンドレ！
アンドレ	自分によく似てるし，何も言わなくてもわかってくれる。善い人です。	

5. 多文化共生プロジェクト 2012『顔／ペルソナ』

進行係 A	似ていると言うか，自分ですよね！	
進行係 B	Ah! Também, você escolheu você mesmo! Ninguém melhor do que ele para te entender!	確かに！　この人以上にあなたを理解する人はいないですよね！
進行係 A	ありがとうございました。	
アンドレの写真が消え，グスタボの顔写真が映し出される。		
進行係 A	ケンさん，なぜこの写真を選んだんですか？	
ケン	この人は，ゲームとか IT とかパソコンとか，新しいものに詳しそう。相談するとしたら，若い，新しいアイデアのある人に聞くといいね。	
進行係 A	新しいアイデアを持った人に相談するって，いいですよね。ケンさん，パソコン苦手ですか？	
ケン	苦手ですね。	
進行係 B	Gosta de coisa nova Que tal uma esposa nova?	新しいものが好きなんですね。じゃ，新しい奥さんはどうですか？
進行係 A	ダメですよ！　新しい奥さんを勧めたりしちゃ！　30 年連れ添った奥さんがいるんですから。(ケンに) ありがとうございました。では，みほ！	
みほは進行係 B のシマダの顔写真を持って立っている。		
グスタボの写真が消え，シマダの顔写真が映し出される。		
進行係 A	あれ!? これ，シマダさんじゃないですか！　なぜこの写真を選んだんですか？	
進行係 B	スバラシ！　ハンサム！　スゴイ!!	
みほ	未来を見ているような笑顔がいいですね。目が真剣で，相談を真摯に聞いてくれるそうな気がしました。	
進行係 A	シマダさん，良かったですね	
進行係 B	É um comentário perfeito.!	完璧なコメントですね！
進行係 A	でもシマダさんは，いつでもこんなにい	

		い笑顔でいられますか？　私たちが知らないところで別人のような怖～い顔，暗～い顔になってるかもしれませんよね。	
進行係B		Quando algo não vai bem fico triste.	うん，何か失敗した時は暗い顔かな。
進行係A		人は，いろんな顔を持っているのがあたりまえ。それをどんな時にどんなふうに切り替えているのか，今度はその切り替える瞬間について見ていきましょう。	
進行係B		Vamos ver então!	いってみよう！
エリオを残し，全員，退場。			
シーン6　［あるブラジル人の顔］			
舞台センターにエリオが立っている。			
エリオ		僕の名前は住吉エリオ洋一，日系ブラジル人。	Meu nome é Hélio Yoiti Sumiyoshi, descendente de japonês.
		日本に来て，あっという間にもう12年になります。	Num instante se passaram 12 anos de Japão
		普段，ブラジル人は日本人みたいに顔をコロコロ切り替えたりしないね。	Normalmente o brasileiro não muda fácilmente de personalidade como o japonês.
		上司の前でも友だちの前でも一緒。落ち込んだ時は落ち込んだ顔するし，楽しい時は楽しい顔。	Na frente do chefe, junto com amigos, tudo igual; quando está triste, cara de triste e quando está alegre, cara de feliz.
		でも，日本で働くブラジル人は，ちょっと違う	Mas os trabalhadores brasileiros daqui são um pouco diferentes.
音楽（M4）フェードイン			

	僕の知り合いは，日本の工場で働いて，ブラジルに帰国する時にキャラクターを変えてますね。	Um conhecido meu quando voltou para o Brasil, mudou de personalidade.
	ブラジルの友達に，日本ですごく成功してすごくお金持ちになったように見せてるよ。	Queria mostrar para os amigos do Brasil que obteve sucesso e ficou rico aqui no Japão.
	それを見た人が，「僕もそうなりたい！」と思って日本に来る。	A pessoa que viu isso quis vir para cá também.
	でも実際は，日本の生活は一日中工場で働いて，疲れて寝るだけ。	Mas na verdade a vida aqui é trabalhar o dia inteiro, chegar em casa cansado e dormir.
	休みの日にはクラブに行ったりして遊んで，でも心の安定があまりよくないから，貯めたお金を無駄づかいする。	Nos dias de folga vai para a disco se divertir e como não tem estabilidade emocional, gasta o que guardou.
	そんな生活に疲れて，ブラジルに帰国する。	Cansado desta vida, volta para o Brasil
舞台下手からシマダ（進行係B）が入ってくる。ゆっくりとエリオに近づき，エリオの話しを聞いている。		
	でも帰った時は，やっぱり最初の友だちみたいに，日本で成功してお金持ちになったキャラクターを作る。	mas quando volta, assume a personalidade daquele amigo dizendo que obteve sucesso aqui no Japão e possue estabilidade financeira.
	日本で成功しなかったなんて，恥ずかしくて言えないからね。	Não se realizar aqui no Japão é vergonhoso e não dá para sair dizendo isso.
M4，フェードアウト。		

シマダ	Eu também entendo isso. Já encontrei muitos brasileiros com este pensamento.	僕もその気持ちはよくわかる。僕もそんなブラジル人をたくさん見てきた。
	Sonhos, este é o principal motivo que traz os basileiros ao Japão	日本に来るブラジル人は、みんな夢を抱いてやってくる。
	com planos de juntar dinheiro e retornar ao Brasil com a situação financeira melhor	出来るだけお金を貯めて、ブラジルに帰っていい生活をするんだ！って。
	Vamos a uma parte da minha história. Meu nome é Norberto Shimada do Carmo	僕の名前はノベルト・シマダ・ド・カルモ,
	sou descendente de japonês. Faz 9 anos que eu cheguei no Japão	日系ブラジル人。日本に来て9年になる。
	voces conhecem esse provérbio? De vender sorvete para o esquimó?	僕はセールスがすごくうまい。「北極でアイスクリームを売る」ということわざを知ってる？
	Eu me considero um bom vendedor e acredito que consigo vender sorvete no polo norte.	僕がそれ。僕のセールス・トークは、北極でもアイスクリームを売れると思う。
	Foi por causa da crise de 2008 que hoje sou um bom vendedor.	2008年のリーマンショックの時に、僕は優秀なセールスマンになった。
	Nesta época fiquei desempregado e	それまでの工場の仕事をクビになったからだ。
	era um momento difícil e sem esperança	つらく厳しい時期で, 希望が見えてこなかった。

エリオがシマダに背を向けて、ゆっくりと上手へ退場する。シマダは見捨てられた

5. 多文化共生プロジェクト 2012『顔／ペルソナ』

かのように，エリオの後ろ姿を見送る。

シマダ	e muitos retornaram ao Brasil.	多くのブラジル人が帰国した。
	Era casado e resolvemos vender o bolo de cenoura que a minha esposa fazia.	僕は当時は結婚していて，妻の手作りのにんじんケーキを売ろう！ということになった。

シマダは下手に退場。暗転。
舞台上から，長方形の大きな額縁（アパートのドア）が3つ降りてくる。（上手よりドア1，ドア2，ドア3）
ドア1の中にバニーとデクスタが入る。ドア前には発砲スチロールの箱が置かれている。
照明が入ると，シマダはにんじんケーキの入った段ボール箱を持って，下手から登場。

シマダ	♪にんじんケーキ〜，おいしいよ〜♪	
	procurava vender nas saídas das fábricas e nos prédios onde moravam brasileiros.	まず，ブラジル人の住んでる寮やアパートを捜した。

シマダはどの家に訪問しようかウロウロし，発砲スチロールの箱を見つける。

	O detalhe era a caixa de isopor do lado de fora	手がかりはブラジル料理の出前の箱。
	Como o trabalho é corrido, poucos brasileiros tinham tempo de cozinhar.	仕事で忙しいから，当然，家で料理をする暇がない。
	Se avistasse a caixa de isopor no corredor era brasileiro.	玄関前に出前の発砲スチロールが置いてあれば，その家はブラジル人。

シマダはドア1をノックする。ノック音のSEが3回，だんだん大きくなる。
バニーとデクスタはいびきをかきながら寝ていて，出て来ない。

	O brasileiro não tem hora certa para voltar para casa. Uns trabalham a noite, outros de dia. Os horários são todos diferentes.	ブラジル人労働者は夜勤や早朝出勤があるから，寝る時間がバラバラだ。
	por isso, escolher apartamentos que tenha	だから，アパートの人

		gente em casa e acordado era complicado.	が起きてるかどうかを判断するのが難しい。
バニーとデクスタはドア2の後ろへ移動。デクスタは電気メーターらしき物体を持って，手でクルクルと回している。			
		O medidor de luz denunciava tudo.	手がかりは，電気メーターだ。
		Se o medidor de luz tivesse girando rápido era o sinal!	勢いよく回っている部屋は，きっと起きてる。
シマダはドア2をノックする。（ノック音のSE） バニーが返事をしながら，ドアを開けて出て来る。（ドアを開ける音のSE）			
		Viu? Estava acordado!	（客席に向かって）ね。起きてたでしょ!?
シマダはバニーにあれこれと世間話をする。話が盛り上がり，バニーはシマダからケーキを買う。			
		Ajustando a conversa para o time que o cliente torce ele compra rápidinho.	彼女の好きなサッカー・チームに話しを合わせたら，簡単に買ってくれた。
バニーとデクスタはドア3の後ろへ移動。子どもの声が聞こえてくる。			
デクスタ		ママ，ぼく外で遊びたいよ〜	
シマダ		Ouvi voz de criança! Não vou perder esta!	子供の声が聞こえたら，しめたもの。
シマダはドア3をノックする。（ノック音のSE） バニーがドアを開ける（ドアを開ける音のSE）。			
		Quando sai a mãe para atender, falo sobre qualquer coisa e espero a criança chegar	まずは母親が出てきたら世間話をして，子供が出てくるのを待つんだ。
シマダがバニーと世間話をしていると，デクスタが出て来る。			
デクスタ		ママ，誰が来たの？	
シマダ		e quando a criança chega, hora de oferecer o bolo.	子供が出てきたら，そのタイミングでケーキの箱をあける。
デクスタ		にんじんケーキ？　わあ！　食べたい食	

	べたい！　お母さん，買って買って！！	
シマダ	E não tem mãe que recusa o pedido de uma criança!	子供にせがまれたら，母親は絶対買ってくれる。

デクスタがケーキを段ボールごと持って行ってしまう。バニーはお金を払ってドアを閉める。

シマダ	Foram através destas experiências que comecei a observar melhor as pessoas	こうやって僕は，人々の顔や様子を注意深く観察するようになった。
	e por isso mudava minha feição de acordo com o cliente como se fosse um camaleão	自分の顔を，相手のその時の様子に合わせて変えていく。まるでカメレオンみたいに。
	mas se eu falasse bem japonês com certeza você também compraria	（観客に向かって）もし僕が日本語を話せたら，絶対あなたを買う気にさせられるのに！

シマダ，上手に退場。3つのドアが天井に上がっていく。暗転。

シーン7　[顔のカオス1]

暗転中，宇宙空間を感じさせるような電子音楽（M5）フェードイン。
舞台奥にハル，ぴざ，きみよ，チャーリー，アキラ，マイ，バニー，ミカ，みほ，アンドレ，じゅりが一列に並んでいる。
薄暗い照明，フェードイン。
グスタボが下手前から出てきて異空間をさまようように歩き，一人ひとりを不思議そうに見つめている。
各自，舞台上に散らばり始めるが，グスタボのことは見えていない。グスタボは，それぞれの話者に寄り添うように話しを聞いている。

ハル	私は車に乗ると人格が変わります。車の運転は荒っぽいですね。	Quando eu dirijo, eu mudo minha personalidade. Eu me torno um pouco agressivo

		一人の時は，音楽をかけてカラオケ代わりに大声で歌います。	e quando estou sozinho no carro, eu canto em voz alta como se estivesse em um karaoke.
ぴざ		私はめがねをかけてないと落ちつかない時期がありました。	Existia uma época em que eu não me sentia confortável sem os meus óculos.
		はじめは目の下のクマを隠すためだったけど，そのうちめがねがないと，まるで裸を見られてるかのような，	Primeiro, eu queria esconder as minhas olheiras mas com o tempo, se eu não tivesse meus óculos, eu me sentia pelada.
		そんな恥ずかしさを感じていた頃がありました。今は平気だけど。	Sim, antes eu me sentia assim, envergonhada. Agora eu nãoligo.
きみよ		子どもにグチグチ言ってる時の自分の顔が嫌い！	Eu odeio minha cara quando eu chamo a atenção das crianças.
		いったいいつになったら起きるの？何時に帰ってくるのよ？	Que horas você vai acordar? Que horas você vai voltar?
チャーリー		私は，仕事で認知症のお年寄りのお世話をしています。	Eu trabalho cuidando de idosos com demência
		1日のうちに，いろんな顔を見せるお年寄りがいます。	Tem idosos que em um dia mostra diversas personalidades.
		夜，個室のドアを閉めたとたん，80才のおばあちゃんが40代に戻ることがあります。	A noite, ao fechar a porta do quarto, uma senhora de 80 anos volta no tempo para a época dos 40 anos.
		「中学生の息子の世話するんだ」って聞か	E ela cisma que tem

		ないんです。	que cuidar do filho que está no ginásio
		いつ，どこで顔が切り替わったか，私もわからないんですけど…。	Eu não sei quando e onde ela mudou a personalidade
グスタボ		Será que não tem sangue de estrangeiro misturado no sangue de japoneses?	日本人の方は，外国の血が混ざっていないのですか？
アキラ		私は，友だちに合わせていくらでも顔が切り替えられます。一瞬で切り替えられます。	Eu consigo mudar fácilmente de personalidade de acordo com o amigo que estiver comigo.
		男子の前では男の顔，女子の前では女の顔。話しの内容も，声のトーンも変えられます。	Cara de menino quando estou com meninos e de menina quando estou com meninas. Mudo o tópico e também o tom de voz.
		たくさんの顔を切り分けてるのがラクだよ。	É muito cômodo para mim ter várias personalidades.
マイ		子どもの頃，虐待を受けてから，私は人が怖いと思うようになった。	Eu apanhava muito quando eu era pequena e comecei a ter medo das pessoas.
		でも小さい子供や動物と一緒にいると平気。	Mas quando ficava com crianças pequenas e animais, não tinha problemas.
		子供や動物と一緒にいる時は自然な顔でいられるし，自分でも気がつかないうちに大きい声を出せる。	Eu consigo ser eu mesma quando estou com crianças e animais e consigo falar em voz alta sem perceber

きみよ	夫と二人で散歩するのが，とっても好き。		Eu adoro caminhar com o meu marido.
	その時は母の顔も捨てて，一番素直な顔をしていると思う。		Nessas horas, eu jogo fora a minha face de mãe e acho que me torno bem franca.
グスタボ	Será que se voltarmos ao passado não vamos encontrar sangue de estrangeiro misturado no sangue de japoneses？		ずっと昔に遡れば，日本人にも外国の血が入っているのですか？
マイ	ある時，つらくて泣いていたら「演劇をやってる人だから，演技で泣いているんじゃないか」と言われた。		Um dia, estava triste e chorando e disseram que estava representando por que eu fazia teatro.
	「違うよ，バカ！ 私はそんなに顔を切り分けられないよ」って言いたかったけど，言えなかった。		Não é isso não, idiota! –Eu não consigo mudar tanto assim de cara! Era o que eu queria dizer, mas não consegui.
バニー	私が教えている生徒たちは，「ニコニコ」のマスクの下に，たくさん悲しいこと隠してる。		Por baixo da sorridente máscara, os alunos que eu ensino escondem muitas coisas tristes
	（ミカに）この子はいつも笑ってる。どんな時でもニコニコしてる。		(para Mica) Aquela garota está sempre rindo. Ela vive sorrindo o tempo todo.
	でも，「ニコニコ」のマスクの下に，たくさん悲しいこと隠してる。		Mas, por atrás da máscara de sorriso, existem muitas coisas tristes escondidas.
ミカ	My father was killed with a gun, when I was 12 years old.		私のお父さんはピストルで殺された。私が12才の時だった。
	I don't know why he had to die.		どうして殺されたのか，私にはわからな

		But life continues…	でも人生は続く。
		I have a good family and my stepfather is really kind to me and my sister.	私にはいい家族がいる。新しいお父さんは，私と妹にとても優しくしてくれる。
みほ		私は自分の顔が好きじゃない。でも，「いい顔してるね！」っていわれると嬉しくなる。	Eu não gosto do meu rosto. Mas eu gosto quando alguém diz que eu tenho um rosto bonito.
		「内面があふれた顔だね」って。	dizem que " é um rosto que mostra a abundância interior".
アンドレ		俺が「アクターになれば？」って言われる理由はもう一つある。	Tenho um outro motivo pelo qual me falavam para eu ser ator
		前は，泣きたい時にはいつでも泣けたんだ。うそ泣きだけど，いつでも涙が流せた。	antigamente eu conseguia chorar quando eu queria, eram lágrimas falsas mas eu conseguia fazê-las escorrer
		でも9歳の時にお父さんが「男は泣いたらダメだ」って言ったから，それから泣かなくなった。	mas quando eu tinha 9 anos meu pai disse: -homens não podem chorar e desde então parei de chorar
		だから，お父さんが出て行った時も泣かなかった。	Por isso, nem mesmo quando meu pai foi embora, eu chorei .
グスタボ		O que voce acharia se houver mistura de sangue de estrangeiro na sua familia?	あなたの家族に外国の血が混ざったら，どう思いますか？
じゅりが舞台センターに立つ。			

じゅり	埼玉から小5で茨城に転校して，そこでは親友も出来て，何もかもが順調だったんですよ，何もかもが。	No 5° ano primário mudei de Saitama para Ibaraki. Ali consegui fazer amigos. Estava correndo tudo muito bem, mas tudo mesmo.
	「よし，私，中3の受験までがんばるぞ！」ってわくわくしてて。	Muito bem, vou me esforçar até o exame de ingresso do ensino médio! Estava bem animada!
照明が暗くなり始め，じゅりだけを照らす。ほかは全員ゆっくり退場する。		
	でも震災があって，茨城だったもんで，放射能を浴び過ぎると女性は子供が生めなくなる可能性があるって聞いたから，それはいやだろうって。	Mas teve o terremoto e como estava em Ibaraki, ouvi dizer que ao se expor a radiação, as mulheres poderiam ter problemas de não engravidar. Fiquei preocupada com isso.
	だから，4月に中学入学したけど，5月にブラジルに転校することになりました。	por isso, apesar de ter ingressado do 2° grau em abril, em maio fui estudar no Brasil.
	そのうち3週間は，帰国手続きの通訳のために学校休みました。	Não fui a escola por 3 semanas para providenciar a tradução dos documentos para voltar ao Brasil.
	お母さんは日本語が出来ないもんで，お父さんは働いているし。	Minha mãe não domina a língua japonesa e meu pai estava no trabalho.
M5 フェードアウト		

		お父さんは日本に残って，お母さんと二人で帰ったけど，ブラジルは泥棒があちこちいて住めないことがわかった。	Meu pai ficou trabalhando aqui e eu e minha mãe fomos embora. Lá no Brasil percebemos que tem ladrão em todos os lugares e que não dava para morar lá.
		そしたら，お父さんが「岐阜でうまくいってる」って言ってきたから，帰国して，中一の終りに岐阜の中学に転校しました。	Passado um tempo, meu pai disse que estava indo bem em Gifu. Viemos para cá e ingressei no final do período do 1°ano ginasial.
		これで9校目。友だち作ってはゼロ，作ってはゼロになる。	Com isso, era a 9ª transferência escolar. Fazia amigos e voltava para a estaca zero, novamente fazia amigos e voltava para a estaca zero.

短調の歌（M6）カットイン

●叫びのダンス
グスタボが舞台センターのじゅりを囲むように走り始める。人が少しずつ増え，じゅりを中心としたまま，大勢で舞台をグルグル走る。やがて，じゅりもその中に入って一緒に走る。自分をナイフで突き刺すように踊り，最後に上手前に向かって全員倒れ込む。

暗転。全員，退場。
M6がしばらく鳴り続いている。
映像がぼんやりと浮かび上がると，M6フェードアウト。

シーン8　［ペルソナ］		
映像がボンヤリと浮かび上がってくる。舞台上は無人。		
【映像 B-1】「仮面のリヒト」 リヒトが教室らしき場所に一人座り，周囲に人がたくさんいるが，リヒトと無関係なように存在している。		
リヒト （映像の声）	私は人の空気が読めないんです。	Eu sou uma pessoa que não percebo o que está acontecendo ao meu redor.
	アイドルとか芸能界の話には興味がない。	Não tenho interesse em conversas sobre ídolos e nem sobre meio artístico.
	学校では性格をかえている。	Na escola, eu mudo a minha personalidade.
	話についていかないので無口で通している。	Quando eu nao consigo acompanhar a conversa eu simplesmente fico em silêncio.
	何も聞かない，何も言わない。	Não ouço e nem falo nada.
	楽ですよ。	É cômodo.
	私，暗いキャラ作るっていってますけど，	Eu digo que faço uma personalidade obscura
	便利だからやっているだけです。	eu só faço isso porque é conveniente.
	特に，昔いじめられた人には仮面を取ることができないんです。	Eu não consigo tirar essa máscara, principalmente na frente de pessoas que judiaram de mim no passado.
	仮面をとった時点で，コソコソ「なんかあいつキモイよね」とか言われている気	No momento que eu tiro a máscara, tenho a

が今でもするんです。	impressão de ter gente cochichando que "aquela garota é esquisita"
友達も，私と違った仮面を持ってる子も意外と多いんです。	É surpreendente mas até que tenho amigos que usam máscara. Só que diferente da minha
いろんなキャラをいくつも作っている子もいます。	Tem pessoas que usam várias personalidades.
キャラを作っている人はみんな	Todos usam uma personalidade
たまになんとなく演じている仮面と，	As vezes tem a máscara que eu represento sem saber ao certo e,
普通の演じていない素の自分が混ざることがあって，	outras vezes o eu que não está sendo representado naturalmente, se misturam
それで混乱することがあるんです。	isso as vezes me deixa confusa
たくさんのキャラを使い分けるのは大変でしょうね。	Deve ser difícil representar tantas personalidades diferentes, não?
できるだけ素の自分でいたいですけど	Gostaria de ser eu mesma o quanto possível mas
まぁ，素の自分でいれるほど世の中甘くないです。	a vida não ê tão fácil a ponto de deixar que eu seja eu mesma.

【映像 B-1】「仮面のリヒト」が終わると映像のフレームサイズの横幅が広がる。

● 【映像 A-2】「踏切」

電車が踏切を通っている。電車が通り過ぎると，リヒトとレレが立っている。終

始，無音。

【映像A】が終わると，映像のフレームサイズの縦幅が狭くなる。

● 【映像B-2】「レレの靴」

レレのブラジル人学校でのある1日。

朝，アパートを出てスクールバスに乗るところから始まる。

レレ（映像の声）	朝，学校のバスに遅れそうになって，	de manhã, eu quase me atrasei para o ônibus da escola
	急いで靴を履いて家を出た。	eu me apressei para colocar os sapatos e sai de casa
	がんばって走ったよ。	eu sai correndo
	おはよう！	bom dia!
	バスに乗ってしばらくして，	depois de um tempo que eu peguei o ônibus
	靴のひもをちゃんと結ぼうと思ったら，	pensei em amarrar direito o cadarço de meu sapato
	右と左がちがう靴だった。違う色だったの。	o sapato direito e o esquerdo, eram diferentes. As cores eram diferentes
	「あっ，しまった。どうしょう！」と思ったけど。	que furo! E pensei…o que devo fazer?
	なんだかこれで良い気がしたの。	mas comecei a achar que tava bom assim
	で，学校についたら，仲が悪い子に見つかっちゃって，	e quando eu cheguei na escola, eu me encontrei com uma pessoa que eu não me dava bem
	その子はやっぱり，私の靴をみて「それ変！」って言った。	e essa pessoa olhou para os meus sapatos e falou "que esquisito"
	それで，私は「誰が履いとるの？」って聞いた。	e eu perguntei "o que eu estou calçando?"

5. 多文化共生プロジェクト 2012『顔／ペルソナ』

		その子は「あんたでしょ」って言うから，	e disse "essa pessoa é você não"?
		「そう，私でしょ？ 足には右と左が二本ある。	sim sou eu né? eu tenho duas pernas uma esquerda e outra direita
		だから同じ靴をはかなくても良いでしょ？」って言ったの。	e disse: "por isso não é necessário usar o mesmo sapato não é?"
		そうしたらその子は，もう私に「変」って言わなくなったの。	e essa pessoa numca mais falou que eu era estranha
映像が終わり，暗転。			
	シーン9　［顔のカオス2］		
暗転中，レレが上手前，リヒトが下手前，じゅりが上手奥センター寄り，アビーが下手奥センター寄りでスタンバイする。照明がレレだけを照らす。			
レレ		人が「変」って言っても気にしない。人の考えは私の考えと違うので，人の考えを聞くと私が私にならない。	mesmo quando as pessoas me chamam de estranha, eu não ligo. O meu pensamento e o de outras pessoas, são diferentes. Se eu pensasse como os outros, deixaria de ser eu mesma.
下手前のリヒトに照明があたり，レレの照明が少し暗くなる。			
リヒト		学校教育とかテストって頭のよさじゃなく要領です。	a educação ou os testes de escola, não são pela inteligência e sim pela habilidade.
		私は他の子のようにふるまえないけど，人と違うことで名作書ける人とか，発明出来る人とか結構いますよね，	eu não consigo agir como as outras pessoas. Muitos grandes escritores e inventores eram "diferentes", ne.

		アインシュタインとか。人と違った視点で見られて、そこから新しいものを発見していく。	Como o Albert Einstein por exemplo, vendo as coisas de um ângulo diferente é que se consegue chegar a novas descobertas
上手奥のじゅりに照明があたり、リヒトの照明が少し暗くなる。			
じゅり		別に女優じゃなくてもいいんです。	Não preciso chegar a ser atriz.
		もう転校したくない！早く仕事見つけて、自分のやりたいことだけをやりたい。	Eu não quero mais mudar de escola! Eu quero encontrar um trabalho rapidamente e quero fazer só o que eu quiser
		親の仕事に振り回されない人生をつかみたいんです。出来れば１秒でも早く。	Quero uma vida que não precise ser manobrada pelo serviço de meus pais. Se possível, sem esperar 1 segundo sequer.
下手奥のアビーに照明があたり、じゅりの照明が少し暗くなる。			
アビー		私の足は義足だし、手にも障害がある。子どもの時はいじめられたけど、でも気にしたことない。	Minha perna é mecânica e tenho uma deficiência na mão também. Quando eu era pequena as crianças judiavam de mim mas eu nunca liguei
		だって、おばあちゃんが「あんたは、みんなと一緒やで」って。「あんたは頭も悪くないし、みんなと変わらん」って言うてたから。	pois minha avó sempre dizia:- você é igual a todos! você é inteligente e não é diferente dos outros.

レレ，リヒト，じゅりの照明が消え，アビーにスポットライトがあたる。無音の中でダンスを踊るアビー。ポーズが決まると，照明はカットアウト。

	シーン 10 ［エンディング］	
\multicolumn{3}{l}{暗転中，進行係 A のかおりんが舞台センターでスタンバイ。衣装は進行係 A の時と同じ，黒のパンツスーツ。照明がかおりんを照らす。}	
かおりん (進行係 A)	私は服で顔を変えます。	Eu vou mudar a cara de acordo com a roupa
	教師の仕事の時は黒の上下か，スーツかジャージ。動く仕事なので，スカートははけないです。	Quando trabalho como professora, uso um conjunto preto, terno ou um training. Me movimento muito por isso não dá para usar saia.
	黒が好きってこともあるけど，上下の色を合わせるのが面倒くさいから，ほとんど黒。引き出しを開けると，黒，黒，黒って感じです。	Tenho uma prefêrencia pela cor preta e como dá trabalho combinar as cores, opto pelo preto. Quando abro o armário, é preto, preto, tudo preto.
	スーツを着ると「さあ，仕事，仕事！」と気持ちが引き締まって，仕事モードになります。	Quando visto a roupa social preta, mudo o clima para o trabalho. Assumo o lado profissional.
	仕事ではパンツスタイルだけど，休みの日は好きな服を着てます。	No trabalho o estilo é calça mas nas folgas uso o que gosto.
	好きな服を着ると，気持ちまで明るくなります。	Quando visto a roupa que gosto tudo fica mais alegre.
シャンソン (M7)，フェードイン		

		一番楽しい気持ちになるのはドレス，ふわ〜っとした長いドレス。花柄とか。	Me sinto mais alegre quando uso vestidos longos, rodados e com estampas florais, por exemplo.
		実際に着ることも好きだけど，お店でいろいろ見ることも好き。	Gosto de usar as roupas mas gosto de apreciar nas lojas também

下手から，かおりんが所有する何十着ものドレスが4台のハンガーラックにかけられて，次々と運び込まれる。
ハンガーラックはまるでワルツを踊る人のように，くるくるとかおりんのまわりを回る。

		買うことも大好き。好きな服が家にたくさんあるとうれしい。	Adoro comprar. Ter bastante roupas que eu gosto em casa, me deixa muito feliz.
		いっぱいあるけど，普段は仕事だから，着るときがあんまりなくて。	Tenho bastante roupas mas como trabalho, não tenho muito tempo de usá-las.
		だからこそ，たまに着れる時はすごく嬉しい。	por isso mesmo, é que quando dá para usar me sinto super feliz.

4台のハンガーラックが，舞台センターに立つかおりんの後ろに横一列に並ぶ。

		（服を手に取りながら）これはハワイで買いました。ちょっと短め。私，バラの花柄が好きなんです。バラがバン！　と出てくると明るい気持ちになります。これを着るとハワイを思い出します。	ハワイで買った服 Esta roupa eu comprei no Hawaí
		（別の服を手に取って）これは韓国に旅行した時に買いました。確か，ペ・ヨンジュンツアーに行った時。友達に「そんなの高いし，着ていくところないし，何	韓国で買った服 Esta é da Koreia do Sul

	で買うの？」って言われたんだけど，すごく可愛くて，買っちゃいました！　その日，服に二桁くらいお金使いました。お金を使いすぎて，あとで頭が痛くなっちゃったけど。素材が私の大好きなシルクで，着た時にシルエットがフワフワフワ〜ってしてるんで，何かダンス・パーティに行くような，楽しーい気持ちになります。ホテルに帰ったら，「何で買うの？」って言った友達も「貸して，貸して」って，みんなで順番に着てみました。	
	これは沖縄で買いました。白と黒のシックな感じがすごく気に入ってます。まだ1回も着たことないんですけど。これを買ったときは，帰りのトランクは一杯！ポンポンになって帰ってきました。あと，これと，これも沖縄で買いました。何着買ったかも覚えていないです。沖縄の服はアメリカの文化が入っているせいか，色やデザインが明るいものが多くて，こっちに売ってないものが多いんです。	沖縄で買った服 Esta comprei em Okinawa
	これは東京のマルキュウで買いました。TVで見た洋服をどうしても買いたくて，娘と二人で新幹線に乗って行きました。	渋谷109で買った服 Esta é do Shibuya 109

●「ドレスでダンス」

4台のハンガーラックが動きだし，かおりんのまわりを回る。かおりんの前で横一列に並んで止まり，かおりんを隠す。サミラ，じゅり，レレが出て来て，ドレスを眺めながらウィンドウ・ショッピングをする。3人が去ると，デクスタが下手から出て来る。ドレスに向かって丁寧におじぎをし，紳士がレディの手を取ってダンスをするように，1枚のドレスを取ってダンスをする。ダンスが終わり，恭しくドレスをハンガーラックに戻して退場。

ハンガーラックが左右に分かれると，黒のスーツからドレスに着替えたかおりんが出てくる。

| | | 色がいっぱいあって決められなくて，色違いで結局二つ買いました。東京にはあんまり行けないから，たくさん買って，帰りは大きな袋を4つさげて新幹線に乗りました。
私はブランドにはこだわってないです。色とか柄とかデザインが気に入ったら，本当にすぐ買わないと気が済まないんです。安い服に一目ぼれした時はいいんですけど，高い服に一目ぼれした時は，もう大変！　悩んで悩んで買わずに帰ってきて，夜，「やっぱり買いに行こう！」って決めて，次の日に行って無かった時のあのくやしさ！　わかります？　この気持ち…（と，延々しゃべり続ける） | |

再びハンガーラックが回転し始め，かおりんはその中に声も姿もかき消されていく。
下手に2台（その陰にかおりん），上手に2台，ハンガーラックが退場。
シマダが上手より入ってくる。
M7，徐々に小さくなり，カットアウト。

シマダ	Eu quero ser como um camaleão que troca de cor conforme a situação.	僕は，状況によって色を変えるカメレオンのようになりたい。
	Na vida mesmo tendo situaçõess difíceis e tristes a gente aprende muito com essas experiências e então nos tornamos mais forte	つらい経験から学び，自分で自分の人生を切り替えることで強くなる。
	eu quero ser um camaleão inteligente o que me parece ser muito difícil	僕は頭のいいカメレオンになりたいけど，それはかなり大変だ。

シマダは両手を大きく振り上げ，ゆっくりと床につけて四つ足になる。天井のビデオカメラによるライブ映像が始まり，シマダがカメレオンのように地面を這いつくばりながら歩くさまがスクリーンに映し出される。
ピアノ小品（M8）カットイン。シマダがあちらこちらへと這い回った後，退場す

る。
無人の舞台をビデオカメラが映している。
グスタボが入ってきて，センターで背中を丸めてうずくまり，福笑いの「鼻」の部分を作る。その後，一人ずつ舞台に入ってきて寝ころび，それぞれが顔のパーツを体で作る。

●ムーブメント「福笑い」

まゆげ，目，耳，鼻，口を体で作ると，全員で体を揺らして顔が笑っているようにする。舞台に寝転がっているので，客席から舞台上の福笑いはよく見えないが，ライブ映像で顔になっているのがわかる。
2グループがそれぞれの顔を作った後，全員入ってきて寝ころぶ。最後に天井のカメラを見上げながら手を振る。

全員	バイバーイ！	
暗転。M8 フェードアウト。		

終

第3章 「芸術」を通した外国人との共生

1. アーティストから見た多文化共生プロジェクト

1-1 「顔／ペルソナ」というテーマをめぐって
―― 2012年多文化共生演劇制作ノートより ――

美術家　岩井成昭

(1)「顔／ペルソナ」というテーマ

　個人に与えられた唯一無二の「顔」。―「顔」は不随意に与えられたものであると同時に人格や経験が反映する個性の看板だともいえ，さまざまな環境に対して自らの意志で緩急自在に変化させていく「ペルソナ」でもある。そのような多義的であり，なおかつ普遍性を兼ね備えた「顔／ペルソナ」というテーマを，演出家である田室寿見子氏は2012年度岐阜県可児市における多文化共生演劇のメイン・テーマとした。その結果として，地元可児市に暮らす日系ブラジル人市民やフィリピン人市民，そして日本人市民との混成参加者が，それぞれ異なる価値観を鮮やかに交錯させる場が生みだされた。同公演は5年目にあたり，既に4回継続されていた経験の蓄積は大きいとしても，「顔／ペルソナ」という秀逸なテーマ設定が参加者の動機付けを明確にし，彼らのリアルな皮膚感覚を顕在化させた点は特筆すべきである。

　田室氏の多文化共生演劇はドキュメンタリーの方法論が採用されている。それまでに私の知るドキュメンタリー演劇とは，ポストドラマ演劇的な表現を含め，事実に取材した内容で構成されているが舞台上では役者が演じていることが多かった。しかし，過去4回実施された同氏演出による多文化演劇の記録ビデオを観ると，その多くは被取材者としての参加者が実際の舞台上

でも自分自身を演じている。つまり、参加者が自身の心象を語ることがこの演劇の大きな特徴である。中にはプライバシーに深く立入る話題もある。せりふは演出家が参加者に時間をかけてヒアリングした中から本人の同意を得て選び出した言葉だ。場合によっては演出家と参加者本人の意図に齟齬が生じる可能性もあり得るだろう。実際に過去には同意の上で舞台に立ったが、自身の言葉が呼び覚ました記憶のフラッシュバックに動揺し、公演後にひどく後悔した参加者もいたと聞く。しかし、同時にそのケースは少数であろうことも想像できる。ビデオに登場するほとんどの参加者たちは母国で起こった肉親との離別や来日の本当の動機、性同一性障害のカミングアウトなど、心の傷やプライバシーに関わる話題を物怖じすることなく堂々と観客に語りかけている。これは何よりも演出家と参加者の間に信頼関係が築かれていることの証明であり、そこに至る作劇のプロセスに費やした時間の結晶である。また、抑圧された心象を舞台上で解放させることができれば、心的な治癒や成長を促す場合もあろうことは想像に難くない。これを臨床心理学における「サイコドラマ」の効能と重ねて論じることもできるだろう。しかし作品の全体像を捉えると、主眼はそこにはないことが明らかになる。劇中においてシリアスな告白ばかりが続くわけではない。この演劇は、ダンスや映像など変化に富んだ手法をバランスよく交えることで観客の興味をつないでいくが、その一方で演者としての参加者は、赤裸々に自身を語りながらも非日常的な演劇空間に遊ぶこともできる。このように本作品は、参加者にドキュメンタリーとしての現実と、祝祭的な舞台という非日常をバランスよく体験させることで成立しているのである。

(2) テーマを深めるためのワークショップ

　私は2012年10月に開催される多文化共生演劇作品上演に向けて、同年7月から映像担当として参加した。既に可児市入りしていた演出家の田室氏と振付のじゅんじゅん氏は既に数回のワークショップを実施しており、私もこれから構想される上演作品への布石としてワークショップの実施を求められた。このような事前に実施されるワークショップのコンテンツは、毎年舞台を構成する要素として活用されていた。ワークショップは公演に向けたウォ

1. アーティストから見た多文化共生プロジェクト　　245

1　床に並べられたポートレート　　　2　選出されたポートレートの例

ーミングアップであるばかりでなく，作品構成の素材として重要な意味を持っているのである。この点を考慮しながら，今回のテーマ「顔／ペルソナ」を受けて私が提案したのは「著名人のポートレート」を使ったワークショップである。以下，その内容を記す。

　名古屋鉄道・新可児駅に近い集会所がワークショップ会場である。椅子や机は参加者への受付などで使用する必要最小限の数にとどめ，小学校の教室二つほどの広い床面を確保する。床には国内外の著名人の約80人のモノクロのポートレートをA4サイズに出力して一面に並べておく。これらのポートレートは，ワークショップの中で示される問いに応じて参加者が選び出す素材であり，多文化地区での開催を意識して80人の選択には人種，世代，性別のバランスについて極力偏りがないように配慮した。その顔ぶれは，概ね現存する著名人か，物故者の場合でも現在メディア等に頻出する人物を選択した。ポートレートの構図はバストアップで顔は正面か斜めで撮影されたもので，できるだけシンプルな背景に統一した。また，複数の参加者が同一の人物を選び出す場合も想定して，各ポートレートについて五枚ずつのコピーを用意した。

　開始前に集まってきた参加者には，しばらくの間床に配列されたポートレートを眺めてもらう。そして，「外食に同伴させたい人（の顔）」，「自身の悩みを相談したい人（の顔）」など，順次用意した質問を投げかけ，それぞれの質問を受けて参加者に選ばれた顔は，選出者の心境，経験，趣向性等を反映しており，顔を構成する諸要素について客観的に考える機会をつくり，そ

の意見を他の参加者と共有するためのモチーフとなる。しかし，念のために記しておくと，実際の公演における冒頭のシークエンスで司会者役によって言及される「ソンディ・テスト」のような個人の深層心理を分析する意図を本ワークショップは持っていない。本ワークショップは，あくまでも多数のポートレートを通して見えてくる社会と個人の関係を参加者と共有することが目的である。

(3) ワークショップの問題意識と参加者の反応

ワークショップの参加者へ与えられた最初の質問は「自身がなりたくない顔」であった。シンプルな質問ではあるが，人は必ずしも「好きな顔」になりたいとは言えないことを考慮すると，この質問が単なる「嫌いな顔」とは解釈ができないことが想定される。ともあれ，全員がリラックスした会話を交えながら「なりたくない顔」を選ぶ作業は，ワークショップの導入時にしばしば行なわれる「アイスブレイキング」の役割も果たす。数ある顔の中から一枚を選び出し，それぞれが選択した理由を述べていく。その理由として，顔全体の印象を嫌いな動物や滑稽なモノに見立てる。また，顔のパーツ（瞼，眉毛，歯並び，髪型，髭，等）を拾い上げ，それぞれの位置や形状などについてのネガティブな印象を挙げる，等が示された。また，斜視や鷲鼻など否定的なステレオタイプに倣う参加者もいた。興味深いのは，そう答えた理由が参加者自身の顔に対する自己判断がから導かれている場合が多いことだ。

私はワークショップの構成を担い，実際に進行させてはいるが「講師」ではない。しかし，進行役（ファシリテーター）として，参加者に顔を選択させる問いとは別に，プロセス全体の中で「顔」それ自体の印象や解釈を変容させる条件について二つの問題提起を試みていた。第一には「顔そのものを純粋に見ることはできるのか」という問い。参加者にとってまず認識されるのは，各界著名人としての顔写真である。つまり，メディアに流れる人物の業績や人柄などの既成概念が，参加者の判断にバイアスとして働くことをどう考えるかだ。ここで私たちは，実はそのようなバイアスすらも「顔」の重要な判断材料であることに気づく。それはまた，著名人物に対する知識に限

らず，個人の生活に起因する連想においても同様だ。例えば，日常的に好意を寄せる人物に似ている顔には，無意識に好感を抱く，といったケースである。第二には，「表情はどのような影響を与えるのか」という問いである。そのポートレートの表情が，爽やかな笑顔なのか，苦悩に満ちているのかは大きな違いだ。また，ある参加者は，笑顔であろうと深刻な表情であろうと芸能人特有の「心が読みとれない表情」を画一的だととらえ，「このような顔の人物とは付き合いたくない」と切り捨てた。また，特に日本の芸能人は年齢を問わず表情に乏しく「幼く見える」し，あえて「幼く（無垢に？）見せることに努力しているのでは」という指摘もあった。第一の問いにおける「バイアス」は外的要因，第二の問いにおける「表情」は，その顔の持ち主による内的要因として，それぞれ受けとめる側の印象形成に少なからず影響を与えていた。

　ワークショップの進行中，参加者の言動が矛盾を見せることがある。「なりたくない顔」で選択した同一人物を「食事に同伴させたい顔」にも選びだすというケースだ。この参加者は不真面目なのではなく，前述のように参加者自身が「なりたくない顔」と「見たくない顔＝嫌いな顔」はそもそも同意ではないと捉えているのだろう。本人に尋ねると実はそれだけではなく，「他の参加者の話を聞いているうちに見方が変わった」のだという。つまり，自身が持っていた第一印象に外部の言説が作用していき，元々の印象に変化が生じたわけだ。「既成概念」，「表情」，そして他者の何気ない「言葉」。これらさまざまな理由によって顔に対する印象はかくも容易に変化していき，一つの顔の印象や判断は決して固定されたものではない。ここまでのプロセスの中でこれらの成行きに自覚的な参加者が現れたが，これは本ワークショップにおける予想外の成果である。

　このように多くのポートレートから読み取った「顔」や「表情」についての解釈を参加者同士で交換した後，それぞれの参加者に「ある一つの人格」が作りあげる顔のイメージを作品として表現してもらった。「全ての国境が消失した未来に全世界を治める大統領の顔」がそのテーマである。新たに選択したポートレート複数枚を用いて目や鼻や髪型といったパーツをハサミで自由に切り出し，それらをモンタージュ写真のように合成した。こうして出

248　第3章　「芸術」を通した外国人との共生

3, 4：コラージュ作品『世界の大統領』制作風景　5, 6：「世界の大統領」応援演説

来上がったのが，コラージュ作品『世界の大統領 PRESIDENTE DO MUNDO』である。それぞれの作品は一見グロテスクな第一印象だが，よく見るとどれもユーモラスであり，意志の強さや優しさなども感じられる味わい深い顔の表現になった。

　そして，ワークショップ最後のプログラムは，ここで作り上げた大統領の顔を片手に，ビデオカメラの前で即興的に演じる（制作した大統領への）応援演説である。この応援演説はワークショップ全体の「ふりかえり」に相当し，これまでのプロセスをふまえながら，参加者が集めた顔の部品それぞれに人格をどのように反映させているのかを総合的に解説する場となる。「太い眉毛は強い意思を表し，大きな鼻は包容力を示す」など，参加者それぞれの理想が，モンタージュされた顔に顕在化されており興味深い。それぞれの参加者による演説はスタッフにより撮影され，全員の撮影終了を以ってワークショップは終了する。

(4) 多文化環境におけるワークショップでいきる「フラットな関係作り」

　近年「ワークショップ」という名を冠した実践が無数に実施されているが，私が最も理想とする「ワークショップ」は，企画者とファシリテーターも含めた参加者全員が相互交換を円滑にしながら，できるだけフラットな関係を形成・保持させる実践である。そこでは，教える／教わるという階層差をできる限り希釈化すると共に，参加者個人のアートへの知識量や実技経験の有無といった要素がグループ内の人間関係にできるだけ影響しないことが大切だ。それには，企画段階におけるプログラムの構成と実施プロセス，その双方に対する配慮が不可欠である。この点は身体表現や即興演奏などのワークショップにおいても概ね同様だと思われる。ただし，参加への敷居は高く見えても一度その場で生成されたグルーヴに乗ることができれば，そのまま高揚感へつながりやすいダンスや音楽に比べて，作業への没頭（個人的活動）と他者との共有（集団的活動）を交互に体験せざるを得ない美術など視覚表現系のワークショップでは，フラットな関係づくりをより徹底させる必要があるように思われる。言い換えれば，ワークショップにおける高揚感の生成は連帯感やフラットな関係づくりに有効であり，比較的それを形成しづらい視覚表現系のワークショップではプランの段階から適切な対策（ストーリーのある進行計画）を講じ，プロセスにおいてもフラットな関係作りに留意していく必要があるということだ。

　それでは，本ワークショップにおけるフラットな関係作りはどのように計画されていたのか。本文冒頭で既に述べたが，メイン・テーマとしての「顔／ペルソナ」は，多義的で曖昧だが，私たちに普遍的な興味を与えてくれる。おそらく顔に興味を持たない人は皆無だろう。参加者にとっても日常的な好奇心と容易につながるテーマであることが，フラットな関係作りに好都合であったはずだ。これを補強するのが，参加者の興味をひく著名な顔という親和性と，それらが多数配置された量的な驚きの演出である。次に，プロセスにおけるシンプルだが効果的な作業の活用が挙げられる。具体的には，さまざまな問いに対してポートレートを選ぶ，という行為だ。さらに『世界の大統領』の制作では，既存の写真を切り貼りしてコラージュするという，専門的な技術をほとんど必要としない手法が用いられている。もとよりコラ

7, 8：『顔／ペルソナ』公演より顔を選ぶシークエンス
9：『顔／ペルソナ』公演より挿入されたショートムービー

ージュとは技術よりも偶然性の活用に適した手法であり，老若男女いかなる参加者でも新鮮な発見と興味を維持しながら制作することができる。ファシリテーターの役割においては，参加者がそれぞれ発言する際のリラックスした雰囲気作りや，プレゼンテーションに対しては参加者それぞれの意図を汲んだうえで，できるだけ全員が共有し易いコメントを補足することも大切だ。ただし，本ワークショップの実施に関しては正にここが反省点になった。多文化共生演劇の参加者は言語の壁も高く，片言の日本語でしかコミュニケートできない者がほとんどであり，通訳は欠かせない。ワークショップ中の私の発言に対しても，参加者からしばしば「難しい言葉を使わないで」との要望が出されていた。しかし，それでも本ワークショップが参加者の興味を最後までつなぐことができたのは，前述のフラットな関係作りがある程度機能していたからだろう。本来ワークショップにおけるフラットな関係重視による効果は，そこに集う参加者のエトスが多様なほど多くの体験や知識，感覚が交換され，参加者全員との共有を促すことができるはずである。ポートレートを使用した本ワークショップは，異なる文化背景を持つブラジル人やフィリピン人の参加者と日本人が混合で実施されたことによって，

「顔／ペルソナ」というテーマと共鳴し，文化背景や世代の横断を幾つかの場面で可能にしていた。

　本ワークショップにおける「顔を選ぶ」という一連のアクションは，舞台一杯に敷き詰められたポートレートを照明バトンに吊ったライブカメラで俯瞰撮影し，ホリゾントに投影するという振付担当じゅんじゅん氏のアイディアによって，『顔／ペルソナ』公演の冒頭シーンに流用された。司会者役の男女二人がくり出す質問に対して，舞台上に広がるポートレートを囲む参加者達が一人ずつ選んでいく。このプロセスを俯瞰で捉えた映像は観る者に不思議な感覚を与える。人物の動きは，そのまま意中のポートレートを迷いながら拾いあげるまでの心の動きの視覚化，ひいては彼らが社会の中で個人と対峙する際の脳内風景のように見ることもできた。

(5) ドキュメンタリー演劇の中で生きるフィクションの映像

　冒頭でも述べたが，2012年多文化共生演劇における私の役割は映像制作と上映中の映像オペレーションである。ワークショップと平行して演出の田室氏は参加者全員に対してヒアリングを実施していた。その取材から起こしたテキストには国籍や世代を超えて，生きることへの切実な思いが込められている。その中から幾つかのエピソードを拾い上げ，本人たちに意味を確認し，彼ら自身のアイディアも生かしながら本編適所に挿入される映像を制作することになった。30年前の故国でブラジル人女性と日系男性の夫婦が劇的に出会ったラブストーリーを無声映画のスタイルで描き，日本人とブラジル人の少女が不本意な環境の中でペルソナを使い分けるエピソードを，それぞれショートムービーとして制作した。後者の例では，クラスの中で暗いキャラクターを演じることが自身を防御する方法だと考えた内向的な日本の女子中学生に対し，周囲からは浮いてしまう「変な自分」をあえて積極的にアピールすることで自身を認めさせようとする外向的なブラジル人少女という対比が生まれた。この類別化については，ややステレオタイプに陥るという懸念はあったが，ヒアリングによって彼女達もそれぞれの手立ての違いに気づいていたことから，対になるエピソードとして制作した。

　この映像制作によるコラボレーションで学んだのは，生の言葉を尊重して

いくドキュメンタリー色の強い全体の中で，映像用の演出を付加することが，出演者の細かなアイディアをフィクションとして作品に反映させたことだ。取材したエピソードをベースに，被取材者や出演者と共にストーリーをアレンジしていく過程は楽しく，また彼ら自身のアイディアや演技の工夫などが徐々にシーンに反映されていくことに私たちは勇気づけられた。こうして完成した映像は，柔らかにフィクションの可笑しさを擁することで，ドキュメンタリー部分に見られるある種の深刻さとの絶妙なバランスを作り出すことに寄与できたのではないか。もちろんこのバランスは，素晴らしいダンスやドラマのパートにも大きく負っている。しかし，作品全体に対しての入れ子構造が自明となる映像パートは，その世界観を自立させ易いという意味において，総合的なバランス作りに対する刺激剤となり得たように思う。

このように私たちは，ワークショップや映像制作の共同制作を通して多様な参加者，そしてスタッフと共に表現することの苦楽を分かち合いながら作品の上演に漕ぎ着けることができた。これは「顔／ペルソナ」という誰もが共有可能なテーマの下で，参加者の持つさまざまな経験と文化背景が交錯するだけではなく，表現者として制作に関わったスタッフそれぞれがお互いの専門領域を超えて協働することができた成果であろう。

(6) 再び「顔／ペルソナ」に収斂されるテーマと手法

最後に，作り手の一人としてこの企画全体が持つ意義について記しておきたい。公演終了後中心スタッフによる反省会において「この演劇作品の最終的な目的」についての問いが示された。本活動の意義は「多文化コミュニティーを理解し促進すること」なのか，或いは「質の高い演劇作品を提供すること」なのか，どちらであるのかという論点である。演劇作品を作るために多様な人々が集い，場を共有することだけでも相互理解は促されるだろう。しかし，毎年素人の新規参加者を演者として迎え，しかも言語の違いという難題を前に，作品自体の質的向上を目指すのは容易ではない。これは演劇作品に限らず，市民参加型のあらゆる作品表現において避けられない課題ではある。

本作品の大きな成果は，実は上記二つの意義の外に見出すことができ

る。それは,「顔／ペルソナ」というテーマにおける異質性の境界は,国籍や文化背景だけではなく,むしろ個人と個人の間にこそ存在するという判断に至ったことだ。その理由として思い至るのは,多文化共生という問題意識への真摯な取組みや,作品の質的な洗練が生み出したというよりも,むしろくり返される個々のワークショップが参加者それぞれの反応を紡いでいきながら全体を構成していく,その柔軟なスタイルにあるように思えてならない。例えば,ひとつの物語とその文脈に観客を没入させる典型的なドラマ形式の表現は,淡々と流れる日常や曖昧な事象を見落としてしまう危険性がある。ギャラリーを訪れた者が一枚一枚の絵を鑑賞していきながら展覧会の全体像を作りあげるように,ドキュメンタリーとして複数のエピソードを自立させながらもそれらをゆるやかにつなぐ柔軟なフレームによる構成。それがエピソードの違いだけではなく,ダンスや映像による異質なシークエンスの融合までも可能にした要因である。そして,これらの要素を受容し収斂させるためのフィールドとして,「顔／ペルソナ」が優れたメイン・テーマとして作用していたことは,ここで再び強調しておくべきだろう。

1-2　多文化共生プロジェクトに関わって

ダンサー，振付家，演出家　じゅんじゅん（髙橋淳）

　演出家から「今回は子供たちに焦点を当てたいのだが演出を手伝ってほしい」と言われ，2012年のプロジェクトに関わりました。集まった中学生を中心とする子供たちは対話という行為が二重に難しいと思いました。まず日本語が十分に理解できないこと，そして彼ら自身が他者に心を開くことが難しい思春期のまっただ中であることです。地方のプロジェクトで，プロでない参加者を募り作品を作ることはよくあるのですが，その際に対話をしながら作ることを一番意識しています。僕はダンスを作っていますが，ダンスという言語を使わない表現だからこそ何故それをするのか，どのようにやるのか，互いに理解しあわなければ作品になりません。

　同じ年頃の日本人と在日外国人の彼らと作業を重ねて行くうちに，問題は言葉ではなく彼らの年齢にあることに気付きました。アウトリーチと言われる学校向けのワークショップの世界ではよく言われることですが，中学生相手が一番難しいんですね。とにかく人前で恥をかきたくない，体を動かすのが恥ずかしい，そして仲良しグループでまとまってしまいワークにならない等々，中学生のワークショップはとにかく骨が折れるというのは僕ら舞台のアーティストにとっては常識となっています。他者との関係に一番敏感な年頃なだけでなく，成長期にある自分自身との折り合いも困難な時期に集団の中で対話し表現を見つけ出していく作業は，大変な困難を伴います。今回のプロジェクトでそれを解決したのは時間だったと思います。半年という長期間で一緒に作業を進めることが彼らのこわばりを解き，一緒に何かに向かっている尊さを感じることに繋がったのでないでしょうか。

　参加している彼らに共通して感じた面がありました。それは彼らが普段の生活において居場所を見つけられていないのではないか，ということです。在日外国人はもちろん言葉の問題が大きくあるでしょう。しかし日本人の参加者たちもどこか疎外感を持った子供たちが集まっているように感じました。それはある種の生きづらさですが，創作や作業という面では必ずしもマ

イナスではありません。そこにたまっている不満や憤りが気持の糸口を見つけたときに発火するエネルギーとなります。その点において，演出家の取った「ドキュメンタリーの演劇をつくる」という手法が彼らにとって救済だっただけでなく，作品としても化学変化を起こすキーポイントになりました。

　演技やダンスは，ほぼ素人の彼らが半年という長期とはいえどれだけ稽古したところでよく出来た発表会の域を出ません。もちろんよく出来た発表会でも参加者は充実感があるでしょう。でもそれに人生を掛けている僕は納得出来ない。演出家が取ったドキュメンタリーという手法は，美しく見えるであろう演技やダンスを上手にやるという方向ではなく，彼らが彼らとして舞台で自分のことを語るという方法です。言うのは簡単ですが実際にやるには膨大な時間と労力を要します。出演者全てに個別にインタビュー（人によっては数回も）し，そこからテーマを浮かび上がらせ台本に編集し直し構成していく。ヨーロッパでは最近よく見る手法ですが，舞台と言えばきれいな人や芸能人が歌を歌い演技するというイメージが一般的な日本では，その手法を説明するのにも苦労を伴います。舞台に立ってカッコいいセリフを言ってみたい，なんて気持で参加してきた出演者が自らをさらけ出すような手法を望んでいないということもあります。

　しかし，その膨大な準備と対話を経て彼らが自分自身として舞台に立ち，抱える問題が作品のテーマに重なった時，彼らの存在が作品を，舞台を，時間を芸術的な高みへと押し上げます。なぜなら舞台の出演者が「上手く演じられた」存在ではなく「存在そのもの」となるのですから。

　リハーサルを重ねていくうちに，幾つかの場面で彼らが自分自身として舞台に立つのだ，と意識が変革した瞬間がありました。特に具体的で個別の役割を与えたときに彼らは変身していきました。そのときの彼らは，通過儀礼に飛び込む部族の青年のように，集団の中での役割を引き受けて作品の一部を担おうとしていました。「これ，君にしか出来ないから」「あそこ，タイミング難しいけどめちゃ重要だから頼むな」と話しかけると，照れつつも頷き必死でその瞬間に向かっていきました。顔つきが全く違うんですよね。言われてやるのではなく自らが引き受けている時の表情って一目で分かる。そしてこちらの意図を本当に理解しています。そんなときに「体の向きがこう」

とか「声の抑揚」などという細かいテクニックは必要なくなっていきます。意識の変化はテクニックを越える，というかテクニックなんて結果的なもので。細かな言い間違いも舞台上の本人が本人として間違えているのですから。

　一人日系ブラジル人の青年でグスタボという子がいました。ちょっと不良っぽくヤンチャな印象の子で，当初はそんなに積極的に関わっていたわけではないのですが，彼の家族の話が印象的でそれをクローズアップすることになったのです。そして彼にいくつか役割を振っていくと，徐々に彼の稽古場での振る舞いが変わっていったのです。以前は一緒に来ている仲間とふざけあっていて照れて言われたこともやらないような雰囲気だったのですが，自分から積極的に参加するようになりこちらの要求に応えようとし始めました。彼が出演するシーンは明らかに変化し稽古場の空気は見るものを捉え始めました。舞台を走り回ったりと体力的にきついシーンもありましたが，それがかえって何かに向かう姿勢をより強めたと思います。

　参加した全員にそのような瞬間が訪れたかはわかりません。最後まで集中せずにうるさい子も正直いました。ただ単純にお祭り気分の参加者もいたと思います。しかし単なるお祭りだったとしても自分たちがお祭りの主役であったことに違いはなく，本番を終えての彼らは達成感に満ちた顔をして嬉しそうに仲間とジュースを飲み写真を撮りあっていました。彼らのやりきった表情を見て，そんな通過儀礼に立ち会えただけでも芸術的な達成に匹敵する充実感があったなあと感慨深かったです。

　最後になりますが，上記にあげたように個人的には思春期の子供たちとの作業，という面が大きく（もちろん成人も大勢参加していましたが）多文化共生という一般的な意味合いでの在日外国人とどう共生するかというテーマで話せることはあまりありません。しかしブラジル人，フィリピン人，日本人，大人，子供と多様な人々と作業を重ねてみて，それぞれ立場は違えど抱える問題はどこか共通の匂いがしました。というより，それぞれ何かを抱えているという「気」のようなものでしょうか。そしてその「気」のような匂いはおそらく僕自身からも漂っていて，世代を越えても似たような状況でがんばっている彼らに励まされた思いです。

こういったプロジェクトは可児だけでなく日本全国で是非続けてほしいですね。おそらく在日外国人だけでなくこれからますます他者と出会っていかなくてはならない僕ら日本人にこそ必要な場でしょうから。そしてアーティストとしても大変に刺激的な機会であったことを述べておきます。

1-3　多様な人々の生き様に魅せられた「目撃者」として

田室寿見子

　ドキュメンタリー演劇の製作過程においてインタビューを行い，録音テープから文字起こしをし，台本として構成していく作業を通して，私は参加者の人生の一部を背負ってしまったような気持ちになります。公演が終わった後も参加者のその後の人生が気になり，帰国した人については彼らの母国のニュースが流れると，訪れたこともないそれらの国々の動向が心配になります。舞台上で語られた人生の断片は，プロジェクトに関わった参加者や観客を「目撃者」という立場に追い込むのでしょうか。他人事として放置せず，異なる隣人に関心を寄せる，そんな「目撃者」を増やし，多文化共生のすそ野を広げていこうと，ドキュメンタリー演劇を継続してきました。

　多文化共生プロジェクトは，可児市創造文化センター（以下，ala）の「劇場を外国人と日本人の出会いの場として提供する」という案から始まったものです。この仕事を請け負う前の私には「芸術を通した外国人との共生」というような発想はなく，立ち上げてから8年たった現在も国内では他に類を見ない取り組みで，その先駆的なアイデアに今更ながら敬服の念が湧いてきます。しかし前例のない試みだったため何をどのようにしていいのかわからず，立ち上げからalaを去るまでの5年の日々は試行錯誤の連続でした。主催者側と見解を異にすることも少なくなく，葛藤や挫折を繰り返す中で私なりのアプローチとヴィジョンが芽吹いたように思います。

　プロジェクトを開始し，必要に応じてプロデュース，演出，脚本，リサーチ，地域コーディネートなど何役もこなす中で，芸術が多文化共生の「ツール」となると確信し，それと同時に多文化共生が芸術の「素地」となることも実感しました。なぜなら，ある文化が他の文化に接触したりぶつかったりすることによって創造性が刺激され，そこから新たな価値観や世界観が創出されてくるからです。多言語・多文化間での演劇創作は困難を極めるものの，その不思議な魅力に惹きつけられ，いつしか私のライフワークになっていきました。

芸術を通した外国人との共生に向けて自分なりのヴィジョンを描く中，プロジェクトを実施する上でのいくつかのこだわりが生まれ，時に主催者の意向に逆らってまで貫くこともありました。事業受託者としては失格ともいえるそんなこだわりに，果たして意味があったのか，そしてそれらのこだわりは成果に結びついているのか——自問自答するべく，これまで試みたアプローチについて以下に整理していきたいと思います。

(1) 地域スタッフの主体性

　alaが地域の課題に向き合うべく企画したこのプロジェクトは，いざふたを開けてみると「劇場職員は業務に極力関わらない」という"不文律"がありました。劇場は日々の催し物でただでさえ多忙を極め，万年人手不足なので，外部に業務委託したものについては作品作りのみならず，制作業務についても管理だけをするという方針だったようです。しかし，この前例のないプロジェクトを始めるにあたり，地元の職員が地域の課題を把握し，目指すゴールを外部スタッフと共有して一緒に製作していかないのであれば，事業は課題解決に貢献するものにならないと懸念しました。そこで劇場職員が主体的に関わることを求めましたが，体制としては受け入れられませんでした。

　それでも見知らぬ土地で自分が掲げた目標に向かって奔走することが出来たのは，劇場制作スタッフの松木沙都子さんに寄るところが大きかったと思います。当時新人でアシスタントとして関わっていた彼女は，前任者が公演を間近にして突然担当を降りたため，大混乱しながら本番まで奮闘することとなりました。初めての公演が盛況のうちに終わった後も，彼女は公私ともに時間と労力を費やして，次年度に向けて参加者とのネットワークを構築してくれました。そんな奮闘ぶりは劇場の不文律に反することになるため，職場内で批判にさらされたこともあったようです。けれど松木さんの努力の積み重ねによって参加者もさることながら，プロジェクトを陰で支えてくれるサポーターも年々増加し，多文化共生のすそ野を広げていってくれました。2年目の公演を終える頃には彼女と私のヴィジョンは一致し，多文化共生プロジェクトを単なる年に一度の「お祭り」にとどめず，地域団体とのネット

ワークを形成し，地域の人々が主体となる体制を作り，演劇を用いた多文化共生をまちに根付かせようと動き始めました。

(2) 地域ネットワークの形成

　プロジェクトの立ち上げ時，可児市のことも多文化共生についてもほとんど知識のなかった私は，外国人支援団体であるNPO法人可児市国際交流協会（以下，KIEA）に足繁く通いました。当時の事務局長の中村裕さんと現事務局長の各務眞弓さんが私の疑問にいつも丁寧に答え，求めに応じて様々な人や場所を紹介してくれました。そこで得た情報をもとに，外国人がよく行くお店や教会を訪れ，プロジェクトの参加を呼び掛けたり，日本での暮らしについての聞き取り調査をしました。また，外国人を雇用する中小企業の人事担当者や外国人に部屋を貸すアパートのオーナーなど，外国人に接点を持つ地域の日本人の生の声を集めることで課題を把握していきました。

　劇場職員も立ち上げ時から外国人参加者の募集や翻訳・通訳などで，KIEAに全面的に頼っていましたが，団体としての正式な提携関係は結ばれませんでした。プロジェクトでインタビューを重ねていると，生活上の問題を抱えた外国人の話しを耳にすることは少なくありません。しかしKIEAに行ったことがない人や，その存在を知らない人もいて，悩みを相談するところがわからず困っていました。双方が多文化共生を目指して活動しているのだから，KIEAとalaを中心にほかの公的団体とも連携してサポート体制を取り，問題を持つ人の発見から対応までを迅速に進めるよう改善出来るのではないかと思いました。

　組織としての横のつながりが作られないままKIEAとの交流を深め，2年目からは地元のNPOスタッフや大学教授，中小企業のオーナーたちが集まって地域振興について考える定例会などにも出席しました。それぞれの団体はとても熱心に活動していて，目指す方向性も近いものだったのですが，劇場とは接点がないということで積極的な連携は生じませんでした。また，市役所の多文化共生の担当課に協力を打診しに行った時も「alaの事業には関わっていないし，今後も関わる予定はない」と言われ，縦割りの弊害を痛切に感じました。

地方都市では東京よりも地域団体の提携がもっと密に図れるかと思っていましたが、ネットワーク化を意識的に進める人が地元にいなければ、他団体と干渉し合わないのが自然なのかもしれません。そうした推進役は「よそ者」のほうが担いやすいかもしれませんが、一度作ったネットワークは地域の人々によって継承され、活用されなければ意味をなしません。目的を共有する団体とのネットワークを形成し、コーディネート出来る人材を地域で確保出来るのであれば、大きな予算をかけずとも事業の拡充を図り、ソーシャル・セーフティ・ネットを構築していけるのではないかと思いました。

(3) 人材育成

プロジェクトも3年を過ぎた頃、参加者から「もっと継続的に活動したい」という声が高まってきました。定期的に活動することで参加者同士のつながりを維持し、さらにはコミュニティ・リーダーになる人材を育成することで、日頃交流のない日本人と外国人それぞれのコミュニティに架け橋を作れるのではと期待しました。そこで、演劇ワークショップ・ファシリテーターを養成し、防災や教育、福祉など、外国人住民が生活で知っておくべき知識や情報を演劇手法を用いて伝えるという企画を提案しました。行政は日ごろから顔の見えにくい外国人住民に情報を届けることに苦心しているので、外国人ファシリテーターが外国人コミュニティに母語で情報をもたらすことが出来れば、行政と参加者の両方にメリットとなると考えたのです。しかしalaには「外国人の人材育成はKIEAの仕事」と断られたため、各務事務局長に協力を依頼し、KIEAの主催として2011年春から「多文化共生のための演劇ワークショップ・ファシリテーター養成講座」を開始しました。

多文化共生プロジェクトの参加者のうち12名が半年かけて学び、秋には受講生によって多国籍のファシリテーター・グループ「多文化演劇ユニットMICHI（みち）」が結成されました。これまで共に奔走してきた松木さんは夏のプロジェクト公演『最後の写真』を終えてalaを退職したため、残念ながらその場に立ち会うことは出来ませんでしたが、彼女と私の悲願だった地域の人々が主体となる団体を4年目にしてようやく立ち上げることが出来ました。

MICHIのリーダーには、この年に多文化共生プロジェクトに参加したばかりの山田久子さんにお願いしました。演劇初心者ではありましたが、これまでalaでサポーターとして活躍しており、努力家の彼女はメンバーを下から根気よく支えてくれると思ったのです。しかし2012年の公演をもって私がalaを去り、以降は可児に頻繁に行くことが出来なくなったことでMICHIの活動も低下し、やめていく人が続出しました。共通言語がなく、文化も価値観も異なる人々を、強いリーダーシップを持たずに下からまとめるのは並大抵なことではありません。山田さんは何度も挫折し、頼りにしていたサブ・リーダーが去った時はとうとうMICHIも終わりかと思いました。しかし山田さんは踏みとどまり、一人になっても活動を続けました。ほとんど参加者もいないのに定例ミーティングを開き、ワークショップの依頼が来るとKIEAや家族の助けを借りて実施する中で、今では一人、また一人とMICHIにメンバーが戻り始めています。私から押し付けられるような形で担ったリーダーの役目などとっくに放棄してもいいはずなのに、なぜそれほどがんばれるのか私にも不思議でした。それはもしかすると、彼女も多様な人々の生き様に魅せられた「目撃者」の一人となっていたからなのかもしれません。

(4) 雇用の創出

MICHIの設立は、コミュニティ・リーダーを育成して多文化共生を促進させることも目的の一つでしたが、もう一つの目的は雇用を創出することでした。製造業で働く外国人労働者の多くは、製造業以外の仕事に変わりたいと考えますが、日本語能力に限界があって転職に成功することは多くありません。やりがいを見出せないまま派遣社員として時給のより良いところを探して職を転々とし、不況になると簡単に契約を解除されるのです。各務事務局長はそうした労働者本人もさることながら、彼らの子どもたちの将来を深く案じていました。親の都合で日本に連れてこられたものの言葉や文化の相違に適応出来ず、工場で働く親の姿に自分の将来を重ねて悲観し、学校からドロップアウトする青少年をこれまで数多く見て来ているからです。そんな外国人コミュニティで極めて限られた職種に、芸術を用いた一つの雇用の選

択肢を創出することは，労働者の子どもたちにも希望をもたらすことを意味しました。そこで演劇ワークショップ・ファシリテーター養成講座ではプロフェッショナルを目指した人材育成として一定の基準を設け，修了までにそのレベルに達しなかった人は「不合格」として再訓練を受けるか，サポーターにまわってもらうことにしました。

　ワークショップをビジネスとして成立させていくために，初年度は行政からの要望が多い「防災」に絞ってプログラムを作成しました。ブラジルなど地震のない国から来ている人に，言葉がわからなくてもゲームを使って楽しみながら防災の基礎知識を身につけるというものです。KIEAの後押しと多文化共生マネージャー全国協議会の協力があって，新米ファシリテーターたちはほどなくして各地の外国人集住都市の自治体や国際交流協会などからワークショップを有償で請け負うことができました。順調なすべり出しとなった彼らに初めて支払った謝金は，一人3000円でした。お金を受け取って黙り込んでいるメンバーに「安くて不満なのかしら」と不安に思いましたが，自分の好きなことをやって報酬をいただくという人生初めての経験に感動し，「このお金は記念に取っておく」と言うのを聞いてホッとしました。その初心は忘れずに，けれど今後はプロとしてワークショップで生計を立てられるだけの収入を得られる人を，一人でも二人でも増やしていければと考えています。

(5) 芸術のクオリティ

　防災ワークショップで各地を訪れる傍ら，各務事務局長から提示される在留外国人の課題に沿って「ビジネスマナー・ワークショップ」，「冠婚葬祭マナー・ワークショップ」，「からだで学ぶ漢字ワークショップ」など，次々とプログラムを作成していきました。それらのワークショップが外国人の視点に立っているか，課題の具体的な解決に役立っているかなど，時に厳しい指摘も受けることもあります。それによってファシリテーターたちはアーティストを含む各分野の専門家と共に外国人の抱える問題点を見極め，目指すゴールを主催者と共有し，社会的包摂を推進するために「芸術に何が出来るのか」と真摯に問うていくことになります。そうした対話を積み重ねること

で，演劇ワークショップが雇用や教育的効用のみならず，芸術としてもたらす効果について考えを深めていくことになりました。

　2013年からは本書の編著者である朝日大学の松井かおり准教授の協力によって，外国につながる青少年のためのプログラムに取り組む機会が増えていきました。KIEAが運営する「さつき教室」では，義務教育の年齢を過ぎてから来日した子どもたちの進学をサポートしていますが，異文化への不適合と母国へのホームシックなどから心身に変調を来たす子もいます。彼らは日常生活では日本人と接する機会がほとんどなく，特に同年代の日本人と接点がないので，2014年には愛知県の昼間定時制高校の演劇部に協力を呼びかけ，一緒に演劇ワークショップと発表会を実施しました。

　その昼間定時制高校は元不登校の子が6割を占めていて，演劇部顧問の先生は社会的弱者の演劇指導で定評があったので，合同発表会のための演出をお願いすることにしました。さつき教室の生徒には日本語で作文を書かせ，それを読み上げることを提案されたのですが，生徒の表現意欲が高まる気配はなく，覚えたての日本語を読み上げるだけではそれぞれが持つ感性と表現力が十分に発揮されないのではないかと懸念しました。そこで作文を基にインタビューを重ねてセルフストーリーを構成し，各務事務局長とアーティストの必要性を検討し，急きょ振付家のじゅんじゅんさんに応援をお願いしてセルフストーリーに沿ったムーブメントを考えてもらいました。ぎこちない作文の奥に潜んでいた彼らの思いや表現が引き出されていった時，生徒たちの日本語は「未熟」ではなく「持ち味」へと変換され，パフォーマンスには独特のリアリティが伴っていきました。

　この変換こそが，芸術の担いうる役割だと思うのです。社会的弱者と呼ばれる人たちをただ「弱者」として見せるのではなく，ポジティブな意味での「少数派」に転換し，むしろ違っているからこそ創造的な存在であることを示せるのが芸術の作用なのだと思います。練習に乗り気でなかった生徒もパフォーマンスのクオリティが高まったことでモチベーションが一気に上がり，本番に向けて長時間の練習にも真剣に挑むようになりました。喜怒哀楽のあいまいだった子たちの表情にメリハリが出て明るくなり，それまで同じ教室にいてもコミュニケーションを取り合ったことのない生徒同士が声を掛

け合うようになりました。それは生徒たちが表現のクオリティを楽しみ，その表現を担う自分に自信を持てるようになったからだと思います。

　芸術を用いて社会の課題に向き合う場合，社会的弱者はややもすれば「参加することに意義がある」と考えられがちです。しかしクオリティの伴わない作品が公けにされる場合，人によっては表現することへの覚悟と責任が持てず，仲間や観客の反応を敏感に感じ取る中で恥ずかしさが増し，かえって自尊心を損なう危険性があります。

　ala での多文化共生プロジェクトの製作に関わった5年間，いろんなこだわりを持ち込んで劇場側とぶつかりましたが，最後までこだわったのはクオリティでした。「演劇で手が掛かるなら，ダンスでも音楽でも何でもいい」「交流する過程が大事で，結果である公演はどうでもいい」「アーティストの部分を捨てろ」と言われ続けましたが，そこは妥協出来ませんでした。「外国人と日本人の出会いの場を提供する」という発案は素晴らしいものでしたが，教育や福祉とは異なる作用を芸術に期待するのであれば，参加者本人が生来備えている「クオリティ」を引き出すことが不可欠です。アーティストのスキルによって一人ひとりの持つ個性や思いを最善の形で引き出し，「持ち味」，すなわち他に代え難い魅力へと変換された時にこそ感動が生まれ，「同情」ではなく「敬意」によって多文化共生が促進されるのではないでしょうか。

(6) 結びにかえて

　芸術を通した外国人との共生を目指して私の抱いたこだわりは，果たして地域の人々に意味のあるものだったかどうかは時間をかけて検証することになるのかもしれませんが，その試みた"迷走"ともいえるアプローチに伴走してくれる人々に常に巡り合えたことには，ただただ感謝しかありません。本書に寄稿された方のほかに，初年度の多文化共生プロジェクトでもっとも混乱していた創作現場において一緒に土台を築いてくれた振付家の山田珠実さん，ワークショップ・ファシリテーターのすずきこーたさん，2年目以降に関わってくれた映像の伏木啓さん，ミュージシャンの山田亮さん，片岡祐介さん，言葉の通じない参加者のために悩み，寄り沿い，参加者の多様性と

創造性を生かすことに全力を尽くしてくれました。

　そしてプロジェクト立ち上げからの5年間，すべての作品に付き合ってくれた舞台監督の加藤啓文さんを筆頭に，テクニカル面から支えてくれたalaの舞台技術スタッフさんたちのことも決して忘れられません。台本はいつもギリギリにしか仕上がらず，舞台で変更ばかり重ねる私は口を開けば怒られることばかりでしたが，私の演出を尊重し，出演者たちの魅力が映えるような仕掛けを考え，言葉の通じない彼らが舞台で混乱しないように優しく丁寧に導いてくれました。

　そんなプロフェッショナルたちがそれぞれの職能において高いクオリティを持って公演に臨んでくれたからこそ，参加者や観客が「目撃者」となり，多文化共生の担い手が少しずつでも増えていったのだと思います。そして，もしかしたらそんなアーティストやスタッフたちもまた，「目撃者」として参加者の魅力と異文化が混ざり合ったユニークで創造的な環境に魅せられたのではないかと想像しています。

2. 多文化共生プロジェクト　参加者の声・視聴者の声

2-1　過去と向き合い自分を再発見する体験
　　　——2009年多文化共生プロジェクト参加の思い出——

2009年多文化共生プロジェクト参加者　ボリス・グリゼ

(1) 日本への旅立ち

　2009年，私は家族と共に長い休暇を日本で過ごすことにした。日本での長期滞在をどう過ごすか，それぞれに目的があった。妻は年老いた両親や妹家族との時間を過ごすため，息子は日本の小学校で6年生を体験するため，そして私自身は日本の四季を楽しみながら日本語を上達させ，おそらく最初で最後となる仕事から離れた贅沢な時間を楽しむためであった。しかし事の始まりは，日本で1年間の休暇を過ごすと私が決断したことであり，それが妻や息子に影響を及ぼし長期間日本で過ごす理由を探させることになったと言える。

　「すべてをやめて，日本へ行く」という決断を理解してもらうためには，このような思い切った方法をとるに至った動機を説明する必要がある。欧米社会においては，より良い就職先を見つけることや生活水準の高さなどが，生きていく上で不可欠であると信じられている。私の場合も，こうした考え方が人生の決断を支えてきたのだが，2008年に私の母が病に倒れ，その考えが変わった。母の1年間の辛い闘病生活を目の当たりにするうちに，人生を楽しんだりその本当の意味を見出したりする機会は，非常に少ないのだと気がついた。大抵の場合は，家族や仕事に対する責任を優先し自分のやりたいことを後回しにしてしまう。母の場合も，自分のために時間を使うような贅沢はできなかった。むしろ必死に働き続け，ようやくその責務から解放されようかというときに，癌が母の老後の人生を狂わせてしまった。こうした体験を通して考え抜いた末，私は2008年の終わりに決断を下した。日本語教師として働いていた地元の学校での職を辞し，家族の蓄えを持って，冒険へと旅立った。蓄えは多くはなく，日本での1年間の滞在はかなり質素な暮らしとなった。沖縄と北海道に旅行した以外は，妻の両親が気前よく提供してくれた部屋に住まわせてもらい，岐阜県可児市での日々を過ごした。

(2) 多文化共生プロジェクトとの出会い

　そういうなか,「多文化共生プロジェクト」についてのニュースは, 当時知り合ったアメリカ人から聞いた。彼は一緒に出かけたりできる外国人を探していたのだが, このプロジェクトが面白そうだから見に行ってみないかと誘ってくれたのだった。私はその週末に行われていたリハーサルをいくつか覗くと, たちまちその虜になった。リハーサルは私の想像していたものとは全く違ったものだった。台本も, 計画も, 配役も決まっていなかった。プロジェクトは週を追うごとに大きくなっていったが, プロジェクトを作り上げる過程の柔軟性が, すべての参加者を惹き付けた理由だったように思う。7月に公演が控えていることは皆知っていたが, この公演がどんなものになるのか, はっきりとわかっている者はいなかった。非常に興味深かったのは, 可児市という小さくて名の知れていない町に, 世界中の様々な場所から外国人が移り住んでいることだった。以前この町に来たときには, 自分が唯一の外国人なのではないかと思うことが度々あった。プロジェクトを通して, かけがえのない友人たちと出会いすばらしい経験ができたことは, 人生の節目というには大げさすぎるとしても, 間違いなく最も重要な出来事のひとつであったと言える。

　それぞれの参加者が演出家と打ち解けるにつれ, 私たちの過去や生い立ちが次第に明らかにされていった。私の場合も同様であった。ボスニア人としての過去, それは私が過去のものとしてしまい込み, 最近では誰かが私の英語にかすかに残る外国人訛りに気づいたときに少し触れるくらいのものであったのだが, プロジェクトが進められるうちにその過去に注目が集まるようになっていった。1992年から1994年にかけてのボスニア・ヘルツェゴビナ紛争について私の経験談を聞きたいとみんなが突然言い出したときには, 私は少し混乱し, 迷惑に感じたことを覚えている（紛争の当時, 私はボスニアに住んでいた）。私は辛い過去の傷についてではなく, オーストラリアでのこと, 趣味や仕事, 日本語を教え学ぶという話題にそらそうとしたが, 私がボスニア人で, 紛争時にそこにいたという事実が, 劇で演じる主な内容に決まってしまった。

　劇が次第に形を成してきた3ヵ月の間に台本は練り上がり, ダンスなど舞台上での動きの練習が進んだ。思いがけず, 私のボスニア人としての過去が, 再び「現実」となった。練習中, 私はこの「現実」からうまく距離を保ち, 一見したところ「現実」とは切り離して自分の経験を語ることができていたように思う。内心では, まるで誰かほかの人のことを話しているように感じていた。他の参加者たちは私のことを知るにつれて, これまでとは違う観点から私を見るようになっていった。彼らは大いに敬意と同情を示してくれたが, そのことに心から感謝した。一方で自分

は自立した，強い人間であると思いたかったが，折に触れて，新たに知り合った友人たちが私の過去を知らずにいてくれたらと思うこともあった。そんな思いとは裏腹に公演日は迫りつつあり，もはや逃げることはできなかった。不安でいっぱいの公演日を迎え，私は奥底に押さえ込んでいた戦争への恐怖や長く苦しいサラエボでの生活が呼び起こす感情に向かい合うのを恐れていたのだが，自分でも面白いことに，可児市の人たちに私の人生の話を「演じ」，聞いてもらうのを同じくらい楽しみにもしていたのだ。これまで話すことを避けてきた辛い過去であったが，他の国や文化の人々に，戦争とはどれだけ惨いものなのかを理解してもらうためには，こうした体験談はとても大きな力を持つものだと思うようになっていた。しかし戦火で荒廃したサラエボでの2年半で私が経験したことは，例えて言うならば，深い傷というよりは引っかき傷のようなものだった。他の地域に住んでいたサラエボ人やボスニア人の多くは，はるかに残酷な運命と向き合っていたのだから。

(3) 初めての舞台

　公演当日，私は力がみなぎるのを感じ，色々な感情やらプライドやらで胸がいっぱいになりながら，全身全霊を捧げて演じた。感情をさらけ出すことはもう怖くなかった。記憶がまざまざと戻ってくるに任せ，心を込めてモノローグを語った。そうしてようやくその日の第1回目の幕が下りたときには，ボスニアでの「現実」がまるで手のすぐ届くところまで戻ってきたように感じ，驚き，動揺したことを覚えている。私は劇を演じているという心境を超えており台詞がいくつか飛んでしまったりもしたのだが，プロのスタッフたちがなんとか字幕をごまかしてくれたおかげで，ほとんどの観客は私のミスに気がついていなかったと思う。初舞台を終えたとき，再び演じる情熱はもう残っていないと思った。公演の数日前にはその年の10月に再演の話があったのだが，1回目の公演を終えてみると，二度と演じることはできないと思っていた。

(4) 2度目の舞台

　しかしその日の2回目の公演では，1回目のときよりも強い想いに満ち溢れながら舞台に立つこととなった。2度目の舞台では全ての台詞を間違えずに言うことができた。サラエボの恐怖におびえた夜に何度も使っていたような手製のオイルキャンドルを吹き消した瞬間，亡き母の顔が目の前に浮かんだ。明かりが消えるのは，ステージを降りる合図だった。私はバックステージのトイレに駆け込み，溢れる出る涙にむせび泣いた。今思い起こすと，このときの経験は，すべてがかけがえのないものになったと思う。過去の傷を洗い流し，ボスニア紛争を「過去の棚」へと，そっと片付けてくれたのだから。

2度目の公演には，妻の両親と，息子，妻が観に来てくれていた。舞台が終わってからも，私はまだ興奮冷めやらぬといった状態で，すぐには普段の私に戻ることができなかった。何かが新たな段階へと昇華し，私自身にとっても，そして私の周りの人たちにとっても，私の何かが変わることを期待していたのだと思う。褒め言葉や感想が欲しかったのだろうか。何人かの人が私の元へと歩み寄ると，勇気を褒め称え公演の成功を祝ってくれた。その一方で，家に戻る車の中，私は普段と変わらない静かで落ち着いた家族の様子に驚いていた。彼らにとっては，普段とさほど変わらない，いつもより少しせわしない一日に過ぎなかったのだと思う。息子は，「パパが出てる劇だかを見に来なきゃいけなかったけど，早く帰って友達と遊びたいなぁ」という気持ちだったに違いない。妻は，「ようやく終わったわ。さあ，今夜の夕飯は何にしようかしら」とでもいう感じだった。一方で妻の両親は，第二次世界大戦のときの辛い日々を思い出したよと声をかけてくれたが，それ以上の会話は続かなかった。私は，着陸する場所もなければ，これ以上飛び続けるだけの空気もなく，空にとり残された飛行機のような気分だった。私は実にがっかりして，過去を語る決心をしたことを後悔した。私の話は「心に届かなかったのだ」と思った。告白は，まっすぐに心に伝わるものではなかったのだ，と。その昔，オーストラリアに移り住んだ頃にも，私の気持ちをよく理解してくれて，紛争の経験を語り

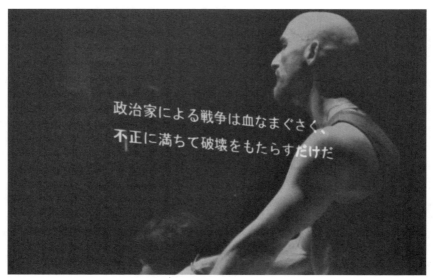

ボスニア紛争の体験について語るボリス『危機一髪』(2009)

合うことができたのはボスニア人だけだった。前にも言ったように，他の人たちには私の生い立ちを詳しく説明することはなかった。

(5) 公演を終えて

　公演から数週間も経つと気持ちが次第に落ち着き，私はまた身近なところに新たな隠れた冒険がないかと，日本での「1年間の休暇」を再開した。その後も，多文化共生プロジェクトの参加者とは連絡を取り合っていたが，あのときの一風変わった経験について語るのは，楽しい時間と思い出についてだけだった。

　公演の数日前，私を含めた数人の参加者は，このプロジェクトの記念になる物を残しておくことができたらと思い，制作スタッフに頼んで公演の一部始終を撮影し，関わった人全員分のコピーを作ってもらっていた。日本で立派な舞台を作り上げたことに情熱と誇りを持ち，自分の「演技」を観るのを楽しみにしていた。私は子どもの頃，ダンサーか，歌手，または俳優になりたいとずっと夢見ていたのだ。しかし公演が終わりDVDが配られても，一度もそれを観ることはなかった。あの時の感情をもう一度よみがえらせる勇気がなかった。前にも言ったように，2度目の公演を行うことで，私は過去を整頓し，あるべき場所に戻すことができた。それなのにDVDを観て公演を振り返ったら，この結末を再び変えてしまうような気がしていたし，今もそう思っている。プロジェクトでの経験については，今も複雑な想いがある。しかし日々を追うごとに，この経験から素晴らしいものを得たという気持ちが強まっている。家族の反応にがっかりしたことは覚えているが，時が過ぎるにつれて，2009年7月に感じた想いは，その後の毎日の想いによって補われていった。

(6) 終わりに

　このプロジェクトの一員になったことは総じて良い経験であったが，私には必然のことだったとさえ思われる。私の個人的な経験が，他の仲間の参加者たちのものよりも重大で語られるに値するものであったかのかは，よくわからない。珍しい話であったから，興味を引いたに過ぎない。あのときの仲間との友情や，みんなで出かけたり，練習を重ねたりした日々，そして体験を分かち合うという精神は，多文化共生プロジェクトが生み出してくれた素晴らしい多くの財産のうちのいくつかに過ぎない。

　伝えるべき経験がある人々，そして「移民」とは何かを初めて学ぶ観客のためにも，このプロジェクトが今後も続いて欲しいと思う。世界中に争いは絶えないが，こうした多文化プロジェクトが，地域に平和と理解をもたらす手助けとなるかもし

れないのだから。

2-2 参加者の声：『最後の写真』と出会って

2011 年，2012 年プロジェクト参加者　山田久子

　私は『最後の写真』の公演が終わった時，舞台袖でこの多文化共生プロジェクトに参加できたことへの感謝と達成感を感じつつ，「多文化」とは多国籍ということではなく，一人ひとりの人生が「文化」であって，その「文化」がたくさん集まってこの舞台は出来ているのだ，私もひとつの「文化」なんだ，とぼんやり考えていました。

　当時，私は可児市文化創造センター（以下，アーラ）にいくつか用意されている市民参加プロジェクトにサポーターとして参加し始めた頃で，サポートするだけではなく「私も舞台に立って舞台からの景色を見てみたいな」と思い，ただそれだけの理由で参加を決めました。多文化共生への興味がない訳ではないけれど自分から関わりを持つことはありませんでしたし，アーラに多文化共生プロジェクトという市民参加プロジェクトがあるということは知っていましたが，観たことはありませんでした。そして，このプロジェクトがどんな目的で行われているのか考えたこともなかったのです。

　初めて参加した日，私はすごく緊張していて体育座りで演出家の田室さんの話を聞いていましたが，となりのアメリカ人がダルそうに寝そべりながら質問している姿を見てなんだか楽しくなってきたのを覚えています。それまでの私の経験からすると，この状況でそんな恰好をしている彼を誰も注意しないなんてことはありえないと思いましたが，ここでは誰も注意しない。質問をされた田室さんでさえ嫌な顔をしていない。ということはこれからもこんな「え！」と驚くことがたくさんあるのではないかと思い，ワクワクしたのです。

　その後の稽古でも，「日本のオジサンも参加するんだぁ」と思って話を聞いていたら，いかにも外国人っぽい金髪のきれいな女性が現れてオジサンの隣に座り，そのオジサンは日本語より流暢なポルトガル語でその女性と話し始めました。ビックリして聞いてみると二人はご夫婦でその男性は日系ブラジル人の二世とのことでした。その逆もあったりして，人は見た目だけでは

判断できないと言いますが，国籍もわからないものだと改めて思いました。

　一番驚いたことは，10年間日本に住んでいても日本語がほとんど話せないブラジル人が結構いたことです。仕事や生活で困らないのかと思い聞いてみましたが，ブラジル人向けのお店もあるし仕事場では通訳がいるから大丈夫，とのとこでした。確かにこのあたりにはブラジル人向けのお店はたくさんあります。そして可児の市役所や病院には通訳の人がいたり，街の中にもポルトガル語での注意書きがたくさんあるなぁと改めて自分が住んでいる町のことを見直すことが出来ましたし，外国人が日本でどんな生活をしているのか興味を持つきっかけにもなりました。

　この作品『最後の写真』では人生のいろいろな場面の写真がたくさん出てきます。生まれた時の写真，子供の時の写真，人生で一番輝いていた・幸せだった時の写真，つらかった時の写真，自分が死ぬときに残したい写真など。どんな写真を選ぶかは参加者次第です。私もどの写真にするか1枚に決めるのがとても大変でしたが，他の参加者が選んできた写真もどれも興味深いものでした。生まれた時の写真から名前の由来を聞いたり，子供のころの誕生日の話を聞いたりすることで，その国の文化や時代背景を感じることができました。人生で一番輝いていた時の写真では，若くて一番きれいだったころの写真だったり，数か月前に出場したママコンテストで優勝した時の写真だったり，参加者がとても誇らしげに写真を紹介している姿が印象的でした。またつらい時の写真では身近な大切な人が亡くなった時の話も多く語られました。参加者それぞれが歩んできた人生によっていろいろな写真があって，それらの写真を見て，話を聞くことで，その人の人となりを少し知ることができて親近感まで感じているのが不思議でした。

　このプロジェクトに参加するまで，集団の中で自分の存在を強く感じることはあまりありませんでした。どちらかというと，なるべく集団に紛れて目立たないようにしようと無意識にしていたと思います。(日本人同士だと特に)でも「多文化共生プロジェクト」の参加者の中にいると逆に自分自身を強く感じることがありました。しっかり自分自身を持っていないと個性の強い他の参加者たちに飲み込まれてしまうと感じていたのかもしれません。「みんな違っているのが当たり前，違っていていい」という雰囲気の中で，

参加者それぞれが自分を日常から解放することで，今まで自分自身さえも知らなかった魅力を引き出されていたのではないでしょうか。そして，その魅力こそが「文化」だと思うのです。

「多文化共生プロジェクト」は毎年参加し続けている人と初めて参加した人が掛け合わさって新しいものが出来上がったりします。毎年続けている人は前回の公演から新しく経験したことが新しい魅力となっていることもあります。とにかく始まってみなければわからない。どんな参加者が集まってくるのか，どんな話になるのか，どんな「文化」が出てくるのかわからない，だから最後の最後までドキドキするほど面白いのです。

私はこの「文化」に魅せられて，『最後の写真』以降も多文化共生プロジェクトや多文化共生イベントなどに参加しています。そして，「最後の写真」を一緒に作った参加者たちと「多文化演劇ユニット MICHI」という団体を立ち上げて，日本に住む外国人に向けて日本の文化や防災を伝えるワークショップを多国籍のメンバーで行っています。

これからもいろいろな活動を通してたくさんの「文化」に出会っていきたい。そして，私が『最後の写真』で感じたような自分の新しい「文化」に出会えるようなそんなお手伝いが出来ればと思っています。

2-3 外国人の子どもの教育支援と演劇

NPO法人可児市国際交流協会事務局長　各務眞弓

(1) ブラジル人学校との出会い

　私の暮らす八百津町は，岐阜県の中南部に位置しているが，木曽川が流れる風光明媚な町である。日本のシンドラーと呼ばれる杉原千畝の生誕地であり，その関係で1996年7月にイスラエルから国際交流員が来ていた。町主催のヘブライ語講座を受講したのがきっかけとなり，講師であるハニトや受講生の仲間と交流するうちに国際交流が身近になった。当時可児市や美濃加茂市には，日系ブラジル人の姿を見かけるようになっていたが，自分とはあまり関係がないような気がしていた。ある時，受講生仲間でブラジル人に日本語を教えている人に同行させてもらうことになった。25歳の女性で，5年前に来日したにも関わらず日本語はまったく話せず，話す機会もないと言う。買い物も，ブラジルのお店があり仕事でも出かける時も，通訳や友人がいれば，不自由はなかった。日本語ができなくても暮らせるという現状を初めて知って驚いた。さらに，暗くて古いアパートに暮らしていたが，実は派遣会社の寮から引っ越したばかりだという。寮生活はプライバシーがなく，トラブルも多かったという。賃貸契約に関することは，友人の子どもに通訳をしてもらったらしく，今後の生活のため日本語の必要性を感じて勉強を始めたということだった。この体験から，何か私にもできることがあるかもしれないと，考えていたところ，可児市が国際交流協会設立に向け検討会議を開いていることを知り，すぐに参加した。可児市では，1990年の入管法改正から労働者としての外国人が増え始めていること，文化の違いから騒音やごみ捨ての問題が起きていることを知った。準備会では，協会設立の目的や活動が，従来型の国際交流を中心とするのか，まちづくりの視点から地域課題解決のための活動をしていくのか，議論を重ね，可児市の「国際化大綱」が目指す，「うちなる国際化」「国際化が日常化した」まちづくりを目指し，可児市国際交流協会が設立されることになった。準備会から会員拡充や活動資金のため，語学講座やイベントの企画など，ボランティアスタッフとして

活動を始めており，どんどんのめり込んでいくことになる。

　協会設立と同時期に開校した「ブラジル人学校」にヘブライ語講座の仲間が係わっていた関係で，時々様子を見に行っていた。学校とはいえ，住宅密集地の民家を借りて，座敷の畳の上に机を置き，20人ほどの子どもが勉強に来ていた。「学校」の概念を覆すような，日本に暮らす子どもの教育環境の違いの中で学ぶ子どもたちに衝撃を受けた。その様子は，今も忘れることができない。

　早朝から深夜まで出入りする送迎の車や，夜遅くまで続くバーベキューなど住宅街でのマナーの悪さや，子どもたちが神社を遊び場にしていることで，地域の人たちから市のほうに苦情が寄せられていた。その地区の自治会長さんとも話し合い，解決策としては，移転するしかなく，適した場所を求めて市や協会が協力し，国道沿いの廃業したビジネスホテルを借りることが決まった。荒れた建物を学校としてリフォームするのも，すべて学校関係者や保護者が行い，開校式には，自治会や可児市担当者，協会も招待されブラジルコミュニティーと地域にも公開された。交通の便もよく，生徒は可児，美濃加茂近隣だけではなく，小牧，春日井，犬山，多治見，土岐などからも集まり，あっという間に200人近くになった。公的支援のない私塾では，生徒が増えても，逆に改装費用や人件費もかさみ，経営は安定しなかった。しかし，外国人の子どもは義務教育にあたらず，公的な援助は難しかった。

(2) 外国人の子どものための活動「Mammy's」

　2002年，生徒の増加で不安定ながら運営していたブラジル人学校は，校長夫妻突然の帰国により，知人が経営をまかされることになった。学校運営のサポートのための法人を作り，私も学校の中で働くことになった。経理事務や外部との窓口が仕事だったが，学校には予算も人手もなく，送迎や日本語指導も担当することになる。低学年，特に1年生が増え，協会のボランティア仲間を誘って各学年週1回の日本語の授業を担当してもらった。協会の子どもの日本語教育の始まりである。

　送迎の担当も広域になり，遠方も添乗して行くことが多くなっていた。ポルトガル語が話せない私にはなかなか心開いてくれなかったが，午前中で帰

っていく低学年の子どもたちが、日本語がわからず地域に接点もなく、どのように午後を過ごしているか心配になることもあった。公立学校からの転校は帰国のためだけではなく、日本語も含めた公立学校への不適応が原因である子も多く、ブラジル人学校から見た子どもたちの課題はさまざまで、精神的に不安定な子どもも多かった。先生や子どもたちとのコミュニケーションもままならず、課題の共有もできない。

　さらに、学校の経営はなかなか安定せず、改善案として提案したことが、非難と受け取られ、方針の違いもあり辞めることになってしまった。学校の今後や子どもたちのことが気になりながら、辛い気持ちで学校を後にした。今後の生活のことを考える間もなく、公立学校で通訳をしている知人から公立学校に通う外国人の子どもたちの現状を聞き、ボランティア仲間と学習支援の活動を始めることになった。「Mammy's」という団体名をつけ、知り合いの派遣会社の持ち家を夏休み中だけ借り、小学生を毎日預かり宿題のサポートをした。「外国人だから漢字はやらなくていい」「宿題もやらなくていい」と泣き叫ぶ子どもたちを相手に暑い夏を過ごした。2学期の漢字テストで「100点取った！」の報告に、苦労が報われた気がした。そして、夏休み限定ではなく、継続してほしい、という1人のお母さんの願いに答えようと借りられる家を探し回り、やっと外国人の集住する土田に貸家が見つかった。ただ、預かるのは小学生1人では、続けることは難しい。相談に来る人たちはいるのだが、みな赤ちゃんを抱えていた。本当に需要があったのは、託児だったのだ。やめるか、赤ちゃんを受け入れても続けるのか。悩んだ結果、学習支援を考えて開いた施設だったが、活動継続のために託児所となってしまった。しかも、来るもの拒まず受け入れた赤ちゃんたちに、振り回される日々が続くことになる。勢いと子育て経験だけで始めた託児は、問題が起き、その都度ルールを決めることを繰り返し、乳児と小学生を同時に預かる大変さにスタッフも疲弊しはじめた。本来の自分たちの目的を見失いそうになっていた。自分たちのやりたかったこと、できることをしっかりと意識し、「日本の保育園、幼稚園、学校にいくための指導を、毎日の生活の中で行うこと」を目的とした「多文化共生施設Mammy's」という外国人の子ども向けの施設として再スタートすることにした。対象は、1歳から中学生ま

でとした。未就学児は，早朝から夜まで預かるため，ほぼ三食施設で食べさせる。そのため，畑を借りてボランティアさんに限りなく無農薬で野菜を育ててもらい，食材とした。2005年からは，「子どもの日本語」「子どもの母語教室」「食育講座」など市や県からの助成金を申請し実施していった。

　2008年4月に可児市多文化共生センターがオープンするにあたり，指定管理の公募があり，可児市国際交流協会は法人格を取り指定管理者となった。常勤スタッフにと声がかかり「Mammy's」の継続をスタッフと話し合った。もともと資金のないところで始めた活動に加え，親の経済状態の変化で，滞納，未収金も嵩んでいる状態と，責任者不在で続けることは難しく，活動の休止を決めた。4年10か月の間に約130人の子どもたちと関わった。お別れの会には多くの関係者が集って，保護者からの感謝の言葉と関係者からの惜しむ言葉を聞き，改めて多くの人から支えられていたことに感謝した。

　「Mammy's」で取り組んできたことを，市全体に広げられるという，前任者の言葉を支えに，可児市多文化共生センターを拠点として，可児市国際交流協会で活動してきた。食育講座や子どもの日本語，就学前の子どもの指導，義務教育年齢を超えた子どもの進学支援，母語教室（子どものポルトガル語）など今も，多くの子どもたちを支援することができている。

(3) 多文化共生センターでの新たな出発と田室さんとの出会い

　任意団体としてボランティアで運営していた国際交流協会だったが，フレビアという施設を運営するため，オープン以来スタッフ全員，業務に慣れないながらセンターの管理運営に取り組んでいた。「多文化共生センター」という，新しい施設を知ってもらうために，視察，見学を積極的に受け入れ，自らの事業を進めながら，毎日新たなことに対応しているという状態が続いていた。そんな時期に，可児市文化創造センターアーラの職員に田室寿見子さんを紹介された。演劇を通じ，多文化共生を推進しようという新規事業の協力要請に来られたのだ。協会事務所があった古いビルには，アーラの準備のための財団の事務所も入っており，個人的に財団職員との交流はあったが，「演劇」という異なるジャンルにどう関わっていくのかよくわからない

まま，話を聞いた。田室さんが，可児市の在住外国人のコミュニティーに入り込んで，ワークショップとインタビューをしながら市民演劇の脚本を作り，上演するのだという。ほとんど話を飲み込めないまま協力することになった。

参加してくれる外国人を募集するアーラスタッフに協力するのだが，内容もよくわからないものを伝えることは難しく，担当スタッフの動きもよくわからない。ぎくしゃくする中，田室さんが可児市入りした。その年は，参加者の紹介もあまりできずに終わった。パンフレットのスペシャルサンクスに名前を入れてもらったが，遠い地から来て，可児市を発信いただき恐縮するばかり。田室さんと親交を深めるうち，いろいろな面で共感できるものがあった。そのうち，私の在住外国人の自立支援の思いと，田室さんの，ご自分が来られなくなった後を考えた人材育成を，ということで一緒に事業に取組むことになった。地域で活動するファシリテーターを養成する，「演劇ワークショップのファシリテーター養成講座」という事業につながっていった。

多文化演劇プロジェクトで，田室さんのインタビューから拾う言葉やエピソードの伝え方は，セルフストーリーという手法によって，「普通の人」を「役者」に仕立て上げていた。特に外国人や障がいのある人の表現力はすばらしく，障がい者であることや性同一性障害の苦悩を語る場面は，本当に感動した。

5年目の『顔／ペルソナ』は，今までのダンス，音楽，照明の舞台効果に加え，上演中に映像が加えられ，私にとっては新たな演出の手法だった。就労目的で来日している外国人はまず就労環境に左右され，約束が約束として成立しないことが多い。遅刻早退以上にドタキャンがつきものなのだ。そして子どもに至っては，それが当然とまかり通る。時間の観念，約束の概念が違いすぎる。集まる時間が制限される中でのインタビューや練習である。そうした人たちのマネージメントは，大きな課題だったはずだ。公演を見る限り，個々を尊重し，生かした演出で，映像もユーモアにあふれていた。「ペルソナ」のテーマは，「いじめ」ということに傾いていたが，子どもたちの語るセルフストーリーは，「ちょっと人と変わっている」ことがいじめにつながっていて，そのちょっと変わってることは，その人の個性であり，生き

方にもつながる。ほとんどの人が「同じ」ではないが,「同じ」ように合わせるすべを身に着けるか,「同じ」ではなくても「違い」を強調する強さを身に着け「いじめ」を克服していくかなのだろうか。それを日本とブラジル2人の少女のセルフストーリーと映像から受け取った。

　田室さんの演劇には,「多様性」を受け止め,それを良さとして引き出し,表現される魅力にあふれている。

2-4 異文化理解教育におけるドキュメンタリー演劇の可能性
　　――小学校英語授業との比較から――[1]

　　　　　　　　　　　　　　　　　　　　　　　　　松井かおり

(1) はじめに

児童A："What would you like?"
児童B："I'd like American lunch. Hamburger and soda, please."
児童A："Here you are."
児童B："Thank you."

　これは，先日小学校を参観したとき，5年生の英語活動時間で見たスキットである。給食の配膳係の児童Aに，児童Bが自分の食べたい国のランチメニューを注文している[2]。児童たちは，これまでの授業で様々な料理や食べ物の名前（curry, spaghetti, tacos, omelet, orange juice など）と世界の国の名前，また食べ物がどの国に由来するのかを学んでおり，配膳係の児童は，注文を受けると食べ物が描かれた絵カードを手際よく配膳トレーに並べて手渡していく。

　この単元の学習目標は「世界には様々な料理があることを知り，丁寧な言い方で欲しいものを尋ねたり行ったりする表現に慣れ親しむ」ことであり，指導にあたった学級担任教師は，指導方針について「英語を教えるというより，子ども達が友達と積極的に関わったり，違う国の文化やことばに興味を持ってもらうことを大切にしている」と答えている。

　この教師のことばが示すように，日本の外国語教育は，学習指導要領が新学習指導要領に改められても[3]，「コミュニケーション能力」「コミュニケーションへの積極的態度」の育成と並んで「言語文化に対する理解」の促進は依然として学習目標の柱である。また，多言語・多文化社会が急速に進む現状において，学校教育の中で「国際教育」の必要性が強調され，国際社会を生きる人材の育成が期待されている[4]。小学校で行われている英語活動も，そもそも文部科学省が新規事業として平成19年度に『小学校における英語

活動等国際理解活動推進プラン』という名で立ち上げたことからもわかるように，あくまで国際理解活動の一領域として存在する。

このように英語教育にも異文化理解，国際理解教育が求められているとはいえ，実際教師自身が責任をもてる確かな範囲は，「英語」など言語に関する知識とその教育法という領域に限られているのではないだろうか。言語文化の理解やコミュニケーションの領域の教授は，各教師の裁量に任されているのが実情であろう。

本稿の目的は，学習目標として掲げられながら教授内容が曖昧である「言語文化の理解」，いわゆる「異文化理解」という概念は，一体学習者がどのように振る舞えることを意味しているのかを探ることである。そのとき，学校外での「異文化理解」のとりくみと比較する。具体的には，地域社会において，演劇を用いて日本人住民と外国人住民の異文化理解促進やコミュニケーションをめざすプロジェクトの事例における「異文化理解」の意味について考察する。英語教育の中で行われている（めざしている）異文化理解教育との違いを比較しながら考察する。

(2) 英語授業における異文化理解

本稿冒頭に挙げた小学校の英語活動の事例では，外国の料理を知り，英語で言えることまたそれをロールプレイの中で使用できることが異文化理解教育にあたると考えてよいのだろうか。

伊藤（2000）は，初等教育の英語活動では，児童が異文化や自国文化の中の生活文化について「知る」段階，日本文化と比較することで類似点や相違点に「気付く」段階，実際に異文化を持つ人とコミュニケーションを体験する「親しむ」段階の3つの段階が設定されており，これらの段階を踏んだ活動を「文化に触れる活動」と呼んで，異文化理解活動と同義で扱っている（表1参照）。筆者が参観した授業活動も，世界の料理・食べ物に関する知識を得るという段階1，世界の料理や食べ物と日本のそれと比較し，和食など日本の食に纏わる文化を振り返る段階2，スクールランチを想定した疑似コミュニケーションを体験する段階3と，伊藤の整理した順序に沿って行われていることがわかる。

表1　文化に触れる活動の段階（伊藤 2000 に基づく）

活動導入	子どもの認知行動	授業での学習内容
段階1	知る	文化について知る活動・Q&A
段階2	気付く	類似点や相違点に気付く活動・日本文化との比較
段階3	親しむ	異文化間のコミュニケーションを体験する活動・ALT や外国人との交流

　またこの活動を行為の目的で大別すると，異文化について知りそれを受け入れ交流することと，自国の文化を認識するという二つの行為が包含されていることに気がつく。前田（2001）は，英語の国際化や日本人のコミュニケーションに関する提言で著名な本名（1999）を引用し，この二つの行為・態度が日本の異文化理解の言説として支配的であり，かつその二つは相反する志向性を持つことを指摘した。ひとつは，異文化について知り異文化の人と交流をはかるという行為が示す「相対性」「共感性」であり，異文化交流における双方向で対等な理解を重要視する態度である。もうひとつは，「固有性」「本来性」であり，自分の行為を文化的背景の違う人に合理的に説明するために，文化的背景の違う人の行動規範と日本人のそれとの違いを明らかにし，自国の文化の特徴を追求する態度である。いわば，「他者を尊重し，他者の声に耳を傾けろ」という呼びかけと「自分らしくあれ」という呼びかけが同時になされ，両立させることが期待されているといえる。つまり英語授業の異文化理解教育においても，これらの二つの志向性の両立（調和と統一）が求められているということになる。

　しかし，ここでいくつかの疑問が立ち上がる。まず，そもそも文化の違いは明確なことばでもって合理的に説明したり追求したりできるのか，という疑問である。例えば，歴史学者の酒井（1996, 1997）は，自転車の乗り方を，自転車に乗れない者に対していかにことばを尽くして説明しても了解し得ないことがあるように，未知の文化になじみのない者にとって了解不能のものとして現れる「体験の非共約性」による「ちがい」は，記述が不可能であると述べている。そしてこれを「文化的差異」と呼んで，我々は日常的にこのような了解不能な差異に出会っていると説明する。その一方で「同じ一般性

に包摂された二つの特殊性の間の相違」として見出される「ちがい」を「文化的種差」と呼び，記述が可能なものであるという。小学校英語授業の事例での料理の違いや異文化間の行動様式の違いは，言語化をめざしそれが可能であるという点で「文化的種差」である。これをふまえると，小学校の英語授業の事例では，「文化的差異」というより「文化的種差」を児童は学んでいることになる。とするならば，「毎日出会っている」けれどもことばに出来ずにいる文化的差異は，異文化理解の範疇から漏れ落ちていくことになる。

　さらに，「文化的種差」はそれぞれが独立してあるのではなく，各々の要素が相互補完的にその文化のシステムを構成しているにも関わらず，その一要素を抜き出して独立した文化として対象化しているのではないかという疑問がある。例えば，世界の料理を学ぶ子ども達は，手早く作ることができてそれだけで主食となるアメリカのハンバーガーと料理に時間がかかりごはんの副菜として食べる日本の煮物，カロリーが高くなりがちなハンバーガーとカロリーが低い煮物，というように各々の要素は，互いに他方を補完する特徴をもつように相互構成的に定義される。我々はある文化をまとまりのあるシステムとして捉えたいとき，諸要素の間に種差を見出し区別しているといえる。またそれはコミュニケーションを通して浮かび上がってくるものである。それにもかかわらず，異文化間の違いをコミュニケーションが行われる前から歴然と固有のものとしてそこにあるように扱い，学習の対象としていることに違和感を持つ。

(3) 多文化共生プロジェクトにおける異文化理解

　ここで，学校外で行われている異文化理解の取り組み事例をみてみたい。取り上げる事例は，岐阜県可児市で行われている日本人住民と外国人住民による共同劇公演，「多文化共生プロジェクト」である。製造業が盛んな可児市には，多くの日系ブラジル人，フィリピン人，中国人が工場労働者として居住しているが，日本人住民との交流が進まず，差別や軋轢の問題が懸念されてきた。このプロジェクトは，「日本人と外国人に出会いの場として劇場を提供し，芸術によって多文化共生を促進させよう」（田室 2012）と可児市

表2　公演までのプロセス（田室2012に基づく）

活動導入	活動	内容
段階1	シアターゲーム	簡単なゲームで互いを知り合う
段階2	音楽・ダンスのワークショップ	身体表現でコミュニケートする
段階3	インタビュー	マイノリティの思い・体験を共有しドキュメンタリー作品にする
段階4	グループで作品づくり	言葉と身体で表現し，多言語間で意思疎通をはかる
段階5	演劇公演	

文化創造センターによって立ち上げられた。2008年から現在まで6年間毎年継続して行われ，これまでの200人を越える小学生から成人までの男女が出演者として，またサポーターとして参加している。参加者の出身国は日本以外に10か国に渡り[5]，彼らの母語も多様であった。プロジェクトの立ち上げから5年間に渡って演出を担当した田室は，通常の演劇とは異なる点を以下のように述べている。

　　創作現場で何よりも困ることは，共通言語がないことです。多いときには6言語（日本語，ポルトガル語，スペイン語，英語，中国語，タガログ語など）の話者が参加しますが，通訳がいないことも度々あります（田室　同）。

そのような状況のなかで，「最初はことばを使わなくても楽しめる簡単なゲームやダンス，音楽のワークショップ」を通じて参加者同士の関係を築き，「言葉が伝わらなくてもどうにか話し合って」参加者が共同で表現し，それらを途中で行った参加者へのインタビューと組み合わせて「ドキュメンタリー演劇」として公演まで仕上げていく。その練習過程において，コミュニケーションの媒介物は，ことばに限らず，身体や音楽など様々であるが，最初から他者と同じコミュニケーションの場に立ち交流するという点で，教室での異文化理解の方法とは異なっていることがわかる（表2参照）。

また田室は，ことばによるコミュニケーションだけでなく，参加者の身体知や経験にもとづく異文化理解の重要性を指摘する。

　　演劇はダンスや音楽と異なり言葉が重要な芸術で，対話から逃れることはできません。言語・非言語を駆使しながら他者にアプローチをし続けることで言葉

を越えた交流を体験し，その経験を地域コミュニティーや職場，学校に持ち帰ってくれることが，多文化共生への小さな一歩と考えています（田室　同）。

「毎日出会っている」けれどもことばに出来ない文化的差異は，参加者にとっては時として違和感や不快感としてもたらされる。40代のある日本人女性は，毎年本プロジェクトに参加した感想を次のように述べている。

> 外国人の参加者，特に若い子たちは本当に毎回遅刻する。どんなにSさん（演出家）が注意しても変わらない。親の躾が悪いのか，文化の違いだから仕方ないのかわからないが，自分のグループの子が来ないとグループ練習も進まないし正直いらいらした。

しかし，プロジェクトに参加するうちに，この女性は自分の外国人の子ども達に対する見方が変わってきたという。

> 彼らは，長時間労働で留守がちな親の代わりに兄弟の面倒をみたり家事を手伝っている。学校では日本語での勉強は難しいうえに教師からそのことが必ずしも理解されているとはいえない。ほとんどの子がいじめを受けている。学校でも家庭でも大変な環境にいることがわかってくると，親の送り迎えで練習に来ている日本人の子どもとは違うのだから，頭ごなしに叱るようなことを自分はしたくなくなった。（中略）まだ遅刻することもあるけれど，この頃は事前に連絡してきたり，理由を言って謝れるようになってきたと思う。そこは辛抱づよく注意しつつ，この場があって，一緒に何かをやる人がいることを忘れてもらいたくない。最初はなんか本当に偶然参加したけれど，（中略）自分はできる限り続けて見守っていかねばという気持ちになってきた。

この女性は，外国人の子どもに遅刻が多いのは文化の違いだから仕方がないが腹立たしいという最初の感情を越えて，厳しい環境の中でプロジェクトに参加する子どもを理解し，大人として自分がどのように関わっていくのがよいのかということを考えるようになる。それは，「外国人は往々にして約束の時間を守らないのであるから，いらいらしてはいけない」というステレオタイプの知識にもとづく対応ではない。女性が外国人とともに時間を過ごし，日々ことばにならない文化的差異を感じつつ，外国人の子どもの置かれた環境と自分の生活環境，周囲の外国人の子どもに対する見方と自分が直接

交流する中で持った印象などを包括的に理解する中で，彼女自身が変容したということではないだろうか。

　この変容は「共感」ということばで言い換えることができる。倫理学研究者の山崎（2011）は，共感について，「私たちは，目前の他者の悲しみの表情や苦境に共感するだけでなく，その人の生活史や未来への希望，置かれている境遇などを考えて，それがその人への共感を形成することになる」と述べ，それはマーク・トウェイン作『ハックルベリ・フィンの冒険』[6]の主人公フィンが，奴隷の逃亡を悪とする時代の「良心」と良心からもたらされる行動規範に逆らってまで，逃亡奴隷のジムの逃亡を見逃した姿に見てとれると分析する。また心理学者で，共感する力が子どもの中で発達・成熟していく過程を描写したホフマン（2001）は，共感をエンパシーという表現に置き換えて，「個人の生活条件へのエンパシーからその人が属しているグループへのエンパシーへ」，さらには「グループをまたいでの（普遍的）エンパシーへ」と我々は共感の能力を目前の人から広い領域へ拡げることが可能であると説いている。

　ここで山崎やホフマンがいう「共感」とは，他者の経験の中に自分の経験を見出して重ね合わせて理解するという行為ではない。確かにそういう部分もあるかもしれないが，もしそうであるなら，異文化で育ち生活経験を共有しない者同士は，永遠に分かり合えないことになってしまう。また同じ日本に育っても，厳密に言えばひとりひとりが異なった文化をもつ他者であり，すべての異文化の人に対応できる術を我々はあらかじめ用意しておくことはできない。つまり異文化理解とは，日々，他者との交流のなかで，違和感や不快を含む様々な感情の体験を経ながら，主体となる自己が考え方を更新し続けていくダイナミックな行為である。様々な文化背景やことばを持つ人同士の交流をまず優先する岐阜県可児市の多文化共生プロジェクトは，異文化理解教育のオルタナティブとして示唆に富んでいるといえる。

（4）終わりに

　本稿は，ここまで駆け足で英語授業における異文化理解の概念と，地域での市民共同劇における異文化理解のそれを比較してきた。前者は，日本文化

もそれ以外の文化も言語によって説明可能なものとして，また事前に対象化できるものとして扱い，学習者は，まず知識として異文化を学んだ後に，異文化交流を体験していた。一方後者は，体験そのもの，または体験からもたらされた感覚が異文化理解であり，その感覚は，前概念的で言語化が難しいうえに，時間の経過とともに変化しつづけるものであった。参加者は，他者の文化背景に関する知識や共通の言語を持たない中で，最初から異文化を背景に持つ人との交流に挑んでいた。

現在，海外にルーツを持つひとたちが，我々の身近な生活の中で隣人となっている状況で，いつか必要になるときのための知識を学ぶ異文化理解教育は（例えば将来の海外旅行や仕事での必要性に備えるなど）再考の余地がある。また英語を母語としない外国人定住者が増加している中で，英語でのコミュニケーションを過度に強調する教育も，国際教育の理念に適っているのかを英語教師は考えなくてはいけないだろう。

注

1 本稿は、松井かおり，田室寿見子（2014）「多言語・多文化共生社会における「ドキュメンタリー演劇」の可能性─英語授業における異文化理解教育との比較から─」片平会，『片平』49号，95-103. を基に，一部改編を加えたものである。
2 『Hi, Friends! 1』の lesson 9, "What would you like?" の授業。『Hi, Friends! 1』とは『英語ノート』に代わり平成24年度から文部科学省が希望校に配布している小学校外国語活動教材である。
3 例えば，平成23年度改訂の中学校・新学習指導要領によれば，外国語科の学習目標は，「聞くこと，話すこと，読むこと，書くことなどのコミュニケーション能力の基礎を養う」という記述の前に，「学習外国語を通じて，言語や文化に対する理解を深め，積極的にコミュニケーションを図ろうとする態度の育成」を図ることが明記されている。
4 文部科学省初等中等教育局国際教育課・平成17年8月3日付の「初等中等教育に国際教育推進検討会報告（案）～国際社会を生きる人材を育成するために～」によれば，国際社会で求められる態度や能力について，次の3つを挙げている。(1) 異文化や異なる文化をもつ人々を受容し，「つながる」ことのできる態度・能力 (2) 自らの国の伝統・文化に根差した自己の確立 (3) 自らの考えや意見を自ら発信し，具体的に行動することのできる態度・能力である。そしてすべての

子どもたちがこれらを身につけることができるようにすべきであると提言している。
5 　ブラジル，フィリピン，中国のほかイギリス，アメリカ，ニュージーランド，オーストラリア，台湾，ジャマイカである。
6 　マーク・トウェイン『ハックルベリ・フィンの冒険』（大久保博訳）角川文庫。

参考文献

バー．V.（1997）『社会的構築主義への招待』（田中一彦訳）川島書店．
伊藤嘉一（2000）『小学校英語学習レディゴー』ぎょうせい．
酒井直樹（1996）「序論―ナショナリティと母国語の政治―」酒井直樹・ブレッド・ド・バリー・伊豫谷登士翁（編）『ナショナリティの脱構築』柏書房．
田室寿見子（2012）「多文化共生に向けた演劇の試み―岐阜県可児市での実践から―」『ネットワーク』2012/12・2013/1号 20-22　東京ボランティア・市民活動センター．
ホフマン, M. L.（2001）『共感と道徳性の発達心理学』（菊池章夫・二宮克美訳）川島書店．
本名信行（1999）『アジアをつなぐ英語』アルク．
前田尚子（2001）「『異文化理解』という捉え方についての検討」異文化コミュニケーション研究 13，137-155　神田外語大学．
文部科学省ホームページ　新学習指導要領　http://www.mext.go.jp/a_menu/shotou/new-cs/youryou/1304424.htm（2013年12月30日アクセス）
山崎広光（2011）「共感と想像力」『朝日大学一般教育紀要』No 37，25-43．朝日大学一般教育研究協議会．

資料　多文化共生プロジェクトの参加者変遷（2008〜2012）

	2008 演出： 田室寿見子 『East Gate』	2009 演出： 田室寿見子 『危機一髪』	2010 演出： 田室寿見子 『真夏の夜の夢』	2011 演出： 田室寿見子 『最後の写真』	2012 演出： 田室寿見子 『顔』
参加者総数	15	39	39（8）	35（8）	32（3）
青少年参加者数	2	12	3	4	13
国籍 ブラジル フィリピン 中国 台湾 アメリカ 豪 NZ ジャマイカ イギリス スペイン 日本	計3ヶ国 8 6 1	計9ヶ国 8 3 5 2 1 1 2 1 20	計7ヶ国 9 1 1 2 1 20	計3ヶ国 15 1 19	計3ヶ国 15 4 13
市内参加者	5	20	19	23	25
市外参加者	10	19	20	12	7
男性参加者	12	14	12	10	11
リピーター		7	16	20	18

（一部（財）可児市文化創造センターの資料に基づき，編集者の調査による）

※参加者総数には，舞台公演に出演しないが，通訳，衣装・小道具づくり，写真記録などを手伝うサポーターを含む。サポーターは（　）で表記している

※青少年とは，小学生から高校生までの児童・生徒や10代の若者をさす

※リピーター数とは，過去に演者，あるいはサポーターとしてこのプロジェクトに参加した経験を持つ者をさす

謝辞

　この類まれな，外国人住民と日本人住民による市民共同劇の台本刊行は，脚本・演出ご担当の田室寿見子氏をはじめ，多くの方のご協力なくては成し得ませんでした。まずお力添えいただいた全ての方にお礼申し上げます。と同時に，自分でも呆れるくらい出版までに時間がかかったことをお詫びいたします。

　はじめてビデオで田室氏の作品を見て以来，目が離せなくなったひとりの「ファン」が，このドキュメンタリー演劇の台本も読んでみたい，製作過程を知りたい，参加した人に会ってお話しを聞きたい，何よりこういう劇を生み出した可児の町や外国人の暮らしを知りたいという思いのままに行動し，関係者の方の声を集めていたら，思いが叶って一冊の本になりました。活字を通しひとりでも多くの読者に，舞台から精一杯語りかけた出演者たちの声を聞いていただければと願います。

　ご多忙の中，寄稿してくださった岩井成昭氏，各務眞弓氏，じゅんじゅん（高橋惇）氏，ボリス・グリゼ氏，前嶋のの氏，松木紗都子氏，山田久子氏には心から御礼申し上げます。また翻訳にご協力いただいた茂木裕美氏と渡辺マルセロ氏にも感謝の意を表します。

　特に田室寿見子氏は，演劇にも多文化共生にも素人の私をおおらかに受け入れ，時に参加者の家庭訪問に同行してくださり，またある時は演劇の場へ誘ってくださいました。すでに公演が終了した台本を一からチェックし直すという気が遠くなるような作業についても快くご協力いただきました。その忍耐力と情熱に改めて敬意を表したいと存じます。

　演劇を通して外国人住民と市民の共生をめざすプロジェクトは，現在も可児市の文化創造センターで継続しています。館長の衛紀生氏ならびに制作ご担当の，松木紗都子氏，松浦正和氏，経田容子氏には資料のご提供など大変お世話になりました。長年この活動を記録し続けていらっしゃる三宅孝秀氏

からも写真のご提供をいただきました。ありがとうございました。

　出版にあたっては，朝日大学経営学部から助成を受けました。また成文堂・編集部の飯村晃弘氏には構想をお話ししてから長い時間をお待たせしたにも関わらず，快く編集をお引き受けいただいたことに感謝申し上げます。今回は紙面の制約のため，この本に掲載できませんでしたが，演劇ワークショップ資料や関係者へのインタビュー記録がまだ積み残したままになっております。早々に次刊で成果を発表できるように努めたいと思います。

平成28年12月　編集者記

寄稿者一覧（50音順・敬称略）

岩井成昭
美術家／「イミグレーションミュージアム・東京」主宰　秋田公立美術大学教授（2012年度参加）
　プロジェクト型アートや多文化とアート等を研究対象とした作品制作及び企画運営・監修を行う。

各務眞弓
特定非営利活動法人　可児市国際交流協会事務局長
　外国人への情報提供手段として，演劇手法を活用したプログラムを開発し実践している。

じゅんじゅん（高橋淳）
振付家・ダンサー（2012年度参加）
　じゅんじゅんSCIENCEでのダンス作品のほかにWSや劇場プロジェクトなどでも活動中。

ボリス・グリゼ
高校教師　（2009年度参加）
　ボスニア出身，オーストラリア・メルボルン在住。豪の通信制高校で日本語を教えている。

前嶋のの
脚本家・演出家（2008, 2009, 2010, 2012年度参加）
　演劇ユニット思考動物代表。音楽劇，ミュージカルなどを多数演出している。

松木紗都子
公益財団法人可児市文化芸術振興財団・元職員（2008年度〜2011年度参加）
　多文化共生プロジェクトなど市民参加型事業やアウトリーチに携わった。現在は民間企業勤務。

山田久子
多文化演劇ユニットMICHI代表（2011, 2012年度参加）
　外国人に向けて，防災などをテーマにしたワークショップを多文化プロジェクト出演者らと実践中。

編著者紹介

松井かおり

朝日大学経営学部准教授（博士，学術）

　専門は，外国語教育，コミュニケーション論。質的授業分析に基づく教室内コミュニケーションと学習の関係が研究テーマ。近年は，海外にルーツを持つ子ども達の自己表現活動を通した発達に関心を持ち，可児市国際交流協会と提携して，大学生と子ども達の演劇ワークショップを企画・実践している。主著に『中学校英語授業における学習とコミュニケーション構造の相互性に関する質的研究 ある熟練教師の実践過程から』（2012年，成文堂），「多文化・多言語社会を生きる子ども達のドラマ活動の意義と可能性―海外にルーツがある子ども達の『居場所』としての市民共同劇の役割に焦点をあてて―」（2016年，『片平』51号）などがある。

著者紹介

田室寿見子

演劇ユニット Sin Titulo 代表，プロデューサー，演出家

　2004年に多国籍アーティストとともに Sin Titulo を設立。人種・言語・ジャンル等の枠組みを超えたパフォーマンス創作を目指し，日本外国特派員協会などを拠点に上演。2008年，岐阜県の可児市創造文化センターの依頼により，外国人と日本人の交流を目指した演劇事業「多文化共生プロジェクト」を立ち上げ，総合ディレクターとして2012年まで製作。2011年からは可児市国際交流協会とともに，演劇による外国人の自立支援と雇用創出に向けて活動。2014年より，東京芸術劇場において人材育成・教育普及を担当。

「ドキュメンタリー演劇」の挑戦
多文化・多言語社会を生きる人たちのライフヒストリー
2017年3月20日　初 版第1刷発行

著　者	松　井　か　お　り
発行者	阿　部　成　一

〒162-0041　東京都新宿区早稲田鶴巻町514番地
発行所　株式会社　成文堂
電話 03（3203）9201　FAX 03（3203）9206
http://www.seibundoh.co.jp

製版・印刷・製本　シナノ印刷
ⓒ2017 K. Matsui　　Printed in Japan
☆落丁・乱丁本はおとりかえいたします☆
ISBN978-4-7923-8077-9 C3074　　　検印省略

定価（本体3000円＋税）